不懂运营你怎么开公司

韩布伟◎编著

清华大学出版社
北京

内 容 简 介

在"大众创业，万众创新"的时代，很多人都想创业当老板，虽然当老板很风光，时间很自由，但是开公司当老板却不是儿戏，你需要学习很多新东西。本书立足于"切实可行"这一前提，更全面、更科学地向大家介绍了开公司的整个流程，包括开公司前要做的相关知识储备，公司成立后面临的员工、产品、营销等管理工作，以及公司运营后要考虑的客户谈判、发展策略和融资计划等问题。

另外，本书还采用"图+表+文"的写作模式，以通俗易懂的语言帮助读者了解开公司的整个过程。通过本书的学习，读者即学即用，可以迅速从创业新手变为创业成功者。

图书在版编目(CIP)数据

不懂运营，你怎么开公司 / 韩布伟编著. — 北京：清华大学出版社，2016
ISBN 978-7-302-45222-5

Ⅰ.①不… Ⅱ.①韩… Ⅲ.①公司—企业管理 Ⅳ.①F276.6

中国版本图书馆 CIP 数据核字(2016)第 240342 号

责任编辑：张立红
封面设计：邱晓俐
版式设计：方加青
责任校对：李跃娜
责任印制：王静怡

出版发行：清华大学出版社
　　　　　网　　址：http://www.tup.com.cn，http://www.wqbook.com
　　　　　地　　址：北京清华大学学研大厦 A 座　　　邮　　编：100084
　　　　　社 总 机：010-62770175　　　　　　　　　邮　　购：010-62786544
　　　　　投稿与读者服务：010-62776969，c-service@tup.tsinghua.edu.cn
　　　　　质 量 反 馈：010-62772015，zhiliang@tup.tsinghua.edu.cn
印 刷 者：三河市君旺印务有限公司
装 订 者：三河市新茂装订有限公司
经　　销：全国新华书店
开　　本：170mm×240mm　　　**印　　张**：26　　**字　　数**：462 千字
版　　次：2016 年 11 月第 1 版　　**印　　次**：2016 年 11 月第 1 次印刷
定　　价：59.80 元

产品编号：071237-01

前　言
Preface

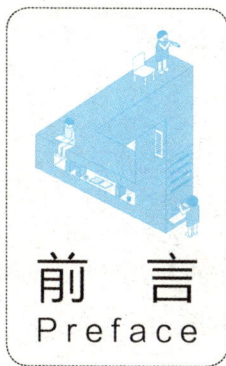

自从李克强总理在2015年的夏季达沃斯论坛上提出要破除一切束缚发展的体制机制障碍，中国便掀起一个"大众创业""草根创业"的新浪潮。在新形势的推动下，越来越多的80后、90后草根创业者走上了创业之路。

很多创业者没有华丽的教育背景，也没有雄厚的资本，但是在当下这个创业的最好时代，只要你有好的创意和想法就很容易被关注，即便是草根也能完成一次华丽逆袭。虽然这是一个好时代，但这也是一个竞争最激烈的时代，如果你有了好想法，就应该立刻去做，做事不能拖，规划时间不能过长。当你犹犹豫豫始终定不下来的时候，你的前期投入很快就消耗殆尽，这样的创业一定是失败的。

然而很多创业者，特别是草根创业者在创业前还面临一个非常棘手的问题：对开公司一窍不通。本书就是这些人的一根救命稻草，帮助那些正在发愁的创业者们，更全面、更科学地了解开公司的整个流程。

本书从零开始讲解，内容包括开公司涉及的一些注册术语、注册要点、注册流程、合伙创业、股权分配、财务术语、财务问题等相关知识，还包括公司成立后要面临的员工招聘、员工管理、员工培训、员工考核、离职设计、产品定位、营销布局、营销创意以及公司运营后如何与客户谈判、如何制定发展策略、如何解决财务困境以及如何开展融资计划等问题。

本书还采用"图+表+文"的写作模式，以通俗易懂的语言让新手创业者用最短的时间、最少的精力学会开公司。

本书特色

1. 内容更全面，更科学

本书总共20章，涉及开公司的方方面面，而且还根据最新的《公司法》的各项规定，介绍了开公司应注意的各项法律法规。

2. 技巧新颖，符合时代趋势

很多传统公司的经营技巧已经满足不了现在的市场需求，本书内容对最新的市场视角、最前沿的经营技巧进行阐述，让公司经营者紧跟时代的步伐，打造出一个新型的、引领时代趋势的公司。

3. 读图时代，坚持图解王道

"图+文+表"是本书的显著特色，它把开公司的一些内容用图解的方式展示出来，让读者读起来更加简单明了。这种图解的方式让读者从枯燥的文字当中摆脱出来，帮助读者快速学习并掌握开公司的知识。

4. 吸取精华，完全"干货"呈现

本书涉及内容比较全面，为了避免文字冗余，不讲废话，只保留一些核心的、实用的精华部分，完全用"干货"呈现，方便读者快速掌握开公司的技巧。

本书内容及体系结构

第一部分（1～3章）：开公司，注册是必不可少的流程，而且在公司注册时肯定会涉及一些专业术语，这些术语在第1章进行了详细介绍，而公司的注册要点和注册流程也在第2章和第3章中进行了全面、系统的讲解。

第二部分（4～6章）：新一代的创业者与那些单枪匹马打天下的传统公司不同，他们都喜欢抱团创业。如今，90%以上的创业者都有一个3人以上的团队。这部分内容将帮助创业者了解什么是合伙创业、合伙创业涉及的股权分配以及分工与退出机制等内容。

第三部分（7～8章）：开公司当老板必须会看财务报表，因为它们反映了公司的现金流量情况、企业的盈利情况等关键信息，关系着公司的发展及自身利益，所以，创业者一定要弄懂一些财务术语和会计知识，这些将在第7章进行详细讲解。此外，第8章的内容能帮助创业者解决一些经常会遇到的财务问题。

第四部分（9～13章）：员工是公司的核心资源，本部分对员工招聘、员工管理、员工培训、员工考核以及员工离职等进行了详细的讲解，从而帮助创业者招聘到合适的人才，留住优秀的员工。

第五部分（14～16章）：主要向大家介绍如何进行产品定位，如何进行营销布局以及如何找到营销创意，以帮助公司提高销售量。

第六部分（17～18章）：在公司发展过程中，与客户谈判是必不可少的环节，第17章讲了一些谈判技巧，帮助创业者轻松拿下客户；第18章是关于公司发展的问题，主要介绍了几个常用的发展策略。

第七部分（19～20章）：创业之路可谓举步维艰，特别是公司遇到财务问题时，第19章将帮助创业者解决创业初期突发的财务困境，第20章讲的是初创公司转型升级的必经之路——融资。

附录部分，列举了上百个实用表格，针对公司的各种具体事务，给出了解决方法。这些都是笔者和工商、税务部门多次打交道后整理出来的经验知识，很有实用价值。

本书由韩布伟组织编写，同时参与编写的还有黄维、金宝花、李阳、程斌、胡亚丽、焦帅伟、马新原、能永霞、王雅琼、于健、周洋、谢国瑞、朱珊珊、李亚杰、王小龙、张彦梅、李楠、黄丹华、夏军芳、武浩然、武晓兰、张宇微、毛春艳、张敏敏、吕梦琪、张昆、张金霞。

目　录
Contents

第3章

注册流程：自己去注册，轻松 8 步走

第4章
合伙必知：钱不是问题，关键看人

第5章
股份分配：股权要厘清

第6章

分工与退出机制：责任分工与退出机制

第7章

财务术语：60 秒 ×7 财务知识速补

第8章
财务问题：500强财务总监告诉你

第9章
员工招聘：优秀人才筛选有道

第10章

员工管理：结构模块化，内容精细化

第11章

员工培训：如何让员工快速掌握工作核心

第12章

员工考核：能量化的全部量化

第13章

离职设计：一挽留、二回头

第14章

产品定位：5步锁定产品

第15章

营销布局：组织流程化设计

第16章

营销创意：创意也是有规律的

第17章

客户谈判：没有资本、经验优势如何拿下第一个订单

第18章
发展策略：小公司如何选择自己的节奏

第19章
筹集资金：如何解决初期突发的财务困境

第20章

融资计划：如何在短期内完成 A、B 轮融资

附 录

常见文件格式

第1章

注册术语：6大不同，3分钟掌握

开公司，注册是必不可少的流程，而且在公司注册时肯定也会涉及一些专业术语。你知道有限责任公司和股份有限公司的区别吗？你知道公司法人和股东谁担的责任大吗？你知道董事长、总裁、CEO这些职位的不同吗？你知道个体工商户与公司哪个好吗？你知道注册资本的额度是多好还是少好吗？你知道认缴制和实缴制都是什么吗？如果你对以上问题不了解或者还不够了解，请认真学习本章内容。下面将针对以上问题为大家进行最详细的解答。

1.1 开公司，你要知道你开什么类型的公司

　　开公司，你首先要知道你要开什么类型的公司。我国的公司类型主要有两种，一种是有限责任公司，另一种是股份有限公司。其中，有限责任公司是依照《中华人民共和国公司法》设立，股东以其认缴的出资额为限对公司承担责任，公司法人是以其全部财产对公司债务承担责任的企业法人；股份有限公司是指公司资本为股份所组成的公司，股东以其认购的股份为限对公司承担责任的企业法人。

　　生活中，虽然大家经常会听到"××有限责任公司"或者"××股份有限公司"，很多人都以为这些公司除了名字和经营范围有区别以外，其他就没有什么不一样的了。有些人即使知道这两类公司不同，但你要问他们到底哪里不同，很少有人能说出个一二三来。那么有限责任公司与股份有限公司到底有哪些不同呢？其内容如图1-1所示。

1	发起人人数
2	承担责任
3	筹集资金方式
4	股本划分方式
5	股权转让条件
6	股权证明形式

图1-1　有限责任公司与股份有限公司的不同点

1. 发起人人数

　　有限责任公司的发起人就是公司的出资人，即股东，且由五十个以下股东出资设立；股份有限公司应当有二人以上二百人以下为发起人，其中须有半数以上的发起人在中国境内有住所。

2. 承担责任

有限责任公司的股东以其认缴的出资额为限对公司承担责任；股份有限公司的股东以其认购的股份为限对公司承担责任。

3. 筹集资金方式

有限责任公司的资金只能由股东通过发行债券、银行贷款等方式筹集，而不能通过发行股票筹集资金，也不能公开募集资金，而且股票也不可以公开发行，更不可能上市交易；股份有限公司可以发行股票筹集资金，也可以公开募集资金，而且股票还可以上市交易。

4. 股本划分方式

有限责任公司的每一股份在数额上不相等，其资本按股东各自所认缴的出资额划分，而不是等额股份；股份有限公司全部资本分为等额股份，股本的划分数额较小，每一股金额相等。

5. 股权转让限制

有限责任公司的股东向股东以外的人转让股权时，必须经过半数以上的股东同意才行，在转让股本的同等条件下，公司其他股东对该股权有优先购买权；股份有限公司的股东向股东以外的人转让股份时则没有任何限制条件，可以进行自由转让，但不能退股。

6. 股权证明形式

有限责任公司的股权证明是公司签发的出资证明书；股份有限公司的股权证明是公司签发的股票。

1.2　公司出了事，谁担的责任大

我的朋友张鹏决定与其他3个合伙人共同出资开一个有限责任公司，每人的出资额均占总投资的25%。大家一致决定让张鹏做本公司的法人代表。这时张鹏心中有很多疑惑，他便向我咨询："《公司法》中规定，公司以其全部资产对公司债务承担责任，这里所说'公司'是指法人代表吗？"他还问："我与其他3个合伙人是不是应该平均承担责任？如果公司有了债务或者法律责任，法人代表是不是要多承担一些责任？"

相信很多合伙开公司的人都曾有张鹏这样的困惑，他们分不清楚法人、法人代表和法定代表人这三个概念，也不清楚公司出了事，是谁的责任，谁的责任大？

我国《民法通则》规定：法人是指具有民事权利能力和民事行为能力，依法独立享有民事权利和承担民事义务的组织。可见，法人是一种组织，而不是某一个人。根据我国《公司法》规定，我国的公司法人包括有限责任公司和股份有限公司两种基本类型。法人行使职权的代表人是法定代表人，一般来说，法定代表人由股份持有量最多的人来担任。讲到法定代表人，法人代表这个概念自然也是跑不掉的。法人代表是法定代表人依法委托或授权的代表，在一个法人内可以是一个也可以是多个，具有不特定性和非固定性。

股东是公司的资金投入者，也是持有股份的人。股东构成的股东会是公司的最高权力机构，股东有权出席股东大会并有表决权，也指其他合资经营的工商企业的投资者。

上面对法人、法定代表人、法人代表以及股东这四个术语作了解释，下面就回答一下张鹏所提出的问题。首先，"公司以其全部资产对公司债务承担责任"中的"公司"是指依《公司法》设立的法人。其次，承担债务责任只与出资额有关系，而法律责任嘛，法人要对法律问题承担全部责任；法定代表人须依法承担相应的法律责任，不能以协议排除；法人代表也须依法承担委托或授权范围内的相应责任。

公司出现亏损、破产、违法犯罪等行为时，公司的法人代表和股东谁应该承担主要责任呢？

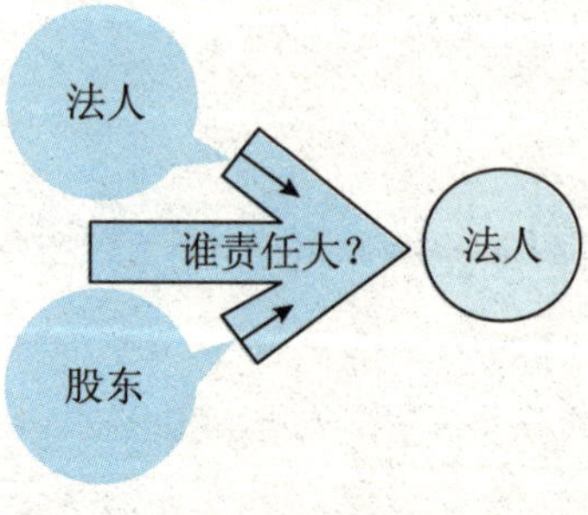

图1-2　公司法人和股东责任比较

据《民法通则》第43条规定，公司法人对它的法定代表人和其他工作人员的经营活动，承担民事责任。法人的民事权利能力和民事行为能力，从法人成立时产生，到法人终止时消灭。

　　股东以其出资额为限对公司负责，公司以其全部资产构成公司债务的总担保。这就是说，公司要用公司的全部资产清偿债务，当然也包括股东的出资，若公司资不抵债则宣告破产，公司债权人不得要求股东以个人财产来清偿公司的债务。简单地说，股东的责任是如实认缴自己所占股份的注册资本。股东在无过错的情况下对于公司的独立法人的违法问题不承担责任。只有一个例外，即在有股东虚假出资或者出资不足时，所有的股东对不足部分承担连带保证责任。

　　总之，法人是承担责任的主体，对外以公司资产承担责任，并独立承担民事、刑事责任，而股东则负有承担公司亏损、资金抵债等有限责任，但以投资数额承担责任，超过出资额的公司债务股东就不再承担责任。

1.3　容易混淆的公司职位

　　李克强提出"大众创业，万众创新"后不久，经常穿梭于北京中关村创业大街的王晓鑫便与两个合伙人开了一家公司。王晓鑫出资100万元，其他两位合伙人各出资50万元，这样王晓鑫和两位合伙人就是公司的股东。股东大会也由他们三人组成，那么本公司的董事长、总裁、CEO怎么来认定呢？这三个职位的职能又有什么不同呢？

　　王晓鑫和两位合伙人共同决定指派谁来担任董事和董事长。然后再由董事会选拔任命总裁、CEO。总裁对董事会负责，董事会对股东大会负责。

　　很多人都会把董事长、总裁、CEO这三个职位混淆使用，更有甚者，会认为它们三个是同一个职位，没什么区别。其实，董事长、总裁、CEO是既有联系又有区别的，那么这三者之间到底有什么不同呢？

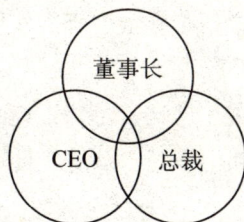

图1-3　董事长、CEO和总裁职能重叠

1. 职责不同

董事长是公司最大的老板，掌握公司的股权并且制定公司的发展策略；总裁可以说是公司最大的打工者，是专业经理人，负责公司的日常经营管理和发展规划，但对发展规划是否执行没有决定权，而是掌握在董事会手中；CEO仍然是公司的打工者，可以是公司某个部门的最高领导，也可以是公司最高领导。

其中，总裁并不是每个公司都有的职务，只有一些特定的公司才有这个职位。而且董事长、CEO和总裁这三个职位还可以由一个人兼任，有些公司的董事长可以兼任总裁，也有些公司的董事长也可以兼任CEO。比如，美国通用公司的第八任董事长杰克·韦尔奇，他既担任通用电气公司的董事长，又是通用公司的CEO。

2. 权力不同

董事长在公司拥有最高的权力，可以说是公司管理层所有权力的来源。董事长是公司业务的战略决策者，但董事长的权利在董事会的职责范围之内，不管理公司的具体业务，只需要召开董事会聘任或者解聘总裁（小公司就是总经理）、CEO，然后让下属为自己赚钱。而且也只有董事长拥有召开董事会、罢免总裁和CEO等最高权力，但董事长从来不掌握行政权力。可见，总裁、CEO的权力都来源于董事长。

另外，董事长一般不进行个人决策，只在开董事会或董事会专门委员会时才享有与其他董事同等的投票权。

1.4　除了注册公司，你还可以进行个体经营

我有一个东北朋友，他在北京一家公司当厨师已经有几个年头了，最近他打算回老家自己开饭店。像我这个打算进行个体经营的朋友，其实根本不用去注册公司，只需注册一个个体工商户即可。

依据我国《个体工商户条例》规定，个体工商户是指有经营能力的公民，依照本条例规定经工商行政管理部门登记，从事工商业经营的。个体工商户可以个人经营，也可以家庭经营。

个体工商户属于个体经营者，是指除农户外，生产资料归劳动者个人所有，

以个体劳动为基础，劳动成果归劳动者个人占有和支配的一种经营单位。常见的个体工商户，其经营范围主要有以下5类（图1-4）。

图1-4　个体工商户的经营范围

1. 饮食业

饮食业包括饭馆、菜馆、饭铺、冷饮馆、酒馆、茶馆、切面铺等。

2. 服务业

服务业包括理发、照相、浴池、洗染、旅店、刻字、体育娱乐、信息传播、科技交流、咨询服务等。

3. 修理业

修理业包括修理钟表、自行车、缝纫机、收音机、电视机、黑白铁及其他杂品等。

4. 工业、手工业

工业、手工业包括自然资源开采和商品的生产、制造、加工，以及生产设备、工具修理等。

5. 建筑业

建筑业包括土木建筑、设备安装和建筑设计、房屋修缮等。

个体工商户不用缴那么多的税，也不需要有专门的会计做账，省去了很多麻烦，因此，更适合普通大众经营。其实，小规模公司与个体工商户，只是字面上有区别。如果你只是小规模经营，就没必要注册公司，这样也避免了费时、费财又费力。

但是，注册个体工商户也是有一定的缺点的，主要表现在以下两个方面。一方面，个体工商户看起来不如正式注册的公司正规，而且个体工商户的信用度和知名度比公司的要低，更重要的是它无法以个体户营业执照的名义对外签合同，更不能吸引到一些大公司与自己合作。另一方面，个体工商户的经营出现问题时，只能自己承担所有的债务。但如果是公司的话，当生意亏本时，可向法院申请破产保护。假如你注册一个注册资本为200万元的公司，当你经营不善而导致公司破产，但是你的公司还亏欠别家公司300万元，这时你只需偿还该公司200万元即可，且受法律保护，债务人也拿你没办法。

总之，无论是注册公司还是个体工商户都各有优劣点，创业人员要根据自身的经营情况作出合理的选择。

1.5 注册额度1元与1000万元，责任与权利的差别

说起注册公司，自然就少不了"注册资本额度"这个专业术语。自从新《公司法》修订后，现在注册公司就没有额度限制了。国家之所以放宽注册资本登记条件，是为了进一步降低公司设立的门槛，减轻投资人的负担，方便公司的进入，为推进公司注册资本登记制度改革提供法制保障。

你拿1元钱能注册公司，1000万元也能注册公司。于是，就有很多人陷入了误区，把注册资本额度当作儿戏。2014年年初，陕西省汉中市有人申请了一个"1元公司"，即公司的注册资本是1元。还有一些人为了向别人吹牛，完全不考虑公司的经营能力，将公司的注册资本额度设置得虚高，陕西省铜川市耀州区工商局登记了一户注册资本达到170亿元的一人有限责任公司。

虽然按照法律规定1元和170亿元都可以注册公司，但这样的做法是合法而不合理的。从公司运营需要来看，注册资本只有1元钱的公司是寸步难行的。比如，现在很多应聘人员向公司投简历或者参加面试之前都会去工商局查看公司的注册信息，其中，大家最关注的也是公司的注册额度，公司的注册额度是一个公司实力的展现。最重要的是注册额度太多或太少都会让合作对象对该公司的经营能力质疑，以至于很难达成合作。当时这个"1元钱"的申请人不听工商部门人员的劝告，一意孤行。后来，申请人自己在经营中就发现了，注册资本为"1元钱"确实没意义，他又主动增加了注册资本。

像注册"1元钱"公司的这些创业者，很多人估计是把注册资本和税收的关系搞糊涂了，他们可能认为公司注册资本越高，其在税收方面的额度也会越高。其实，这种想法是错误的。公司的注册资本和税收无关，税收主要看报表、营业额、利润，利润高则税收高。

对"170亿元"公司来说，申请人不仅要为自己的"吹牛"承担相应的责任，而且还要承担一定的风险。根据《印花税暂行条例》规定，公司注册登记后，办理税务登记手续时还要缴纳注册资本（金）万分之五的印花税，也就是光印花税就要缴纳几百万元。而且公司一旦进入破产偿债程序，则要以170亿元为限额清偿债务，这在上一个小节中已作了说明。同时工商部门将对公示内容和实际情况进行核查，如果不一致，公司也须承担相应的法律责任。

所以，公司的注册资本不是越少越好，也不是越多越好。虽然注册资本的最低限额和最高限额在法律上无规定，但是申请人要根据公司的实力、规模酌情选择。

1.6　新《公司法》，注册资本缴纳新规定

在新《公司法》修改以前，你注册一个100万元的公司，需要到银行开一个账户，然后把100万元存在这个账户上（相当于银行卡），银行给你开验资报告，然后再拿这个验资报告到工商局办理。如今，你注册一个100万元的公司，不需要到银行开户，也不需要将这100万元存到银行，直接到工商局办理就行了。不过，这100万元还是要缴的，只是不用立马就缴，可以在公司成立之日起2年、5年或者10年内缴清（类似于分期付款）。

1.6.1　认缴制和实缴制的区别

将注册资本实缴登记制改为认缴登记制是新《公司法》的一个突出亮点，此法律取消了关于公司股东（发起人）应当自公司成立之日起两年内缴足出资，投资公司可以在五年内缴足出资的规定，而且还取消了一人有限责任公司股东应当一次足额缴纳出资的规定。具体来说，其区别如下。

1. 注册资本登记不同

公司注册资本实缴制是营业执照注册资金有多少，该公司的银行验资账户上就得有相应金额的资金。而公司注册资本认缴制是工商部门只登记公司认缴的注册资本总额，不需要登记实收资本，不再收取验证的证明文件。

2. 占用公司资金不同

实缴制需要占用公司的资金，这在一定程度上增加了公司运营成本。而认缴登记不需要占用公司资金，可以有效地提高资本运营效率，降低公司运营成本。

1.6.2　实缴制改为认缴制的意义

国家为什么要把实缴制改为认缴制，新《公司法》修改此项规定的意义是什么呢？其内容如图1-5所示。

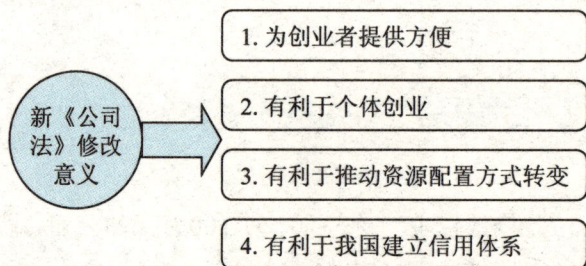

图1-5　新《公司法》实缴制改为认缴制的意义

1. 为创业者提供方便

国家把实缴制改为认缴制，这与李克强总理提出的"大众创业，万众创新"十分吻合。认缴制为创业人员提供了方便，他们不用先出资就可以把公司注册下来。

2. 有利于个体创业

国家把实缴制改为认缴制使设立公司更为便捷，成本更为低廉，这将更好地鼓励个体创业以及大学生进行创新，也将有助于提高我国的整体创新能力。

3. 推动资源配置方式转变

党的十八届三中全会提出"经济体制改革是全面深化改革的重点，核心问题是处理好政府和市场的关系，使市场在资源配置中起决定性作用"，而新《公司法》将实缴制改为认缴制将有利于推动我国资源配置方式的转变。

4. 促进我国建立信用体系

在认缴制下，注册资本的这一层含义将失去意义，因为任何人都可以注册一个注册额度不等的公司。当然，在此结构下，特别是重大交易中，对控股股东的背景及信用调查成为重中之重。相应地，政府也将会随之逐步建立市场主体（公司、控股股东、董事、高管）的信用体系。因此，新《公司法》的修改将促进我国更进一步建立信用体系。

第2章

注册要点：5 大要点，菜鸟秒变高手

对菜鸟来说，注册公司需要了解一些要点，比如，公司注册的基本流程、费用构成、办公地址选择、租赁合同陷阱、验资所需材料、公司名称登记、审批、商标注册等。在注册公司之前，只有做好充分的准备，才有取胜的把握。本章主要对公司注册要点进行讲解，在了解了注册公司的6大要点之后，菜鸟也能秒变注册高手。

2.1　要点一：流程+费用

我的一个大学同学，毕业后准备注册一个图书公司，由于前期对注册公司的相关内容不太清楚，注册时费了好大的劲儿，不是材料准备不齐全，就是内容不符合要求，来来回回跑了好多趟工商局，耽误了很长时间。他告诫注册公司的菜鸟，一定要在注册前把注册流程和相关材料搞清楚，否则就会像他一样费时又费力。

2.1.1　注册公司基本流程

在第一章的第一小节中，已经对有限责任公司和股份有限公司的不同作了详细的介绍，除了这些不同以外，它们的注册流程也是有区别的，下面对这两种公司的基本注册流程作详细的讲解。

1. 有限责任公司的注册流程

注册有限责任公司时，其注册流程如图2-1所示。

流程一：填写《名称预先核准申请书》

咨询后，领取并填写《名称预先核准申请书》，同时核准相关资料。

流程二：领取《名称登记受理通知书》

递交名称登记材料，领取《名称登记受理通知书》，等待名称核准结果。

流程三：办理审核手续

按确定日期领取《公司名称预先核准通知书》，同时领取《公司设立登记申请书》等有关表格；在经营范围许可内，办理相关审核手续。

流程四：开立入资专户

到经工商局确认的入资银行开立入资专户。

流程五：办理验资手续

办理入资手续并到法定验资机构办理验资手续，如果以非货币方式出资的，还应办理资产评估手续。

填写《名称预先核准申请书》

↓

领取《名称登记受理通知书》

↓

办理审核手续

↓

开立入资专户

↓

办理验资手续

↓

领取《准予设立登记通知》

↓

领取营业执照

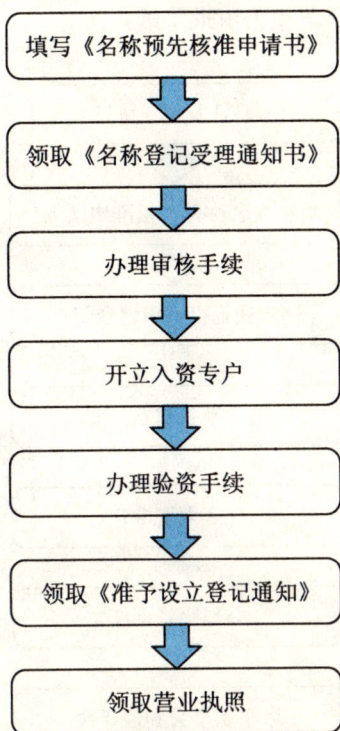

图2-1　有限责任公司注册流程

流程六：领取《准予设立登记通知》

递交申请材料，材料齐全后领取《准予设立登记通知》。

流程七：领取营业执照

按照《准予设立登记通知》确定的日期到工商局缴费并领取营业执照。

2. 股份有限公司的注册流程

注册股份有限公司时，其注册流程如图2-2所示：

流程一：签订发起人协议

签订发起人协议，明确各自在公司设立过程中的权利和义务。

流程二：填写《名称预先核准申请书》

领取并填写《名称预先核准申请书》，同时准备相关材料。预先核准的公司名称保留期为6个月，该名称在保留期内不得用于从事经营活动或转让。

流程三：向登记机关申请登记

领取《名称预先核准通知书》，同时领取《公司设立登记申请书》等有关表格。在经营范围许可内，办理相关审批手续。

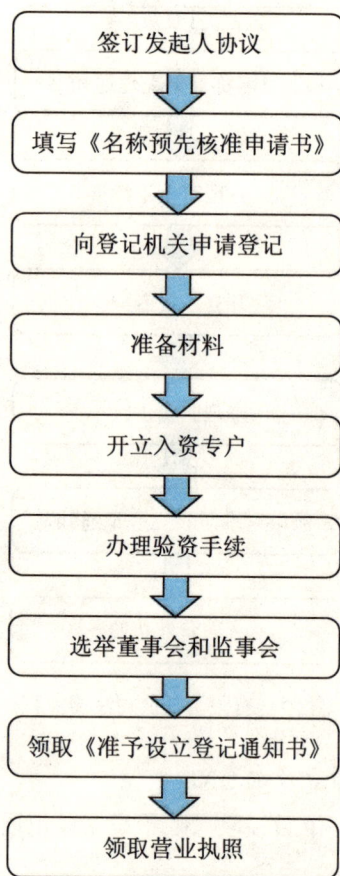

图2-2 股份有限公司注册流程

流程四：准备材料

如果涉及国有股权设置的，要经财政主管部门或国有资产监督管理部门审批。

流程五：开立入资专户

凭《名称预先核准通知书》到经工商局确认的入资银行开立入资专户。

流程六：办理验资手续

办理入资手续并到法定验资机构办理验资手续，如果以非货币方式出资的，还应办理资产评估手续及财产转移手续。

流程七：选举董事会和监事会

首次缴纳出资后（公司全体发起人的首次出资额不得低于注册资本的百分

之二十，其余部分由发起人自公司成立之日起两年内缴足），选举董事会和监事会，由董事会向工商局报送公司章程、验资证明以及法律法规规定的其他文件。

流程八：领取《准予设立登记通知书》

递交申请材料，材料齐全，符合法定形式的，等候领取《准予设立登记通知书》。

流程九：领取营业执照

按照《准予设立登记通知书》确定的日期到工商局缴费并领取营业执照。

2.1.2 注册公司基本费用

在注册公司之前，除了要了解公司的注册流程以外，还要清楚注册公司需要哪些费用，其基本费用的构成如图2-3所示。

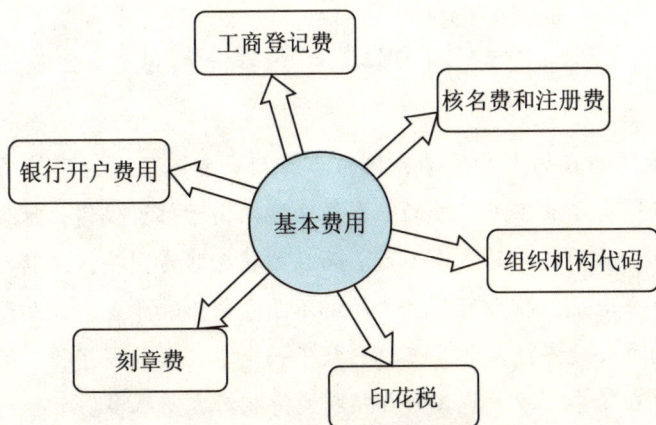

图2-3 注册公司基本费用

1. 工商登记费

工商登记费是按注册资本的0.8‰收取；注册资本超过1000万元的，超过部分按0.4‰收取；注册资本超过1亿元的，超过部分不再收取。分公司设立登记收取登记费300元。

2. 核名费和注册费

工商局核名费30元或50元，注册费按注册资本的0.8‰计算（部分城市或不同的城区根据相关政策而定，比如，北京的核名费和注册费都是0元）。

2015年11月，财政部、国家发改委取消了组织机构代码证书收费。

3. 印花税

印花税包括房屋租赁印花税和注册资金印花税。其中，房屋租赁印花税按照租用注册地的年租金的1‰收取；注册资金印花税按注册资金的0.5‰计算。

4. 刻章费

公司公章、法人章、财务章（公安局备案的公司章）一套500元左右。（注册城市不同，价格略有差异。例如，北京刻章费用是300元。）

5. 银行开户费用

银行开临时户与基本户费用是200元～800元，可以自选。

2.2 要点二：办公地址+租赁合同

上节中所说的我的大学同学，他由于前期资金不足，为了节省成本，把自己的办公地址选在了北京五环外的一个居民区。由于位置偏僻，很多客户对此都不太满意，他们认为公司的实力不行。而且招聘也非常困难，应聘人员看到这样不上档次的办公地址，稍微有些能力的都不愿意留下。于是，我的这位大学同学搬离了原来的办公地点，在北京三环内找了一个不太大的写字楼。虽然地方不太大，但是毕竟在繁华地段，找客户和招聘变得相对容易很多。

可见，好的办公地址虽然增加了创业成本，但对后期的经济效应影响却是很大的。那么，如何才能选择出一个合适的办公地址呢？

2.2.1 如何选择一个合适的办公地址

对于办公地址的地理位置，你需要重点把握。为了节省时间，你可以通过设定关键指标，以减少搜索数量，提高搜索质量，把搜索结果优化到一个可控范围之内。其指标主要包括以下4个方面（图2-4）。

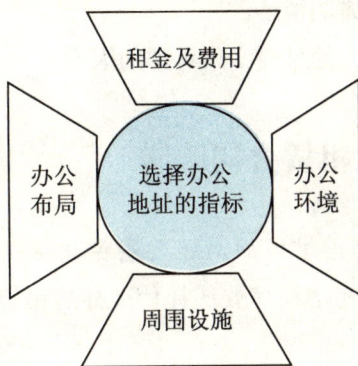

图2-4　选择办公地址的指标

1. 租金及费用

选择办公地址前，你要先明确你的办公场所的租金预算和相关费用，其相关费用主要包括停车费、公共事业费、清洁费、拆迁费、承租人改善费、保险费用、家具费以及其他费用等。

2. 办公环境

好的办公环境不仅能吸引优秀的应聘者加入你的公司，而且还能在一定程度上提高员工的办公效率。你所选择的办公楼楼前车流不宜太杂，因为如果大楼门前的车道很多，很容易分散员工的注意力，员工无形中就把自己"武装"起来了。时间久了，很容易让人感到疲劳，工作效率自然就会降低。而且建筑物前最好有空地，让员工的视野更开阔。另外，左右建筑最好是对称的，这样有利于稳定员工情绪，促进良好沟通，加强员工彼此的团结合作，从而有利于公司日后的发展。

3. 周围设施

在选择办公场所时，周围设施也是必须进行考量的，需要考察有没有休息室、会议室、食堂，附近交通是否便利，周围道路是否安全，网络信号强不强以及停车状况等。

4. 办公布局

你所选择的办公场所的布局也是很重要的，你要确保有独立的办公室，而且员工的办公位置要足够方便，不能让员工的办公地点看起来拥挤，或者出入不方便等。另外，如果某领导的办公室经常有客户来拜访，那么你还需要划出一块较为隐私的区域，以方便双方的谈话。

上述四点是在选择办公地址时必须考虑的因素。

2.2.2　如何避免租赁合同陷阱

在选择了合适的办公地址以后，还要避免在签订租赁合同时遇到一些陷阱。在租赁之前，你要先考虑清楚要选择什么样的租赁方式。租赁方式如图2-5所示。

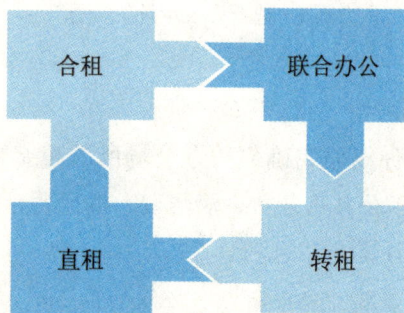

图2-5　租赁方式

对于那些不确定租赁期限的创业新手来说，最好选择合租办公场所，包括与其他公司联合办公，加盟公司孵化器，接受其他公司转租的办公场所等。这种租赁方式比直接租赁一块办公场所灵活，租赁期限也比较短。但是如果选择合租的话，这期间会牵涉到很多事情，比如办公场地要求、租户改善及相关成本、选择标准、租赁时长以及可能涉及的法律责任。所以，你一定要在核算租赁费用之前，权衡利弊后再作出决定。

另外，你还可以考虑转租方式，因为创业初期会有很多不确定因素，所以，鉴于自己的创业进度和灵活性，转租未尝不是一个好办法。你可以找到一个低于市场价格的转租办公场所，但是其中也各有利弊。比如，你可能会受到很多限制，无法对办公场所进行大刀阔斧的装修改造。即便你是一个转租人，如果承租人在未来一到五年时间内发生财务问题，那么你可能也会承担相关的损失。

如果你选择直租的话，房东对租赁期限一般会有要求，而且租赁期限越长，自己的选择也会更多。但是，对于一些初创公司来说，它有很多不确定因素，比如，你与房主签了五年租赁合同之后，结果第一年就发现场地无法满足自己的人员需求，或者你想换一个办公地点等。因此，租赁时应该从多方面考虑，和房主谈好一个比较灵活的租赁期限。

2.3　要点三：起名+章程

有个朋友想为自己的公司更名，可是想了一两个星期都没有找到合适的，名字不是不好听，就是好听但已经被其他人注册了。后来，他发动自己的员工为公司想名字，可是都不尽如人意。最后，他请了清华大学的教授为自己的公司起了一个大气又有深意的名字，如今已经更名成功。

2.3.1　公司的起名原则

公司名称一般由"字号或者商号"十"行业或者经营特点"十"组织形式"三部分组成，例如，"阿里巴巴"公司的全称阿里巴巴网络技术有限责任公司，即"阿里巴巴"+"网络技术"+"有限责任公司"。公司名称的后缀你就不用考虑了，取名时最需要考虑的就是那个字号或者商号，也就是公司名字的简称，像"阿里巴巴""京东""百度"等。公司起名并不是一件简单的事，不仅要浪费很多脑细胞，还要遵循一定的原则，其内容如图2-6所示。

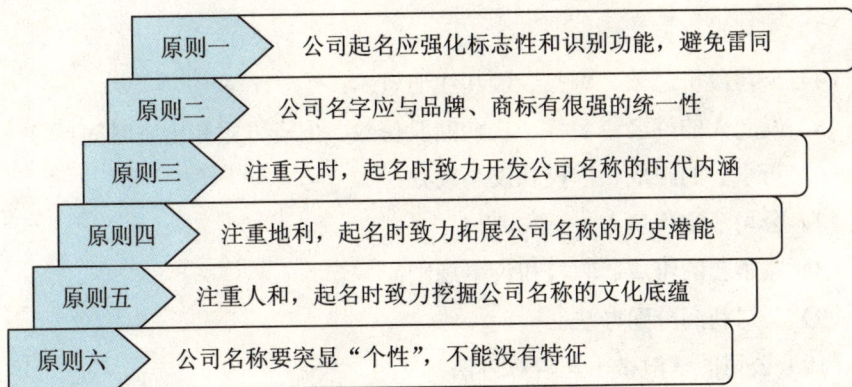

原则一　公司起名应强化标志性和识别功能，避免雷同

原则二　公司名字应与品牌、商标有很强的统一性

原则三　注重天时，起名时致力开发公司名称的时代内涵

原则四　注重地利，起名时致力拓展公司名称的历史潜能

原则五　注重人和，起名时致力挖掘公司名称的文化底蕴

原则六　公司名称要突显"个性"，不能没有特征

图2-6　公司起名原则

2.3.2 公司章程的内容

公司名字确定之后，接下来要做的就是制定公司章程。公司章程的内容即公司章程所记载的事项。

1. 有限责任公司章程应当载明的事项

依据我国《公司法》第二十五条规定，有限责任公司章程中应当载明的事项有8项，其内容如下所示。

（1）公司名称和住所；

（2）公司经营范围；

（3）公司注册资本；

（4）股东的姓名或者名称；

（5）股东的出资方式、出资额和出资时间；

（6）公司的机构及其产生办法、职权、议事规则；

（7）公司法定代表人；

（8）股东会会议认为需要规定的其他事项。

2. 股份有限公司章程的载明事项

依据我国《公司法》第八十一条规定，股份有限公司的章程应当记载的事项多达12项，这体现了国家对股份有限公司的严格控制。

（1）公司名称和住所；

（2）公司经营范围；

（3）公司设立方式；

（4）公司股份总数、每股金额和注册资本；

（5）发起人的姓名或名称、认购的股份数、出资方式和出资时间；

（6）董事会的组成、职权和议事规则；

（7）公司法定代表人；

（8）监事会的组成、职权和议事规则；

（9）公司利润分配办法；

（10）公司的解散事由与清算办法；

（11）公司的通知和公告办法；

（12）股东大会会议认为需要规定的其他事项。

注意：公司章程制定完成之后，所有股东应当在上面签名、盖章。

2.4　要点四：注册商标

火爆多年的金牌相亲节目《非诚勿扰》在注册商标上跌了个大跟头。2013年，正当《非诚勿扰》火热时，一位温州小伙金阿欢将江苏省广播电视总台告上了法庭。原因是《非诚勿扰》侵犯了他的商标权。经过历时3年的审判，深圳市中级人民法院于2015年12月裁定，江苏卫视使用《非诚勿扰》栏目名属商标侵权，判决生效后立刻停止使用"非诚勿扰"栏目名称。此后，"非诚勿扰"经历了改名尴尬，这引起了很多创业者对注册商标的极大关注。

2.4.1　同步注册商标的好处

在注册公司的同时也要把商标注册下来，以免遭遇"非诚勿扰"这样的尴尬。所谓商标注册是指商标所有人为了取得商标专用权，将其使用的商标，依照国家规定的注册条件、原则和程序，向商标局提出注册申请，然后经过商标局的审核，准予注册的法律事实。

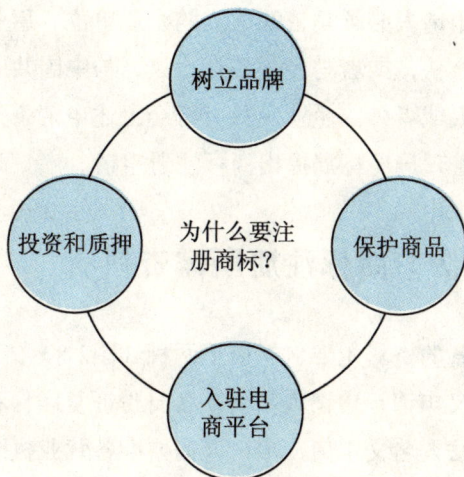

图2-7　商标注册

1. 树立品牌

商标注册能区别商品或服务出处，引导消费者认清自己的品牌，这对扩大自身产品的商业影响力至关重要。

2. 保护商品

商标注册有利于保护公司的无形资产，避免行业内进行恶性竞争，还能防止同品类公司侵权。

3. 入驻电商平台

公司拓展网络营销宣传以及消费市场入驻电商平台的资质要求。

4. 投资和质押

注册商标是一项很有价值的投资，有些人选择一个具有新颖创意的商标注册，就相当于买下了一份永远升值的股票，未来可能会带来非常高的经济利益。而且商标质押贷款是许多公司在面对流动资金不足或其他资金困境时的一个底牌，并且商标质押可以为公司争取更多的流动资金。

2.4.2 《商标法》商标注册规定

商标并不是随随便便就能注册的，而是应满足一定的条件。根据我国《商标法》规定，商标注册申请人必须是依法成立的企业单位、事业单位、社会团体、个体工商业者、个人合伙，或者与中国签订协议、与中国共同参加国际条约、按对等原则办理的外国人或者外国企业。只有符合上述申请条件的个人或者团体才可以向国家工商行政管理局商标局提出商标注册申请。

2.4.3 《商标法》商标注册所需资料

商标注册前应准备的资料主要包括以下两种（图2-8）。

如果是以个人名义申请，申请人需要准备身份证复印件和个体工商户营业执照复印件；如果是以法人名义申请，申请人需要准备营业执照副本复印件。

图2-8　商标注册准备资料

2.4.4 《商标法》商标注册流程

注册商标时应遵循一定的注册流程，其流程图如图2-9所示。

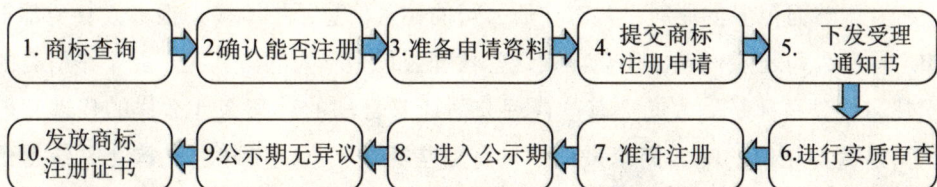

图2-9　商标注册流程

概括来说，商标注册必经申请、形式审查、实质审查、初审公告以及注册五个阶段，各阶段的具体内容如下所列。

第一阶段：申请

注册商标申请人应先把准备好的申请文件报送到商标局，提出申请后3～5个工作日就能收到商标局的受理回函，每一个商标申请的受理回函上都有唯一的受理申请号，审查必须按申请号顺序进行，任何情况下都不能提前受理。

第二阶段：形式审查

商标局收到申请文件之日起3～4个月，发放纸质《受理通知书》。申请人收到纸质《受理通知书》后，即证明申请文件已通过了商标局的形式审查，接下来就要进入到实质审查阶段。

第三阶段：实质审查

申请人收到《受理通知书》后6～8个月，实质审查才能结束。

第四阶段：初审公告

申请文件通过实质审查后，由商标局发布初步审定公告，公告期为3个月。

初步审定公告期满，无人提异议的，由商标局发放注册公告。注册公告即证明了该商标已被核准，也相当于商标申请人取得了该商标的专用权。

第五阶段：领证

商标局自发布注册公告之日起1~2个月，申请人就可以取得商标注册证。

总之，整个商标注册流程大约要耗时13个月，即4个月左右下发受理通知书+6个月实质审查+3个月公示期。

2.5　要点五：代理注册公司

注册公司是一个很繁琐的事情，很多人为了图省事选择代理注册公司代办各项事宜。然而很多创业新手，对注册公司的相关信息了解不多，很多人甚至都不知道注册公司还能代理，还会怀疑这些代理公司是骗人的。其实，并不是所有的代理注册公司都是骗人的，有些代理公司还是合法的。那么什么样的代理注册公司是值得相信的呢？简单来说，只有那些经过工商局考核的机构才是值得信赖的。

对代理注册公司不能不信，也不能全信。因为在每个商机的背后，都有一些投机取巧的人。当然代理注册公司这个行业中也经常会出现一些"黑代理"，他们属于"三无"代理机构，这样的机构是绝对不能信的。辨别代理注册公司真假时，如果代办机构有下列情况（图2-10）之一的，均为伪代理注册机构。

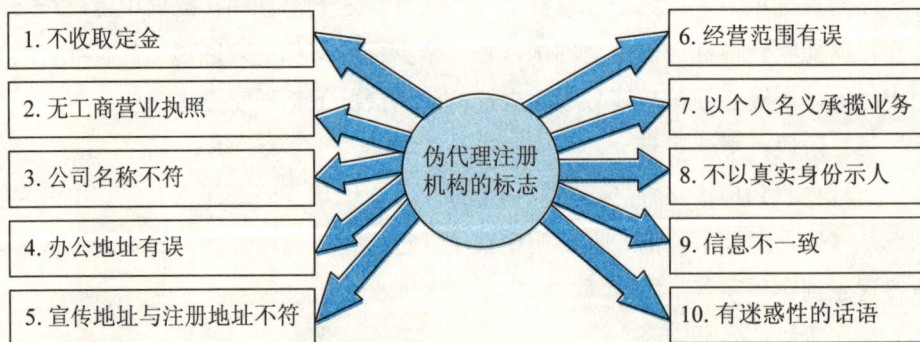

图2-10　伪代理注册机构的标志

1. 不收取定金

那些代理注册公司承诺不收取定金等表面上对你非常有利的、而不是双方公平的条件，这时你一定要小心谨慎，因为你的身份证等相关证件都押在黑代理的手中，黑代理均无资质、未在工商局备案，即使到工商局举报也找不到他们。

2. 无工商营业执照

代理注册公司无工商营业执照一定是伪代理注册机构，因为正规代理机构均在工商局有详细的备案资料。

3. 公司名称不符

代理注册公司如果有营业执照，但名称不是"×××登记注册代理事务所"，而是"×××咨询中心""×××咨询有限公司""×××顾问有限公司""×××投资有限公司""×××财务有限公司""×××会计有限公司"等，以上述这些名字命名的，均为伪代理机构。

4. 办公地址有误

代理注册公司营业执照上的注册地址与实际办公地址不符，或者代理注册公司根本没有办公地址，或者无固定电话，只是在工商局门口或注册大厅拦截业务的，这样的代理公司不值得信赖。

5. 宣传地址与注册地址不符

在资料的宣传中，没有说明真实办公地址的代理公司，他们极有可能为"黑代理"，你在委托前一定要到该代理机构的办公地址核实其真实性，如果宣传地址与注册地址不符，这样的机构很有可能属于伪代理注册机构。

6. 经营范围有误

代理注册公司营业执照上的经营范围没有注明"公司登记注册"的，也是伪代理注册机构。

7. 以个人名义承揽业务

根据《公司登记代理执业注册管理办法》第十五条规定："代理人员不得以个人名义执业，不得同时在两个（含）以上的代理机构执业。代理人员离开代理机构，《注册证》无效。"所以，以个人名义承揽代理业务的，也是伪代理机构。

8. 不以真实身份示人

代理注册公司在发布广告或在其他公开场合时，不敢以真实的公司名称、公司注册地址、姓名等信息示人的，肯定也是不能被信任的。

9. 信息不一致

查看该代理事务所持有注册代理证人员的代理证、身份证、大专以上学历证明、名片等是否一致。而且持代理证人员的学历证必须是大专以上，否则必定有假。另外，营业执照、代理证、身份证、大学毕业证都要看原件才可信。

10. 有迷惑性的话语

伪代理的一个典型特征就是号称其是国家工商总局商标局备案的商标代理机构、专利代理机构等，通常这样的话很容易迷惑那些不懂注册的人。其实这句话前半段正确，后半段就是错误的，因为国家商标局目前只是对商标代理机构进行备案。

在选择代理注册公司时，不要偏信口头介绍，你要对代理注册公司的资质进行确认，通过电话咨询工商局或者查询其官网判断该机构的真假。除了要选择合法的代理注册公司以外，还要对代理费用有所了解。

下面以北京代理注册公司为例，看看在北京注册公司的代理费用需要多少。如今，有些代理机构为了回馈客户，他们都是免收注册费的。但是如果您没有注册地址，需要代理公司为您提供注册地址的话，这个收费就比较高，地址费用根据地区所在位置而定，如果是注册普通公司，加上上面所说的必需花费，总共合计2000多元就能把公司注册下来。当然，上述费用不含提供地址的费用。

提醒一点，你千万不要为了少支出一点费用而选择一个不正规的注册代理机构。因为你选择了"黑代理"，很有可能花了大价钱却没办成事，也可能拖拖拉拉一直办不下来，耽误时间。

第3章

注册流程：自己去注册，轻松8步走

有些人对代理注册公司不信任，或者害怕花钱，他们会选择自己去工商局注册，这样做虽然看起来有些麻烦，但却来得踏实。其实，自己去工商局注册公司说麻烦也不算太麻烦，只要掌握好注册流程，提前准备好各个流程所需的资料，自己也能轻轻松松完成公司注册。本章介绍公司注册的8步，帮助大家解决公司注册难题。

3.1　工商登记、取照

公司如果没有在工商局登记，是不允许营业的。所谓工商登记是政府在对申请人进入市场的条件进行审查的基础上，通过注册登记确认申请者从事市场经营活动的资格，使其获得实际经营权的各项活动的总称。

3.1.1　工商局注册登记、取照的步骤

2015年年底前在全国全面推行"三证合一、一照一码"登记制度。那么到底什么是"三证合一、一照一码"登记制度呢？

在实行"三证合一、一照一码"之前，公司登记注册需要分别在工商、质监、税务部门办理营业执照、组织机构代码证和税务登记证，而现在申请人只需在一个窗口办理。而且在此基础上更进一步，通过"一口受理、并联审批、信息共享、结果互认"，实现由一个部门核发加载统一社会信用代码的营业执照。下面具体讲一下公司注册"三证合一、一照一码"后怎么申请公司注册登记。

申请人在进行工商登记时，应先到工商局领取公司设立登记的各种表格，具体内容如图3-1所示。

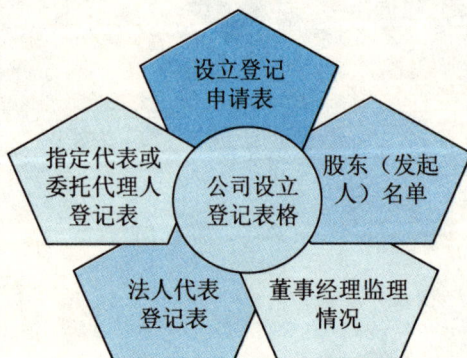

图3-1　公司设立登记表格

以上（图3-1）表格填好后，再与核名通知、公司章程、房租合同、房产证复印件、验资报告一起交给工商局，大概5个工作日后即可领取营业执照。

3.1.2　网上注册登记、取照的步骤

除了亲自到工商局登记注册以外，申请人现在也可以在网上申请登记，这是一种最便捷的登记方式。利用这种方法登记注册，申请人办理营业执照只需去一次工商局，就可办妥公司注册登记的各种手续。下面介绍一下网上注册登记业务的操作步骤。

步骤一：自助查询名称

登录工商局自助查询网站，阅读公司名称查询须知，根据公司名称查询的说明和要求自助查询公司名称。如果登记名称没有重名的，申请人应根据公司名称预先核准须知，立即在网上填好《公司名称预先核准申请书》，并进一步了解申请是被受理还是被驳回。如果申请被驳回，申请者可以在网站查询驳回的依据是否成立。

步骤二：申请公司注册登记

申请人登录公司注册登记网站后，在网上填写并发送公司开业登记申请书。在网上接到登记部门的受理通知后，从网上下载填好的公司开业登记申请书，在需签字或盖章的地方签字或盖章并备齐有关证件、文件后报送至公司登记部门。公司登记部门核对有关文件、材料无误后立即核准并核发营业执照。

3.2　用营业执照刻公章

经办人领取营业执照后，带上营业执照正副本原件、法定代表人身份证原件以及复印件、代办人身份证原件以及复印件，到公司所在地县区级的公安局的治安大队去申请刻公章和财务章。

经办人完成填表之类的简单手续之后，拿着工商局的开业通知书或介绍信到指定的符合资格的刻章店去刻章，而不能自己随便找一家刻章店去私刻公章。因为公章是属于特种证件，必须由公安局批准后才能刻制。切忌，申请人千万不能私刻公章，私刻公章属于违法行为。而且在刻公章时，公章上的名字必须和工商

营业执照上公司名称完全一致，否则这个公章是无效的。

不同类型的公司，公章的审批手续和所需材料也是不一样的，其具体内容如图3-2所示。

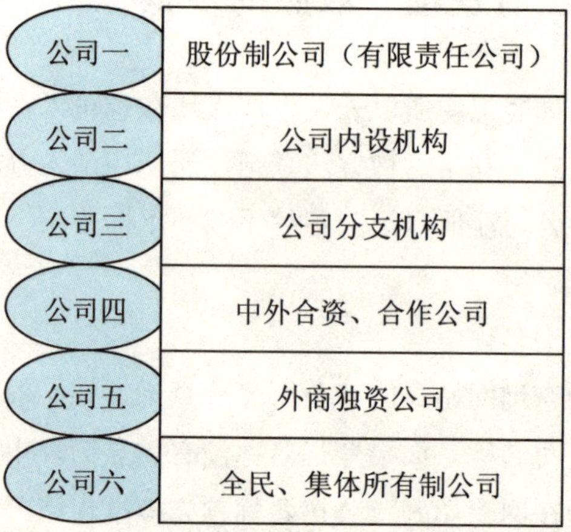

图3-2　公司类型

1. 股份制公司（有限责任公司）

参股股东中包括有法人股和无法人股两类，其中，有法人股应持其中一家法人单位介绍信、营业执照副本原件、章样一式两份；无法人股即全部为自然人参股的应由法人代表办理，携带本人身份证原件、复印件各一份，营业执照副本原件、复印件各一份，章样一式两份。

2. 公司内设机构

公司内设机构需持本单位介绍信，并依据经营范围设立部门。其中，单位党委、工会、人事、保卫部门用章需持上级单位相关部门介绍信。同时持单位营业执照副本原件，章样一式两份。

3. 公司分支机构

公司分支机构需持公司单位介绍信、分支机构营业执照副本，章样一式两份。

4. 中外合资、合作公司

中外合资、合作公司需持中方合资单位介绍信、营业执照副本原件，章样一式两份。

5. 外商独资公司

外商独资公司需持所在区县对外经济贸易委员会介绍信、营业执照副本原件，章样一式两份。

6. 全民、集体所有制公司

全民、集体所有制公司需持上级单位介绍信、营业执照副本原件及章样一式两份。

3.3　办理公司组织机构代码证

组织机构代码证简称"代码"，是各类组织机构在社会经济活动中的通行证，是对中华人民共和国境内依法注册、依法登记的机关、企事业单位、社会团体和民办非企业单位颁发一个在全国范围内唯一的、始终不变的代码标识。通俗来说，组织机构代码证就是注册公司的身份证。

经办人在办理公司组织机构代码证时需要什么样的流程呢？其内容如图3-3所示。

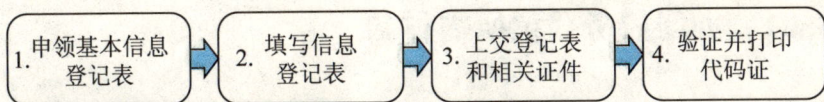

图3-3　办理公司组织机构代码证流程

1. 申领基本信息登记表

经办人向设立公司所在地的质量技术监督局申领《组织机构代码证基本信息登记表》。

2. 填写信息登记表

经办人根据营业执照信息以及法人、经办人信息填写信息登记表格，严格按照表格填写规范进行填写，并在表头处加盖新设公司公章。

3. 上交登记表和相关证件

经办人向质监局工作人员上交信息登记表格以及营业执照原件（交验）复印

件、法人代表身份证原件（交验）复印件。

4. 验证并打印代码证

质监局工作人员进行信息验证，并进行证件打印办理。

注意，在办理公司组织机构代码证以前，要提前将各个证件的复印件复印几份，而且复印件要求清晰，且为A4规格大小，免得在办理时因为材料不全而影响办理进度。此外，在填写登记表时，申请人要严格按照填写标准进行填写，不懂的项目要及时与工作人员进行沟通，以免影响办理进度。

3.4 办理税务登记证

税务登记证是从事生产、经营的纳税人向生产、经营地或者纳税义务发生地的主管税务机关，申报办理税务登记时所颁发的登记凭证。除按照规定不需要发给税务登记证件以外，纳税人办理开立银行账户、申请减税、免税、退税等事项时，必须持税务登记证方可办理。而且纳税人应将税务登记证件正本公开悬挂在其生产、经营场所或者办公场所，以方便接受税务机关检查。

3.4.1 办理税务登记所需材料

一般公司都需要办理国税和地税两种税务登记证。在办理税务登记证时，所需资料如图3-4所示。

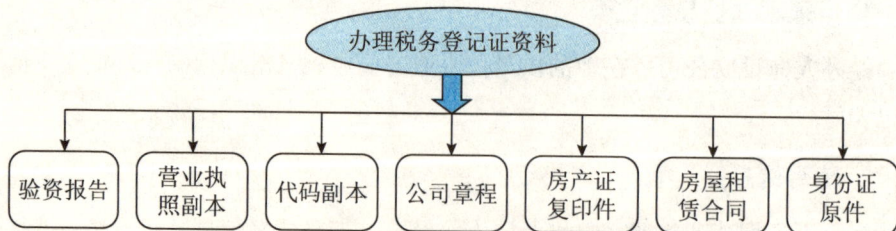

图3-4 办理税务登记证所需资料

办理税务登记证所需的验资报告、营业执照副本、组织机构代码证副本、公司章程、房产证复印件、房屋租赁合同、经办人身份证原件等材料的复印件均是两份，法人身份证复印件4份，并携带公章、财务章和法人章，然后填写在税务局可以当场领取的税务登记表，递交资料。

3.4.2　税务登记证办理流程

税务登记证办理的具体流程如图3-5所示。

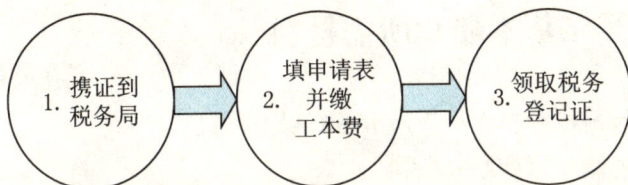

图3-5　税务登记证办理流程

1. 携证到税务局

经办人应携带营业执照副本及复印件、业主身份证及复印件、组织机构代码证、公司章程、注册资本评估报告以及房屋产权证明或房屋租赁合同，到税务局办理税务登记。

2. 填写申请表并缴纳工本费

经办人填写税务登记申请表，并缴纳登记证工本费（有的地区规定免缴）。如果是缴纳增值税的业户，应到国税局办理。

3. 领取税务登记证

办理税务登记受理后，经办人应主动联系税务管理人员，并在规定时间内领取税务登记证。

注意，纳税人在领取营业执照之日起30日（含30日）内，应向税务机关申报办理税务登记，逾期办理的会被罚款，税法上规定是2000元以下罚款，情节严重者，将处2000元以上10000元以下的罚款。另外，公司在办理税务登记证时，必须要有一名会计，因为税务局要求提交的资料中有一项是会计资格证和身份证。如果你注册的是小公司的话，可以先请一个兼职会计。

3.5 开立基本账户

基本户即基本存款账户，是办理转账结算和现金收付的主办账户，经营活动的日常资金收付以及工资、奖金和现金的支取均可通过该账户办理。存款人只能在一家银行申请开立一个基本存款账户，而且开立基本存款账户是开立其他银行结算账户的前提。

3.5.1 开立基本账户所需材料

开立基本户前，经办人应提前准备好以下材料。

1. 营业执照副本原件；

2. 税务登记证正副本原件；

3. 机构代码正副本原件；

4. 公章；

5. 财务章；

6. 人名章；

7. 租房协议；（个人房的还需要房本复印件，单位产权的租房协议加盖公章即可）

8. 法人身份证原件；

9. 经办人身份证原件。

经办人除了携带上述材料以外，还需要准备好营业执照、组织机构代码证、税务登记证以及法人代表身份证原件和复印件各一份（A4纸）。以上材料准备齐全后，经办人再到银行开立基本账户。

3.5.2 开立基本户手续

无论是单位还是个体工商户在开立账户时，都应办理如下开户手续（图3-6）。

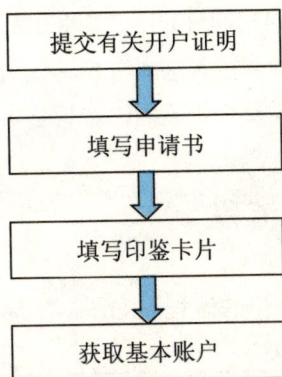

图3-6　开立基本账户流程

　　注意，在开立基本账户时，还需要购买一个密码器（从2005年下半年起，大多银行都有这个规定），密码器需要280元。今后公司开支票、划款时，都需要使用密码器来生成密码。

3.6　注销验资户

　　注销验资户是在公司注册时，开具一个银行基本账户检验公司的注册资金，再凭开户许可证将钱划转到基本户，然后注销此账号。转到基本户的钱是注册金，不能大额支取，只能零取，而且在注册验资账户销户时让客户购买支票以开立支票的方式进行转账或支现销户。

3.6.1　注销验资户所需材料

　　新设立公司在注销验资户时所需的材料如下所示。

1. 基本户开户许可证原件和A4复印件1份；

2. 验资户印鉴卡；

3. 公司备案公章；

4. 验资户预留印鉴；

5. 公司营业执照正本原件和A4复印件1份；

6. 法人身份证原件和A4复印件1份；

7.经办人身份证原件和A4复印件1份；（经办人不是股东时要提供）

8.注销验资户后把注册资金转入基本账户，当天可以完结。

注意：各大银行所需材料会有所不同，最好在办理之前致电开户银行查询。

3.6.2　注销验资户流程

新设立公司办理注销验资户的流程图如图3-7所示。

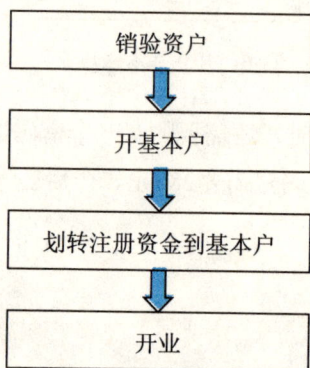

```
┌─────────────────────┐
│      销验资户        │
└─────────────────────┘
          ↓
┌─────────────────────┐
│      开基本户        │
└─────────────────────┘
          ↓
┌─────────────────────┐
│  划转注册资金到基本户  │
└─────────────────────┘
          ↓
┌─────────────────────┐
│        开业          │
└─────────────────────┘
```

图3-7　注销验资户流程

验资户注销完成之后，公司就可以正式开业了。

3.7　办理税务报到

办理税务报到时，根据税种不同，报到时间也不同。其中，国税的报到时间是公司成立后当月报到（推迟则要缴纳罚金），地税则是公司成立后次月也可以报到。办理税务报到的流程如图3-8所示。

```
┌─────────────────┐
│   签订扣税协议    │
└─────────────────┘
         ↓
┌─────────────────┐
│   到国税报到      │
└─────────────────┘
         ↓
┌─────────────────┐
│   办理网上扣税    │
└─────────────────┘
         ↓
┌─────────────────┐
│   到地税报到      │
└─────────────────┘
         ↓
┌─────────────────┐
│    买发票         │
└─────────────────┘
```

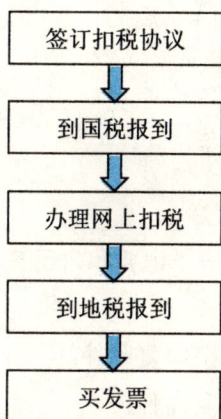

图3-8　办理税务报到流程

1. 签订扣税协议

经办人先到开户行（带上相关文件）签订扣税协议。

2. 到国税报到

经办人再到国税报到，填写一些公司基本信息。到国税报到所需证件材料如下所示：

（1）公章；

（2）税务登记证原件和A4复印件。

3. 办理网上扣税

经办人到国税报到后，拿着扣税协议找税务专管员办理网上扣税，办理后核定缴纳何种税种（一般是营业税和附加税）会给公司一个用户名、密码。如果和税务局签订（绑定）网上扣税，如有国税，国税、地税都要去办理；如无国税，则只办理地税。

4. 到地税报到

经办人到地税报到，填写《财务制度及软件备案报告》，内容主要有以下几类。

（1）报表种类：资产负债表、损益表；

（2）折旧方法：直线折旧法；

（3）摊销方法：五五摊销法；

到地税报到所需证件材料如下：

（1）公章；

（2）公司章程；

（3）验资报告；

（4）产权证；

（5）租房合同；（自己的房子也要和自己签合同）

（6）房东身份证复印件；

（7）营业执照正副本原件和A4复印件；

（8）税务登记证原件和A4复印件；

（9）开户许可证；

（10）财会人员的会计证复印件、身份证复印件；

（11）全体股东（包括法人）的身份证原件和复印件。

5. 买发票

地税报到完成后，还要购买发票。如果有国税，则在国税、地税都要买；如果无国税，只在地税买。

3.8 申请领购发票

根据公司的业务不同，申请的领购发票也不同。如果公司是销售商品的，应该到国税去申请发票；如果是服务性质的公司，则到地税申领发票。此外，还需要印刻防伪公章和发票专用章。

3.8.1 领购发票所需资料

单位和个人在依法办理税务登记后，领取税务登记证件，再向主管税务机关申请领购发票。申请领购发票时，初次领购发票和第二次及以后领购发票所需材料是不同的。纳税人初次领购发票时，应按照要求提供下列资料、证件，直接到办税服务厅办理购票手续即可。

1.《税务登记证》（副本）；

2.《普通发票领购簿》；

3.经办人身份证明（居民身份证、护照或其他证明其身份的证件）；

4.财务专用章或发票专用章；

5.填写《纳税人领购发票票种核定申请表》；

纳税人第二次及以后领购普通发票时，需提供下列资料、证件。

1.《税务登记证》（副本）；

2.《普通发票领购簿》；

3.需验审的发票。

另外，外省、自治区、直辖市来本辖区从事临时经营活动的单位和个人申请领购普通发票的，需提供保证人或者根据所领购发票的票面限额及数量缴纳不超过10000元的保证金，并限期缴销发票。

3.8.2　领购发票的流程

图3-9是领购发票的流程图，纳税人可以按照规定申请领购发票。

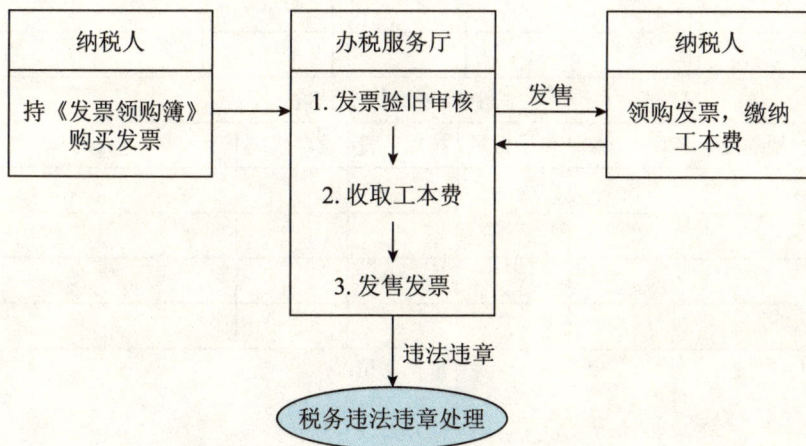

图3-9　领购发票流程

纳税人领购发票时，要按规定缴纳发票工本费。对发现的发票违章行为，主管税务机关将按税务违法、违章程序进行处理。

3.8.3　发票领购申请书

下表（表3-1）是发票领购申请书。

表3-1　发票领购申请书

发 票 领 购 申 请 书							
纳税人管理码				文书编码			
纳税人识别号		纳税人名称（章）					
经办人		身份证号码					
经济类型		电话					
上期领购发票使用情况							
序号	发票名称	开具月份	使用份数	起迄号码	开票金额	作废份数	作废号码
合计							
本期申请领购发票情况							
领购发票名称		申请数量	核准数量	发票代码	起迄号码		
受理人意见： 受理人：　　　日期：				审批意见： 审批人：　　　日期：			
注：本表填报一式两份，税务机关审核后退纳税人一份							

第4章

合伙必知：钱不是问题，关键看人

　　新一代的创业者与那些单枪匹马打天下的传统公司创业人不同，他们都喜欢抱团创业。如今，90%以上的创业者都有一个3人以上的团队。这些人之所以选择合伙创业，有的是因为资金不足，有的是因为经验不足，有的是因为技术不足，有的是因为资源不足……合作可以使项目很好地发展，合作可以使双方资源共享，合作可以使自己变得更强大。然而合伙创业的过程中多多少少也会出现摩擦和矛盾。因此，选择合伙人时，要注意钱不是最关键的，人才是最关键的。

4.1　找合伙人要慎重，盲目必吃亏

创业道路上的艰辛是难以想象的，这时如果有人能够并肩前行，自己的创业路可能会走得更加顺利。但是作为创业者的你在选择合伙人时务必要慎重，那么如何选择创业合伙人呢？

在一次发布会上，华创资本合伙人熊伟铭、WoW智能耳机创始人陈戈、脉脉创始人林凡回答了创业者在创业中的一些疑问，其内容整理如下。

问题：怎样看待创业过程中的合伙人？怎样选择合伙人？

熊伟铭：合伙人是能帮你撑点事儿的人，并不是一进来就应该能得到东西，合伙人占的股权比例也可大可小。

林凡：成为合伙人需要具备两个要素。第一个要素是他的能力跟你是互补的；第二个要素是大家其实是有同等的权利，或者叫同等对话的权利，也就意味着，他过去的经历和背景在你心中有相当的地位。

合伙人其实最终是要和你一起商量着去做事情的，虽然拍板的是一个人，但是可以由几个人商量的。如果说他商量的这些建议和这些话语，大家都有一种默契，听完这句话，下一句话我不用说他也知道我要说的是这个事儿。如果没有达到这种默契程度的话，我觉得都不要叫作合伙人，而是叫作班子的核心人物和骨干员工。

陈戈：我是坚决支持找合伙人的。找合伙人最核心的还是信任问题，信任问题是第一位的，同时还要找有合伙精神的，真正说清楚你为什么需要合伙人。选合伙人是一个很慎重的决策。

创业合伙人之间应该是长期强关系的深度绑定，在公司未来3～5年内能全职投入的人。因为对创业公司来说，其价值是要经过公司所有合伙人一起努力相当长的时间后才能实现的。如果有些合伙人因为意志不强而中途退出，这很有可能会给公司带来不小的打击，或者造成一些股份分配隐患。因此，你在找合伙人时一定不要盲目，所选之人既要有创业能力，又要有创业心态。

张先生是成都一家健身房的创始人，他大概用了1年的时间，前后访问了100多人，才找到合适的合伙人。他说："寻找到如意的合伙人真是太难了！愿意参加的太少，即使参加了也会因为各种原因离开，有时其中一位合伙人的一句话，也会导致另一位合伙人的离开。"

张先生的团队合伙人已换了好几拨，当然合伙人中途退出也是不可避免的。目前，张先生的团队有7个合伙人，相互之间能力互补，现在已比较稳定。他介绍了自己选合伙人的标准，"首先要有工作能力，能独当一面。其次要有较好的学习能力。再次是要学会妥协，不能天天争吵。有建议可以提，一旦拍板，必须执行。最后，就是人品要好。"

对创业者来说，一个人是很难把项目做成的，必须靠合伙人一起来做。而所选的合伙人一定要优势互补、资源共享、群策群力、降低风险，这对合伙创业是至关重要的。从某种程度上，合伙人关系到你的创业能不能成功。总之，你一定要慎重选择合伙人，盲目地选择合伙人必吃大亏。

4.2　了解对方的资源，并适当求证

最近看到一则帖子：本公司业务有广告设计、户外写真、宣传画册、易拉宝、不干胶、购物袋、喷绘布、宣传单、横幅、X展架、软膜、海报、名片；还承接专业O2O营销策划、开业庆典、婚庆礼仪、活动策划、品牌推广、活动演出、数据分析、各类设计，为实体店提供有效的运营分析。如果你有业务资源，我有强大的团队支撑，那我们合作吧，期待您的加入。

网上像这样的帖子有很多，生活中也有很多创业者在寻找一些有资源的合伙人。资源在很大程度上决定了创业公司的发展速度和前景。比如，你的公司需要一些特定的销售渠道资源，有些人能提供这样的门路，这时你就可以找这个人合伙或者给他一些提成，借用对方的销售渠道资源帮助公司创造收入，或者建立重要的合作伙伴关系，或者帮助公司融资。

创业除了要有好的点子以外，关键还要看双方的资源。当你有了任何一种资源的时候，在选择合伙人时，看中的必然是对方的可合作资源，这种资源能帮助你、帮助公司更好地发展。

在合伙创业的路上，整合资源是必不可少的。有些人有人脉资源，有些人

有销售渠道，还有些人有一些短期资源，比如，拉货的车、装货的仓库等。任何资源都可以利用，只要对创业有帮助。当然，涉及违法犯罪的事情要除外。

对那些很重要的短期资源提供者，你可以根据市场价付钱给他们，也可以先欠着。但是如果你创业前期付不起钱而这些人也要求股权，就可以按这些资源的市场价值折算对创业公司的贡献值，以换取相应的股权。切记，股权不能随便分，只有那些有重要贡献的人才有资格换取公司股权。

此外，创业公司的价值在短时间内是不可能实现的，这需要整个创业团队长期投入时间和精力。对于那些只是承诺投入短期资源，但不全职参与创业的人，建议优先考虑项目提成，谈利益合作，而不是通过股权长期深度绑定。很多创业者在创业早期可能因为公司的起步需要借助很多资源，他们陷入这样的误区，大多数创业者会给早期的资源提供者许诺过多股权，把资源提供者变成公司合伙人。然而很多资源提供者并没有为公司带来预想的利益，这时却已经把股权分出去了，即使后悔但再想把股权要回也难了。

当然，你不能只是听对方嘴上说自己有多少资源，或者他的资源能为公司带来多大利益，你还要做适当的求证。比如，你可以让他带着你看看他所说的资源，了解他所提供资源的可用性等，然后再考虑是否和他合作或者让他成为自己的合伙人。

4.3 合伙之前，先拿项目打探对方想法

王军在上大学期间就向大家展现了他的魅力，他在学校不仅创建了外贸协会，还经常会提出一些有创意的想法。

马上就要毕业了，他打算一毕业就开始创业，这时他脑子里已经有了好的项目，但他需要找创业合伙人。在平常接触中，王军发现他的室友张同也有创业的想法。

于是，王军把张同约到学校外的一家饭店里，把自己的项目告诉张同，看他对此项目有什么样的看法。然而听到项目后的张同对王军的计划指指点点，而且认为王军提出的想法也不切实际。经过这次谈话后，王军就打消了与张同合伙的念头。

　　王军的这种做法是正确的，对于一些脑子里没有什么想法的人，一般考虑事情都过于理想化，到最后凡事都需要你亲力亲为，有时非但帮不上你的忙，很可能还会阻碍你的发展，所以，果断拒绝是最明智的做法，否则你会后悔莫及。

　　创业者要像王军一样，在确定合伙人之前，就把自己的项目拿出来，听听对方的看法和项目规划，看看他的意见是否和你的一致，你们对市场是否有相同的思路。只有合伙人的看法和思路一致，在以后的合作中才会更默契，创业才有更大的激情。但如果前期你和他的意见或思路就有分歧，后期肯定会争吵不断，还不如趁早打消合伙的念头。另外，你从他对项目的看法和规划中，也能看出这个人是不是真的有"脑子"，还能从他的言谈中看出他是否适合做你未来创业道路上的优势互补者。

　　创业最重要的是要做好规划，没有规划，你是做不长的。所以你选择的创业合伙人一定是一个对未来有规划的人。如果你要选择的合伙人只认为做事情就是做事情，没什么计划和目的或者只是一时兴起，这种人短期合作还可以，长期合作就不太妥当，因为胸无大志的人不可能在新技术的引进和革新上给你好的建议或想法，甚至会给你增加不少阻力。像这样的人，你最好放弃选择他作为你合伙人的念头。

4.4　摸清你选择的合伙人是否靠谱

　　很多合伙人都会在公司成立一段时间后关系破裂，或者是经过相当长的一段时间后分家。合伙人之所以容易"分道扬镳"，主要还是因为创始人对合伙人了解不够深。现实中有许多基于朋友关系形成的合伙关系最终以失败而告终，更何况是那些不太了解的人呢。

　　合伙人最重要的就是志同道合，遇到麻烦事时相互扶持。在选择合伙人时，无论这个人是不是基于朋友关系而合作的，你都要先确定这个人是不是靠谱的合伙人。而确定这个人是否靠谱，应从他过去的经历了解，而了解他过去经历的最简单的方式就是与他进行无心闲谈。一般来说，不靠谱的合伙人常有以下特征（图4-1）。

1	不脚踏实地做事，急于求成
2	喜欢夸夸其谈，追求虚有名号
3	脑子里没有什么想法，总是自以为是
4	私人问题太多，创业专注度不高
5	不喜欢冒险，胆小怕事
6	没有创业经历，习惯了安逸生活

图4-1　不靠谱合伙人的特征

1. 不脚踏实地做事，急于求成

现在很多人都好高骛远，不能脚踏实地，做什么事太急于求成，总想着一口气吃成个胖子，这对刚创业的公司来说是致命的。因为他们会在公司不能盈利的时候变得很急躁，或者打退堂鼓。创业需要有耐心，如果你选择一个整天做白日梦的合伙人，那么你的公司早晚会被这样的人弄得倒闭。因此，如果你在闲谈中经常听到对方说："等到我发财的那天，我会买艘豪华游艇，巡弋于自己的私人岛屿……"，那么这样的人你最好不要选择做合伙人，因为他们很可能在创业一段时间内不获利时，就断然退出。

2. 喜欢夸夸其谈，追求虚有名号

有些人总是拿着CEO的架势夸夸其谈以及虚有的名号"招摇撞骗"。你千万不要被他所谓的"CEO"给骗了，毕竟公司不是靠名号、夸夸其谈和摆花架子取得成功的。如果在闲谈中，你发现对方见面30秒内就自称自己是个CEO，即便他所在的公司没有一点名堂甚至处于亏损的境地，他还是热爱鸡尾酒会，喜欢用美妙的花体字签名，喜欢在用户目之所及的咖啡桌上整齐地叠起一打名车杂志，唯独不喜欢动手工作。那么这样的人也要果断放弃，因为他们只会耍嘴皮子，动手做事却很困难，要知道，你要找的合伙人是和你一起吃苦的人，而不是追求表面东西的享乐者。

3. 脑子里没有什么想法，总是自以为是

自以为是的人脑子里其实没有什么东西，就喜欢逞强，他们最喜欢的口头语

是"听我的，准没错"。而且这种人很少跟别人讨论自己决策制定的过程，还喜欢贬低持反对意见的合伙人，背着他们作出能够显示自己的决策。这种人最要命的是，如果某项计划成功了，他们就会沾沾自喜，认为这都是自己的功劳；但如果计划失败，他就会把过错怪在其他合伙人头上，将自己该负的责任撇得一干二净。交流是双方合作成功的关键，自以为是者根本不适合做合伙人。

4. 私人问题太多，创业专注度不高

创业期间，所要做的事情有很多，这就需要创业者花费很多时间。因此，你在选择合伙人时，一定要选择时间比较充裕的合伙人，这样你们才能在创业中相互扶持、有商有量。在闲谈和日常接触中，你就能看出这个人是不是事多者。比如家里老人经常生病住院或者准备打离婚官司争夺财产或者孩子有病经常三天两头地往医院跑，或者七大姑八大姨的经常找他帮这忙、帮那忙等。像这样的私人事情不断者，千万不要让他们成为你的合伙人。因为你是准备创业，不是要做他人的保姆或心理医生。

5. 不喜欢冒险，胆小怕事

创业中会遇到很多困难，有时还需要创业者冒险作出一些抉择，因此，这就需要创业合伙人有足够的勇气，不能选择一些胆小怕事的人。如果在闲谈时，有些人根本没有做过什么值得别人骄傲的事，或者总是张口闭口提困难的人，就不要和他多费口舌，趁早放弃，另谋他人。因为那些在困难面前退缩的人，你和他合伙不仅会打击你的进取心，还可能使创业难上加难。

6. 没有创业经历，习惯了安逸生活

选择的合伙人最好不是那种"万年打工仔"，所谓"万年打工仔"是那些简历和资历证明有一大堆，但是就没有创业经历的人。像这样的人因为已经习惯了每天朝九晚五的工作，按月领取固定的工资，享受医疗保险的安逸生活，不敢冒险。如果选择这样的合伙人他们很可能在机遇来临时不敢前进，拖你的后腿。而且这样的人如果在短时间内看不到收益，就会果断地抛弃你，再跑去找份安逸的工作。

在闲谈中，你一定要多长一些心眼，看看对方是不是有以上"坏毛病"，如果有一项符合，你就要趁早放弃与他合伙。此外，你还要多注意他对生意门路的看法以及他是否有经商的天赋，看看他是不是适合你，是否能在创业中助你一臂之力，以及是否能为你带来一定资源，例如客户、资金、管理人才等。总之，要找适合你的合伙人。适合你的合伙人，你们能实现"1+1>2"；而不适合你的合

伙人，你们合作的结果会是"1+1<2"。所以，找合伙人不要太心急，适合你的才是最重要的。

4.5　人品是选择合伙人最重要的指标

　　创业合伙的人有很多，但真正能与伙伴同甘共苦的人却寥寥无几，"过河拆桥"的人也不少。有的人利用同伴的优势使事业走上轨道后，就收回股份将其打回"原形"。如果与这样的人合作，不仅无法同心协力奋斗打拼，还会耗费自己过多的精力与时间，最后成为别人创业的垫脚石。

　　因此，选择合伙人的标准：人品第一、价值观第二、工作态度第三、能力第四。人品是选择合伙人最重要的指标。品行良好的人，能为你和其他人树立榜样，给其他人带来示范效应。而且品行良好的人，他们有好的习惯，可以影响周边工作的每一位伙伴，能与这样的人一起合伙创业，何乐而不为？

　　如何才能知道这个人的品行怎么样呢？最好的办法就是走进他的朋友圈，听听他的朋友和身边的人对他的评价和看法。那么你在关注所要选择合伙人的朋友圈时，应从哪些方面了解他的品行呢？下面介绍一下合伙人应该具备的优秀品质，其内容如图4-2所示。

1	脚踏实地，不断进取
2	坚守诺言，信誉良好
3	意志力强，勇往直前
4	不斤斤计较，宽容大度
5	合作意识强，尽职尽责

图4-2　合伙人应具备的品质

1. 脚踏实地，不断进取

　　拥有一个务实、脚踏实地、肯干能吃苦的合作伙伴，你会轻松一些。除了选择脚踏实地的合伙人外，不满足于现状、不断进取的合伙人会让公司做得更强、更大。在优胜劣汰、适者生存的现今社会中，一个不思进取的人早晚会被社会淘汰。创业者更需要树立积极进取的人生态度，这样才能在激烈的竞争潮流中脱颖而出。而且你还要让你的合作团队时刻保持新的生命力，不断地让优秀的合伙人加入，不断地新陈代谢，保证创业团队是最优秀、最有战斗力的团队，这样才能把公司做得更大、更优秀。

2. 坚守诺言，信誉良好

连续15年蝉联华人首富宝座的李嘉诚说："坚守诺言，建立良好的信誉。一个人良好的信誉，是走向成功的不可缺少的前提条件。"公司创建初期，诚信起着最关键的作用，它甚至决定了创业的成败。在合伙创业中，对合伙人的道德要求非常必要，也非常重要。所以，创业者，特别是新手创业者，在选择合伙人的时候，一定要擦亮眼睛，多方打听涉及合伙人的信誉和道德方面的事情，以免让居心不良者有可乘之机。

3. 意志力强，勇往直前

遇到困难，不放弃希望、不抛弃你的人才是一个伟大的合作伙伴。找一个意志力比你更强的人合伙创业，你不仅会轻松很多，而且创业道路也会变得顺畅很多。即使在创业过程中遇到了困难，只要你们齐心协力，任何难关都能迎刃而解。相反，如果你找一个意志力薄弱、遇到困难就想打退堂鼓而总是让你泄气的人合伙创业，那你肯定不会成功。

4. 不斤斤计较，宽容大度

那些斤斤计较的人，他们总是把辛苦的工作推给搭档，自己拣轻松的做，也会在对方做错一点小事时就揪住不放。与这样的人合伙，你会很累。而选择一个有宽容气度的合伙人，会让你们的合作变得很和谐。

通常宽容大度的人具备以下特征：

（1）这些人会在事前有公平分工的协议，并按照协议去做。

（2）他们不会斤斤计较，有时其他合伙人病了或者有急事抽不开身，愿意为搭档多分担，觉得自己多干一些也无妨。

（3）他们的社会关系好，多接了生意，他们也不会因为搭档接的生意少而觉得不公平。

（4）他们总是把荣誉归于群体，其中一个人受到表扬，会说这是共同努力的成果，如有物质奖赏，也会和大家分享。

（5）他们没有私心，总是把合作所得利益放在首要位置，不会私下独揽了工作，将所有利益归自己。

5. 合作意识强，尽职尽责

合伙人要有很强的合作意识，合作意识强的合伙人会让你们的工作更有默契，而且有合作精神的合伙人有为对方着想的心态，在问题发生时，要懂得问自己做错了什么、还能做什么，而不是将责任推给对方、埋怨对方。拥有合作精神的合伙人，有时你不用太多交流，可能一个动作、一个眼神，他们就能心领神会。

QQ、微信已经成为人们生活中必不可少的社交工具，很多人都会在QQ空间或者微信朋友圈发一些日常的生活信息，对于那些你想选择的合伙人，你可以加他们的QQ、微信，进入他们的QQ空间和微信朋友圈看看他们日常所发表的一些"动态"以及他们动态中有哪些人经常给他评论、评论的内容是什么，通过这些信息你可以了解到他的日常生活以及他朋友圈的一些信息。除此之外，你还要从其他地方多方面打听他经常和什么样的人来往，他的品行怎么样。当然，不要只单单了解他的朋友的评价，他的对手对他的评价或许更真实一些。

4.6　看看他都与什么阶层的人打交道

马云创业时既不懂程序，也没有资金，而他现在却成了互联网达人，这与他的一群创业合作伙伴是分不开的。当时，马云没有技术，但是他的合作伙伴有技术；他没有资金，但是他的合作伙伴来投资；他没有资源，但是他的合作伙伴有一定的资源。而马云自己有什么呢？他有的是眼光和社交能力，马云的社交能力为阿里巴巴的发展开拓了更为广阔的道路，这可能也是其他合伙人选择和马云一起创业的主要原因之一。

衡量一个人的社交能力强不强，主要看他经常和什么样的人打交道。马云的社交能力令人叹服，现在有一个圈子叫"马云的朋友圈"。马云的朋友遍天下，他不仅和比尔·盖茨是好朋友，还和德国总理默克尔私交很深。而且马云的朋友圈是一般人接触不到的，每一个都是大佬，其分量之重，难以想象。

　　因此，在选择合伙人时，看看这个人的朋友圈分布在哪个阶层，而且还要看他和这些朋友的关系处得怎么样，一旦需要帮忙对方是否能出得上力。如果这个人的朋友圈都是在中高层，而且关系还处得比较铁，那就可以认定个人的人际交往能力较强。反之，如果一个人有很多朋友甚至铁哥们，但这些朋友除了他的同事就是他的同学，这说明该人朋友圈结构单一，社交范围狭窄。

　　为了充分了解合伙人的社交能力，你可以多带他参加一些陌生人的聚会，在聚会中你可以观察他的社交能力，在这种场合中他的社交能力可以充分地表现出来。如果他在人多的或者稍陌生的聚会场合，常常表现得比较拘谨，不太主动融入聚会中，也不太主动地"嗨"翻全场。我们对这样的人的评价：不自信、放不开、不健谈、内向、有点闷、太静。这样的人不太适合做合伙人，因为在创业过程中，肯定会遇到很多这样的场合，如果你的合伙人不善言谈，很可能会误了大事，所以，你最好不要选择这样的人做你的合伙人。

　　选择合伙人，最好选择一些性格比较外向的，因为一般外向、能量气场强的人，在任何社交场合都能很快地融入。

　　通常来说，社交能力强的人一定是一个有气场和自信的人。然而气场和自信是两个完全不同的概念，有气场一定是有坚定的自信，而有自信不一定有气场。真正的气场强大的人，他们一定是获得了足够的财富、足够的地位甚至足够的权力后，他们在某种程度上突破了各种心理限制，从而把深植内心的各种恐惧驱散了；真正气场强大的人，他们必然有自己坚定的信念、强大的自我，他们不会受到外界的任何人、任何事的影响，而他们总是影响别人、影响环境；真正气场强大的人，他们已经不需要外物和金钱、权力、地位来支撑，即使剥夺了他们这些外物，他们依旧能坚信自己比别人强。

　　随着经济和社会环境的发展，人与人之间的交往显得更加重要，而且社交能力的强弱会大大影响他们社交的成功率。然而社交能力的强弱与后天的培养是有很大关系的，生活中要不断地与各类人员进行交往和信息沟通，才能不断地丰富自己、发展自己。在创业时，你除了要锻炼自己的社交能力以外，还要找一个社交能力强的合作伙伴，帮助自己提高社交能力，建立更大的朋友圈。

第5章

股份分配：股权要厘清

即便是朋友合伙也要签订"君子协议"，现实生活中以朋友合伙最后反目成仇的例子有很多。无论与谁合伙做生意，问题都是会存在的，因此，要提前做好避免扯皮的准备。俗话说"先小人后君子"，不管是合作也好、合资也好，凡能预见到的都要拟出一个彼此都能接受的"君子协议"。将合作以后有可能要涉及的资金、分配、分红等一系列的问题，白纸黑字写明并按协议执行，那么，就算以后出现了不可避免的问题，也可据此处理，这才是创业者最明智之举。

5.1　资金入股VS技术入股

前段时间有个朋友打电话跟我说，他想创业，但自己对所从事的行业不熟悉，于是想和一个同学合伙开公司。因为他的同学有行业经验，开公司后主要运营都由他负责，整个商业计划也都是他的，他算技术入股。资金则由我的朋友和其他合伙人一起筹集，但年终利润分成他的同学却要占25%。朋友认为同学只是技术入股，不承担风险，却要分收益的想法很不合理。他问我，"我应不应该和同学合伙开公司？"

相信很多合伙开公司的人都会遇到像我朋友这样的问题，由于自己没有专业技术，必须邀请一个懂技术的人合伙，公司才能运营。但技术入股的人不投资金却要股份，这似乎听起来很不合情理。其实，技术入股也是一种合法的入股形式。为了保证现金投资方的利益，政策规定职务发明的技术，原则上作价时可占到注册资本金的20%，最多达到35%。

5.1.1　寻找技术合伙人难

顾名思义，资金入股是以投入资金的形式加入公司，这种入股方式很好理解。所谓的技术入股则是一种无形资产，以自身过硬的技术实力或者独家的技术配方在公司股份分配中占有一定的份额。原则上技术入股有一定的时限性，在公司的盈利过程中会被不断稀释，因为公司技术在不断完善，可能之前提供的技术会被新技术所超越，但无论技术如何稀释都应该大于当初的原始比例所占的资金额度。通常意义上，技术股份不会超过总股份的25%。

在现在的互联网创业高潮中，很多互联网创业者都苦恼于不能找到一个合适的技术入股的人。因为你很难找到一个能立刻辞职、全身心投入、共同奋斗的技术合伙人。

苹果公司的创始人乔布斯在创业之初也曾遭遇到找技术合伙人难的问题。刚开始，乔布斯聘请沃茨负责苹果电脑的技术，当他把产品设计出来后，乔布斯便邀请沃茨一起创业。可是，沃茨直接拒绝了乔布斯的请求，因为他当时在惠普有一份很好的工作，他不愿意放弃这份工作，只是想做苹果公司的兼职人员。最后乔布斯费了九牛二虎之力才说服沃茨出来一起创业。像乔布斯这等牛人都曾遇到过这样的难题，更何况其他人呢？

虽然现在时代不同了，做技术的人员也很多，但找技术合伙人依旧是一件很难的事，而且还会越来越难。因为在"大众创业"的呼吁声中，但凡有点技术底子又有创业梦想的技术人员，要么已成为别人的技术合伙人了，要么就是已另起炉灶。

年初，我在中关村创业大街遇到一些创业者，接触后发现这些人都有一个共同的创业痛点——找不到技术合伙人。其中，有个创业者打算做一个招聘APP，为了找到一个技术过硬又敢于共同创业的合伙人，他在过去的一年多时间里先后接触了1000多个技术人员，还是没有找到他的技术合伙人。可见，找到一个既懂技术又适合自己的合伙人是多么不容易。

5.1.2　技术入股的股份分配

虽然技术合伙人很难找到，但也不能为了说服技术人员合伙而无条件地退让股份。国内技术方与出资方合伙创业往往会遇到这样一个问题：如果资金全部（或大部分）由投资方投入，技术方只是技术入股而不出资，那么在这种"无形资产"的价值尚未实现时，公司就出现了亏损倒闭的情况，这样"无形资产"从一开始就占有实实在在的股份，对资金投资方是不公平的。

例如，资金投资方共投入500万元，技术方以"无形资产"入股占60%的股份。经营一段时间后大家决定清盘不干了，这时公司还剩下50万元。那么按照股份分配情况来看，技术投资方应该分得30万元，但这对投资人就太不公平了。如果技术入股的只是一家现有公司里的"项目"，那么情况就变得更复杂了。

况且，很多以技术背景创业的创业者在早期往往会把自己的技术看得很值钱，却没有预见到创业的艰辛和产品商业化会遇到的困难，总以为自己制定的可行性报告能在投资之后很快就能获得高额利润，也不需要第二期投资。这就使得创业者在起初就让"无形资产"占有很高的股份比例。在这种情况下，你的项目必然不容易获得"投资人"的认同，以"业绩"说话才能令出资方和技术方达成共识。如何才能避免这种情况发生呢？为了解决这个难题，下面介绍3种技术入股股份分配的可行性方法。

作价入股法　设定目标法　名义共同出资法

图5-1　技术入股股份分配的可行性方法

1. 作价入股法

假设甲方是某公司的创始人，在公司发展到某一阶段时，邀请乙方合作，由乙方提供技术产品共同发展。作价入股法是甲方以原有公司资产入股，合作后的收入按商定比例分配作价入股。

例如，甲方原公司的资产价值为100万元，经双方商订，甲方原公司的价值与乙方新增加的技术价值按3∶1分配，三年后结算确定最后股份比例；若三年后公司资产价值达到500万元，其中新增加的400万元按3∶1分配，相当于甲方出资100＋300＝400万元，乙方出资100万元，这时确定甲方占80%的股份，乙方占20%的股份。

2. 设定目标法

设定目标法，顾名思义就是根据目标确定合伙方的股份比例。例如，资金投资方和技术投资方先制定一个三年计划，设定第一年的目标为A，第二年的目标为B，第三年的目标为C。假如第一年完成了A目标，则赠与技术投资方a%股份，若达到A×150%，则赠与技术投资方a+%股份；假如第二年完成了B目标，则赠与技术投资方b%股份，若达到B×150%，则再赠与技术投资方b+%股份；假如第三年完成了C目标，则再赠与技术投资方c%股份，若达到C×150%，则再赠与技术投资方c+%股份。

3. 名义共同出资法

名义共同出资法是预先设定一个股份比例，然后根据一定的偿还方法实施。例如，投资方A与技术方B共同成立了一家公司，资金由A投入，技术则由B提供，则股份比例为 A：B。双方商定利润分红的百分比，技术投资方的分红优先偿付资金投资方的垫资；如果合作公司不能盈利，无法偿付资金投资方的垫资，大家决定清盘，则所有剩余资产优先偿付资金投资方的投资款。

5.2　股权分配规则要尽早落地

我的一个高中同学在前些年创业时，自己掏了30万元，找身边朋友投了70万元。谁料，他们在前期就简单、直接、高效地把股权分了。其中，我的高中同学占股30%，其朋友占股70%。两年后，公司业务发展不错，我的高中同学却发现了一些不对劲：

（1）不公平，他整天忙得吭哧吭哧的，到最后竟沦落成一个小股东。

（2）由于前期没有预留足够的股权利益空间，其他合伙人想进也进不来。

（3）很多投资机构都看好他们的项目，但看完公司股权结构后，却没有一家敢投钱的。

可见，公司早期的股权结构分配不合理，后期肯定会使军心涣散，还会影响到其他投资人的进入。

像我的这个同学遇到的这种创业问题，在其他许多创业公司中都是很常见的。现在很多创业公司的创始人在外边学习了一堆的新理念、新思维，大肆宣称产品重要、技术重要、运营重要，需要找合伙人。但是你一问他公司的股权结构，他的回答却是模棱两可的，这对创业者来说可是很致命的。

很多合伙创业者往往"能一起吃苦，但却不能一起享福"，这句话说的就是合伙人在创业早期，大家一起埋头打拼，不会太多考虑各自占多少股份和怎么获取这些股权，因为这个时候公司的股权其实就是一张空头支票。

然而随着公司的发展，公司的"钱景"越来越好、价值也越来越大时，早期的创始成员也会越来越关心自己能够获取的股份比例。而如果在这个时候大家再去讨论股权怎么分，就很容易因为分配方式不能满足所有人的预期，从而导致团队合作出现问题，影响公司的发展。因此，为了避免合伙人后期因为股权发生矛盾，前期就应该使股权分配规则尽早落地。

5.2.1　股权分配机制

在新的成功商业模式下，参与公司持股的人一般是公司的创始人、联合创始人、投资方以及员工与外部顾问。在创业早期，公司在设定股权结构时，千万要预留好一些股权，以保证公司能够灵活方便地应对后期的融资、后期的人才引进和激励措施。

有一些专业的投资机构在准备介入公司之前，投资方一般会要求创始人团队在公司的股权比例中预留出一部分股份作为"期权池"，为以后进入公司的投资者、员工和公司的股权激励方案预留，以免后期稀释投资人的股份。而提前预留的这部分股份一般先由创始人代持。

一般情况下，有些初创公司在早期进行工商注册时也会采用股权代持方式，只不过他们是合伙人股权代持方式，即由部分股东代持其他股东的股份进行工商注册，以减少初创期因核心团队中的某个人员离职而造成频繁的股权变更，等到初创公司的团队稳定后再决定，这对公司的发展也是有利的。

另外，在新的投资者投入之前，原始创业股东在分配股权时，应先根据一定阶段内公司的融资计划预留出一部分股份放入"期权池"，用于后续融资；然后再预留一部分股份放入"期权池"，用于持续吸引人才和进行员工激励；最后，原始创业股东再按照先前商定的比例分配剩余的股份。

总之，在制定股权分配方案时，其分配方案从设计到实施过程中，千万不能一成不变。如果在实施股权分配过程中，有子公司退出或者转手，对股权资格、数量应事先规定，以避免因上述原因而产生一些不必要的股权分配纠纷。

5.2.2　股权绑定

股权绑定是指公司股权按照创始人在公司工作的年数或月数逐步给予股份奖励兑现，这种机制是对所有合伙人与公司进行长期绑定，通过每个人的长期服务去赚取股权。股权绑定在美国已经运作得很熟练了，但是在中国还没有得到大规模普及。下面举一个例子，介绍一些公司应该如何利用股权绑定合伙开公司。

美国某合伙公司有两位创始人甲和乙，公司创立时发行2 000 000股，甲和乙每人各分得1 000 000股。其中，20%的股份在公司创立时就进行了授权，公司以后不能回购。剩下800 000股，分4年授权。

假设乙在一年后准备离开，这时他会拿到200 000股，加上创立时200 000股，共400 000股。剩下的600 000股被公司以象征性价格回购。公司总股份量变为1 400 000。A占有4/14≈29%，B占有6/14≈71%。

但是如果该公司没有事先进行股权绑定的话，乙离开时，很可能会与甲吵得不可开交。乙会说："我已为公司做了很大的贡献，公司的1 000 000股应该都是我的。"甲肯定不同意。如果真把甲逼急了，他最后会说："反正已经是我的了，看你怎么着。"乙会说"这样太不公平，那我也不做了"，或"那我把这个公司关掉，另起炉灶。"在争吵不断升温的情况下，可能会出现偷公司公章、抢钥匙、上法院等行为。在这种情况下，公司元气必然大伤，特别是对初创公司来说可能会是致命的。

股权绑定的初衷其实很简单，就是创业公司规模从小到大都是大家一步步作出来的，当某位创始人到一个时间点停止为公司服务时，他就不应该继续享受其他合伙人接下来创造的价值。而且股份绑定期限最好是4～5年，包括创始人在内的任何人都必须在公司起码做够一年，才可以持有公司的股份，然后再逐年兑现一定比例的股份。倘若没有制定"股份绑定"条款，就把股份分配出去，这都是不靠谱的。

5.3 "投大钱，占小股"的股权设计

过去，好多公司几乎都像万达一样，由创始人一人100%控股，不需要股权设计；而现在，合伙创业成为互联网明星创业公司的标配，股份分配成为创始人面临的关键问题。过去，股权分配的核心就是"钱"，甚至是唯一依据，"钱"是最大变量；而现在，"谁钱多，谁老大"的老旧观念已经落伍了，"人"才是最大变量，对于那些只出钱不出力或少出力的专业投资人，他们会遵守"投大钱，占小股"的原则。

"投大钱，占小股"的投资人通常要比那些"投小钱，占大股"的人赚得更多。因为那些自以为手里拿的股权数量越多越好的投资者，他们只看自己的历史贡献，而没有从公司长期发展所需的持续动力来看，像他们这种做法，只会把优秀团队和后续资本进入公司的通道给堵住，把公司给做小了，自己赚的钱自然也

就有限。

众所周知，马云持阿里巴巴7.8%的股份，这个数字看似很小，但却不能阻挡住马云控制阿里巴巴，也没阻挡住马云成为中国首富。值钱的公司，1%的股份就是一个非常大的数字，比如，阿里巴巴1%＝20.1亿美元，小米1%＝4.5亿美元。但是，不值钱的公司，100%＝0美元。

像阿里巴巴、小米这样的成功公司，其背后都有一套清晰的股权结构，其股权结构分别解决了公司长期发展所需要的核心创业团队、资本与核心战略资源。公司在初始股权结构设计时，首要解决的是创始人的持股数量。根据创始人核心创业能力的集中程度与团队组成，创始人所持股份占2/3以上的是绝对控制型、占50%以上的是相对控制型、占50%以下的是不控制型。

创始人不控股，是否也可以控制公司？当然不是，马云就是最好的例子。不控股但要有投票权委托、一致行动人协议、有限合伙、AB股计划等，这都可以是备选方案。刘强东在京东上市前用的是投票权委托，上市后用的是AB股计划，实现了上市前后的无缝对接。

所谓AB股计划，根据京东招股说明书上显示，京东上市前的股票会区分为A序列普通股与B序列普通股。机构投资人的股票会被重新指定为A序列普通股，每股只有1个投票权，刘强东持有的23.1%股权（含其代持的4.3%激励股权）将会被重新指定为B序列普通股，每股有20个投票权。刘强东实行AB股计划后，投资人会收回此前委托给刘强东行使的投票权，但通过AB股计划1：20的投票权制度设计，刘强东掌控的投票权不仅不会下降，而且还会远远超过目前51.2%的投票权。因此，刘强东完全不存在对京东公司失去控制权的问题。

表5-1　上市后大佬的股权

互联网公司	创始人	上市后股权
阿里巴巴	马云	7.8%
腾讯	马化腾	14.43%
360	周鸿祎	18.46%
京东	刘强东	20.468%
百度	李彦宏	22.9%
谷歌	佩奇	14.01%
谷歌	布林	14.05%
Facebook	扎克伯格	23.55%

从上表（表5-1）可见，互联网大佬的创始人所占股权在20%上下算是常态。想要通过融资将公司做大，就要看股权结构设计，要算大账，做模型，把团队分配利益的标准统一，让团队感觉相对公平合理，股权才不会出现致命的结构性问题。

总之，对所有的早期创业者来说，一定要明白一个道理：创业成功了，即使只拿1%也很多；创业不成功，就算占有100%也分文不值。

5.4　股权如何划分

我有一个远方亲戚，三年前和其他两个合伙人成立了一家装修公司，由于公司在前期没有事先制定好股权分配制度，一年后当其中一个合伙人准备退出时，他们开始对股权分配进行争吵。之后，这个合伙人还把其他两个人告上了法庭，曾经要好的合伙人最后只能对簿公堂。

在创业初期，由于事先没有把股权分配规划好，在创业过程中因股权分配纠纷而导致创业失败的例子在现实生活中比比皆是，因此，股权分配制度的设计对公司来说是至关重要的。

所谓股权，是股东权益的一种表现形式，其强制表决机制是个人在公司话语权的体现，还在某种程度上代表了个人对公司的控制权。特别是在股份公司和上市公司中，如果创始人在资本市场中对股权分配方案不慎重，那么很有可能后期公司会变成别人的。

股份分配对早期创业公司来说，牵扯到两个本质问题：第一是如何利用一个合理的股权结构保证创始人对公司的控制力；第二是如何通过股权分配帮助公司获取更多资源，包括找到有实力的合伙人和投资人。参与创业的每一个合作人应该是优势互补且在创业过程中不可替代的；另外在选择合作人时，应尽量选择自己熟悉和了解的人或公司。

关于股权问题，会涉及很多法律风险，这时可以根据公司章程中设定的表决机制来实现。但是由于《公司法》中特别是有限公司中有些表决机制是强制性的，这没法改变，只能在股权分配上作出相应的限制。

在做股权分配制度时，应全盘考虑如何分配股权和行使股权等问题。我国《公司法》明确规定了股东的诉讼权、派生权。此外，知情权、分红权、利润请求权等问题在股权中也是涉及最多的，因为股权不像货币一样只是单纯的钱，在股权中涉及的是一种权利的行使与利益的获取方式，因此，在制定股权分配制度时会涉及相关制度的建立问题，公司创始人要做好全面的考虑。

总之，在股权分配方案中，应该明确股权分配原则、分配内容、分配范围以及股权分配机制、股权行使方式等。下面将对以上内容进行一一详解。

5.4.1　股权分配的原则

在制定股权分配时应坚持一定的原则，其内容如图5-2所示。

1	确保牵头的自己是独大
2	千万不能平均分配股权
3	绑定股权，实行分期兑现
4	充分利用《公司法》自治的契约精神

图5-2　股权分配的原则

1. 确保牵头的自己是独大

在寻找投资人时，大家都会看公司创始人是否有决策的魄力。你有这样的魄力，大家才会争先恐后地跟着你干，这是中国人的一贯思维。此外，大家跟着你干是因为他们认为你的模式能够成功。因此，投资人在投资早期项目的时候，通常会认可比较好的股权结构如图5-3所示。

当然，股权分配在确保自己是独大的情况下，还要让所有人在分配和讨论的过程中，心里感觉到合理、公平。在各方达成共识之后，才能在事后忘掉这个分配，而集中精力做事。而且创始人最好能开诚布公地谈论自己的想法和期望，只要能赢得其他创业人的认可，你的任何想法都是合理的。

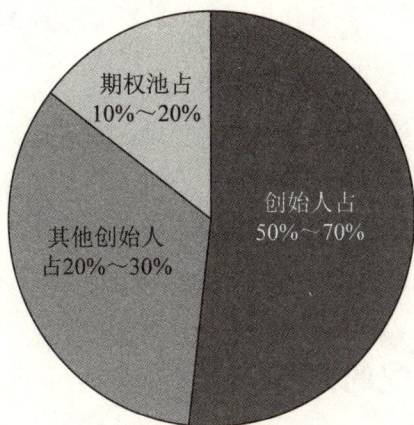

图5-3　股权结构

2. 千万不能平均分配股权

很多创始人在寻找合伙人时，总是按照投入资金的多少平均分配股份。如果双方在投资相同资金的情况下，两人就会干脆直接以各50%平均分配股权，这样的做法是极其愚蠢而又不现实的，只会为公司以后的发展埋下诸多隐患。

因此，创始人在股权分配时，一定要保证股权的可调配性，按照个人的贡献，根据工作时间、投入现金和实物等估算各个创始人的各种投入价值，合理分配股权。比如，有的创始人提供资金，有的提供场地，有的提供技术，有的提供销售渠道，有的提供融资资源，各人贡献性质不同，无法完全等价分配。其实，只要依据当时的市场价，以估值大小来确定每个人的贡献值，这样每个人的贡献或许会科学客观一些，至少能让大家更信服、让团队更团结。

3. 绑定股份，实行分期兑现

在本章的第二小节中，对绑定股权实行分期兑现作了详细解释，在此就不做过多赘述，总之，绑定股权就是为了让公司合伙人明白一起战斗到底的意义。另外，股权绑定还有另外一个好处：能有效平衡合作人之间出现股份分配不公平的情况，把双方还没有投资的股份重新分配给那些做贡献较多的人，这样双方都会比较容易接受。

绑定股权对投资者来说是一个很公平的方法。你做了，你就有相应的股权；你不做，你就没有股权。而且这样的股权分配还能避免一些创始人在脱离公司以后手上一直还持有公司股权，从而不劳而获。因此，想要避免股权纠纷的创业者，应在最开始的时候和他的合作人商量好股权分配的方式。

4. 充分利用自治的"契约精神"

"契约精神"是股权分配中最核心的原则。对所有创业公司而言，一旦股权定下来，其实也就意味着利益分配机制定好了。除了后期的调整机制外，在创业过程中，每个创始人的努力和贡献其实和这个比例没什么关系，尽自己最大的努力是创业成功最基本的要求。

5.4.2 股权分配的内容

股权分配方案在制定时，其内容要包括以下9个方面（图5-4）。

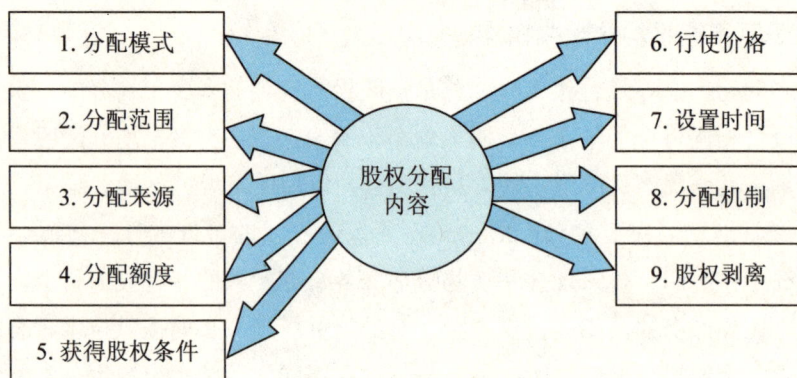

图5-4 股权分配内容

1. 分配模式

股权分配模式主要包括以下5类。

（1）花钱买；

（2）参加利润分红、虚拟股权；

（3）账面增值（每股净资产）；

（4）期权模式；

（5）业务发展增加模式。

2. 分配范围

创业者要预先想好把股权分给哪些人或哪些公司。

3. 分配来源

一般来说，股权分配的来源主要包括以下两种。

（1）股权转让；

（1）增资扩股。

4. 分配额度

给多少额度能达到捆绑创业的目的？主要考虑的因素有法律的强制性规定、公司的整体发展构想、公司的目标、市场环境与竞争环境、有多少子公司等。

5. 获取股权条件

子公司获取股权的条件：除了上市公司外，公司实施股权分配方案只要没有违背法律规定，可以灵活分配，但是行权条件的基本内容与上市公司一致，在股权分配计划中需要分年度分批行权的情况下，每一批可行权的股权标的均涉及：等待期、行权期、行权条件。

6. 行使价格

应根据公司的实际情况和战略需要确定。

（1）以注册资金为标准的行使价格；

（2）以评估的净资产的价格为标准的行使价格；

（3）以注册资金或评估的净资产的价格为基础进行一定的折扣为标准的行使价格；

（4）以市场评估为基础确定行使价格。

7. 设置时间

股权分配中设置的时间点必须要经过巧妙的设计，既要达到公司推动创业发展的目的，又要使子公司不会感到遥不可及，确保子公司的努力能够得到回报，必然会涉及的时间点有：有效期、授予日、授权日、等待期、解锁期、行权日、行权窗口期和禁售期等。

8. 分配机制

股权分配方案不能一成不变。

股权分配方案中，并不是从设计到实施一直不变，在实践中，实行股权分配是为创业成功，公司需要采取进一步融资或配股分红行为，以保持公平就要进行修改。如果在实施股权分配过程中，有子公司退出或者转手，对股权资格、数量应事先规定，以避免因上述原因而产生纠纷。

9. 股权剥离

为了防止合伙人或者不能长久坚定信心共同创业的子公司中途退出后会伤及整个目标，成为公司发展的阻力，就得把股权剥离。

5.4.3　股权分配的方式

股权分配方式主要有以下4种（图5-5）。

个量静态	总量静态	比例静态	完全动态

图5-5　股权分配方式

1. 个量静态：约定每一个虚股的股息，就像债券的约定利息。
2. 总量静态：约定全部虚股股息的总量上限。
3. 比例静态：约定虚股股息在利润分配中的比例。
4. 完全动态：在利润中占有比例与真实一样，同股同权，类似于真实股。

5.4.4　股权分配的"大坑"

公司的硬件出点问题，可以快速迭代；公司的技术出点问题，可以聘请更专业的团队；公司的运营出点问题，可以换更有能力的人。但是，公司的股权结构出问题，就没有那么简单了。要么创始人对公司失控或出局，要么合伙人内讧，要么合伙人与投资人没法进入，要么决策效率低下……

公司的股权分配出问题，其结果要么是不可逆的，要么是纠错成本极高，而且经常是毁灭性的"车毁人亡"。因此，对于经过磨合、有创业能力与创业心态的合伙人来说，谈利益，并不伤感情；相反，不谈利益，才伤感情。

很多初创公司，有好团队、好创意、好产品，却因为股权问题，创业失败了。那么在进行股权分配时，你要如何做才能躲过股权分配中出现的"大坑"呢？

1	最高领导者没有明确
2	只有员工，没有合伙人
3	完全按出资比例分股权
4	资金股占股比例过高
5	全职核心团队股权，没有退出机制

图5-6　股权分配时的常见"大坑"

总之，拥有一个清晰的股权分配比例，不仅能避免以后出现扯皮事情，而且还能为融资做准备。否则的话，让投资人看到创始人之间不太确定、不断动态变化的股权结构，会让投资人认为团队不稳定，不愿意投资。

5.5　投入要素的股权变动

各个创始人的投入要素，随着时间的推移其估值是发生变化的，而且各投入要素的股权也是会随着时间的变化而发生变动。

5.5.1　投入要素的估值浮动

在创业初期，各种投入要素的迫切性、稀缺性是不一样的。对于那些最迫切的、最稀缺的要素，可以按商量的比例适当放大其估值。

对绝大多数创业者来说，初期可能最需要的是钱。如果合伙人的资金投入不多，这时可以通过出力、出时间来提高自己的投入额。而钱是绝大多数初创公司最重要的投入要素，这一要素是怎么也没办法无中生有的。因此，在对钱的价值进行估值时，不一定只按钱的实际金额估值，可以将其估值放大一些，比如按金额的2倍估值，假如你前期投入20万元，2倍估值后你的投入资金就是40万元，在分配股份时，则按照40万元的价格计算。

除了投入资金以外，有些人还会投入研发工作、实物资产等。在进行股权分配前，各种投入要素都要进行估值，折算出创始人对创业公司各种投入的价值，加起来计算出总投入的价值，然后再折算每个人的投入价值占总价值的比例。

在进行投入要素估值时，最主要的一个环节就是创始人向公司提供的实物资产，这种投资通常也可以视为现金投资。因为实物实际上就是用现金购买的，是现金的另外一种形态。对创业公司来说，被认定为实物资产应至少满足下面条件之一。

1. 公司的核心资产

实物资产应是创业公司主营业务所必需的核心资产。举一个简单的例子，某公司的创业项目是互联网项目，为项目而购买的网站服务器则是公司必需的核心资产。但是，如果某位合伙人为了员工中午在办公室热饭方便，而从家里搬来一个微波炉，这个微波炉就不属于公司的核心资产了。总之，在初创阶段，任何资产都要以"创业非常需要"为原则。

2. 为公司经营而特意购买

实物资产应是创业者专门为公司经营而特意购买的物品。比如，为了日常办公所购买的电脑、办公桌、办公用品等物品，这些都称为实物资产。但如果是合伙人自己顺手从家里旧货堆里"扒拉"来的旧电脑或多余的文具，这都不属于专门为创业公司而购买的，也就不能成为公司的实物资产。

确定好公司的实物资产以后，其投入的价格应如何计算呢？对于大公司来说，可以请一些专业的评估师来核算，但对于一些初创小公司来说，为了简便，创业者可以自己来简单折算一下。比如：如果实物资产是全新的，或者是实物资产买来时间很短、几乎没有折旧，可以按购买价来计算；如果实物资产已经折旧很厉害了，可以按当前可以卖出的价格来计算，这个价格可以参考一下 58 同城等旧货处理的价格。

确定好各种投入要素的估值之后，大家就可以简单地计算每个合伙人的股权。某个创始人的股权比例计算公式如下：

$$股权比例 = \frac{某个创始人的所有投入估值之和}{全体创始人的投入估值之和} \times 100\%$$

5.5.2　股权变动解决方法

公司的最初发起人是公司的核心人物，他会在后期发展中投入更多的时间、金钱、设施等。相对来说，其他合伙人并没有最初发起人那么费心费力，而且合伙人与合伙人之间的投入也会有所不同。其中，合伙人最重要的投入要素——时间，是各个创始人在创业过程中通过自己的实际工作逐渐投入到创业公司中的。因此，创始人对公司的投入及其股权比例，很可能会因为个人的贡献不同而处于动态变动之中。对于股权变动这一问题，其解决方法有哪些呢？

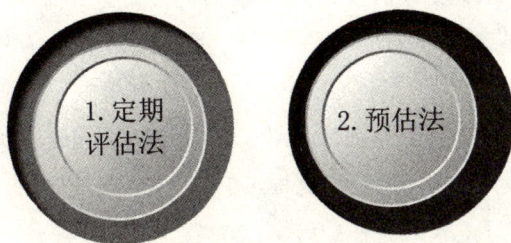

图5-7　股权变动解决方法

1. 定期评估法

定期评估法是定期汇总各个创始人对公司作出的贡献，计算各个创始人截至某个时间点的投入及其估值，然后计算各自投入的估值及占总估值的比例，从而确定一套动态的股权比例。下面通过举例帮助大家解释一下什么是定期评估法。

（1）在某个创业项目中，A、B、C三人共同创业。起初，A主要负责带领创业公司，B主要负责事务性工作，C只出钱。

（2）A、B、C都暂不领工资。如果人才市场雇用A这样资历的人才、从事A在创业公司里的职务，应该付给A的年薪是36万元，也就是说月薪3万元。同理，B在人才市场中此职务年薪应该是12万元，即月薪1万元。

（3）当A、B都拿不出钱做创业公司时，C承诺可以提供20万元，由于创业项目很缺钱，C的资金估值按原值的2倍计算。

通过第一个月的结算，A、B、C三人的投入如下所示：

A工作了整一个月，工资应该是3万元，创业公司没有付给他工资，所以A的投入就是3万元；B工作了整一个月，工资应该是1万元，同样创业公司没有付给他工资，所以B的投入就是1万元；创业项目要买云服务器、域名和付广告费用，C方实际花了2万元，按2倍估值就是4万元。所以，A、B、C三方第一个月月底的投入分别是3万元、1万元和4万元，第一个月总共投入合计估值是8万元。依据创始人的股权比例计算公式，A、B、C三方的股权比例分别为 37.5%、12.5%、50%。同理，每个月月底的时候，都可以累计计算各自的投入及其比例。

当然，公司可以根据自身的需要，自行安排计算周期，有的公司每周计算一次，也有的公司一个季度计算一次。这样，随着各自投入的变化，股权比例也会随之发生变化。

随着A、B、C三方投入估值的逐渐累加，慢慢地每个月的投入几乎不会给股权比例带来更大的变化。比如，在第一个月的时候，各方投入估值总计才8万元，A方当月投入，可以为他带来37.5%的股份；如果到了第 11 个月月底，假如A、B、C三方的投入估值已经累计达到86万元，即使B和C在第 12 个月时不投入任何贡献，只有A投入了3万元，那这样A在第12个月月底时，增加了3.37% 的股份，其计算公式：3万÷（86万 +3万）≈3.37%。

可见，越往后，即使各个创始人都在继续投入，但这对股权比例影响越来越小。而且到了一定时间，股权比例就相对稳定了，在这个时候，基本上就不用再定期评估和计算股权比例了，可以直接确定一个相对准确的股权比例。

2. 预估法

预估法是最简单的做法，即在创业项目启动时，事先预估每位创始人未来的时间投入及其他投入价值，并据此预估和确定各创始人的股权比例。仍以上面的例子来讲解，帮助大家理解什么是预估法。

A的投入估值36万元，B的投入估值12万元，C的投入估值40万元，A、B、C三方加起来合计投入估值为88万元，按照股权比例计算公式，得出A、B、C三人的股权比例分别为40.9%、13.6%、45.5%。

5.6 股份分配协议书范本

表5-2是股份分配协议书的范本，其内容仅供读者参考，具体的协议内容应根据各自公司的实际情况做增减。

表5-2 股权分配协议书

股份分配协议书

甲方：＿＿＿＿＿＿＿ 身份证号：＿＿＿＿＿＿＿＿＿＿＿

乙方：＿＿＿＿＿＿＿ 身份证号：＿＿＿＿＿＿＿＿＿＿＿

经友好协商，甲、乙双方在公平、平等、自愿的基础上，根据《合同法》《公司法》等法律法规的有关规定，就共同投资经营餐饮行业并最终成立管理公司等事项达成如下协议：

第一条 投资地点位于＿＿＿＿＿＿＿＿＿＿＿＿＿＿＿＿，经营面积＿＿＿＿＿＿平方米，预计投资人民币＿＿＿＿＿万元，具体投资额以最终结算的投资额为准。

第二条 甲方出资人民币＿＿＿＿万元，占出资总额的＿＿＿＿％；乙方出资人民币＿＿＿＿万元，占出资总额的＿＿＿＿％，总投资超过预计＿＿＿＿万元的，甲乙双方按出资比例追加出资。

第三条 甲乙双方应按工程装修进度、出资比例履行出资义务，双方的出资应在＿＿＿年＿＿＿月＿＿＿日或餐厅正式开业前支付全部出资。

一方的出资应经另一方确认，资金将由甲方管理并存入指定的银行账户，出资后任何一方不得抽回投资。

第四条 甲方向餐厅所租房屋产权所有人支付的房屋租金和保证金，计入双方的共同投资。在该房屋物业租赁、转让合同期限内，甲乙双方共同拥有该房屋产权的使用权和经营权。

甲方应保障该承受或承租物业的正常持续经营使用，乙方给予配合协助。

第五条 经双方一致同意，指定甲方为共同投资事务总执行人，管理执行公司日常事务，对外全权与第三方签订买卖合同、聘用合同等。

甲方履行投资事务执行人职责的行为，对甲乙双方具有法律效力，所获得收益和承担的债务由双方共同享有和承担。

第六条 甲方对外签订合同、费用的支出，应诚实守信、勤俭节约，以维护双方的共同利益为原则和宗旨。

甲方或委托代表在履行职责时，因故意、有明显过错或重大过失造成损失的，应当承担相应的赔偿责任。

第七条 自签订本协议时，甲方全权负责公司的资金管理，所有费用支付需经甲方或甲方委托的代表签字后，经指定人员处支出。

第八条 确定每 （月、星期、半月）或双方认为必要时召开会议，在会议上甲方有义务向乙方报告公司经营状况和财务状况，乙方有权对甲方执行事务的行为提出异议。

第九条 甲方在履行职责时，享有相应的劳动报酬，其中甲方为＿＿＿元/月，劳动报酬列入投资成本费用。

第十条 在餐厅正式运营时，成立由甲乙双方为股东的有限责任公司，由甲对餐厅的经营进行管理，所成立公司双方各占股份比例经协商一致的不得更改出资比例，注册资金与实际资产价值或总投资金额不一致的，以双方实际投资金额或实际资产价值为准。

第十一条 甲乙双方按本协议比例分享共同投资利润，分担共同投资的亏损。

甲乙双方的共同出资、形成的财产以及利润为双方共同财产，任何一方不得擅自处置，未经出资双方一致同意不得抵押或质押。

第十二条 一方向双方以外的人转让其投资中的全部或部分投资须经另一方同意，在同等条件下，另一方有优先受让的权利。

股份分配协议书

第十三条 经营利润在弥补亏损、提取法定公积金及任意公积金后，剩余利润按投资比例分配，利润每年分配一次。

第十四条 在经营过程中出现亏损的，双方有义务按出资比例追加出资；经双方协商同意，也可吸收其他投资人注入资金。

因亏损就追加投资、引进投资人不能实现的，经协商一致按《公司法》规定进入破产清算程序或折价转让。

第十五条 甲乙双方应遵守本协议，不得擅自违约，否则应向守约方承担违约责任。

任何一方不按期出资，应承担延期出资所产生的一切法律后果，同时向守约方承担_____元/日的经营损失。

任一方出资延期超过2个月致使无法经营，或任何一方明确表示不再出资或以自己的行为表明不再出资的，违约方除承担所有经济损失责任外，还应向守约方支付按预计投资额_____万元20%的违约金。

第十六条 双方在履行本协议时发生争议，应当本着精诚合作的原则协商解决，协商不成的交由公司所在地法院管辖。

第十七条 甲乙双方的合法身份证复印件作为本协议的附件，以证明双方的合法身份。

第十八条 本协议未尽事宜经双方协商一致，可签订补充协议。

第十九条 本协议经双方签字后即生效。协议一式两份，甲乙双方各执一份，均具有同等法律效力。

甲方（签字）：_____ _____年_____月_____日
乙方（签字）：_____ _____年_____月_____日

第6章

分工与退出机制：责任分工与退出机制

合伙创业前，双方一定要先明确一些看似很琐碎的问题，提前做好分工，还要制定好中途退出机制。如果在很多问题都没有解决的前提下，贸然吸纳一个合伙人，那么在以后很容易分道扬镳。

6.1 出力规则：如何分工+责任划分

　　H.Bloom是一家提供鲜花预订的公司，2010年在纽约创立，其两位合伙人Bryan Burkhart和Sonu Panda是两个志同道合的人，他们在创业中为对方分担了不少压力。当然，Burkhart和Panda之所以能顺利合伙创业的前提是有效合理地明确了彼此的分工和责任：Burkhart主要专注于销售、推广和吸纳投资人；Panda则负责公司的日常业务，管理H.Bloom五个区域市场的设计师、买家和经理人。

　　Burkhart说："我和Panda一直都分工明确，各自有不同的角色和责任。Panda的工作更注重细节，而我这方面有些欠缺，因此，凡是我觉得特别痛苦但又必不可少的工作都Panda做。但是我们在创业早期就进行过坦诚的交流，探讨分工，确保双方都能满意。"

　　对创业公司来说，合理分摊责任可以避免重复劳动，提高工作效率，人尽其才，物尽其用。非营利私人公司顾问机构Aileron Institute的总裁Joni Fedders曾说："你需要参考各人的经验、优势和行事风格，根据公司的需要使团队中的每个人都能各尽其职。"当然，分工和责任是分不开的，在分工合作的同时，还要有一个比较清晰的责任划分。

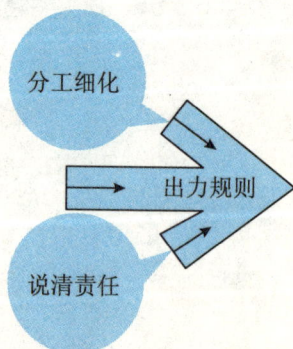

图6-1　出力规则

6.1.1　分工细化

在很多成功的合伙公司中，无论是大的集团、股份公司，小的经营柜台、档口等，他们都有一个共同点，即合伙必须明确分工。合伙人之间都保持这样的原则——该你做的工作，你一定要完成；不该你做的，你最好不要去插手。而且这种原则一旦确定之后，便不许反悔。而且合伙人在分工之初必须完完全全把公司的资源、供给、收入等问题摆开来谈，这样才显得双方都有诚意，还能知道彼此的优势和劣势。然后取长补短，方能为合伙公司发挥自己的能力。

Beantown Bedding是一家位于麻省欣厄姆的生产生态环保床上用品的公司，其创始人Kirsten和Ripple一致认为"分工的重要因素在于生活方式的同异"。Ripple说："Kirsten是个夜猫子，而我喜欢在早上工作。但这是有好处的，因为她可以在晚上处理一些紧急事务的后续工作，而我可以在早上做不同的事儿。这进一步深化了我们工作，并提供了不同的视角。"

Organic Life是芝加哥健康学校午餐供应商，其CEO Falk与合伙人Justin对各自的工作有明确的规划。Falk说："我五年都没有处理过税务问题，而Justin从18岁起就按季度缴税。他善于处理文件工作，注重细节，我可受不了这些，我喜欢创造性的工作。正是我们的各有所长，合理分工，才确保了公司的成功。"

在进行分工时，最好使用一些常见的组织工具，比如先在黑板或纸上画一个完善的组织架构图，画出哪里是你的职责范围、哪里是他的职责范围，然后在每个范围内将所有工作细化。然后再就各个层面正式明确各人的职责，特别是涉及高层运作方面时，而不只是问"销售是你负责还是我负责"。而且还应该更深入地探讨，理清他是否也负责销售结构、赔偿和新客户发展。总之，分工越明确，大家就能做得越好。

分工细化对创业团队来说是必不可少的，但灵活性也是要有的。有时为了公司的某些利益，分工也需要一些模糊界限，"越界"也是无可厚非的。比如，当有一个很重要客户因为个人关系更喜欢和另一个合伙人一起工作时，那么这个合伙人要果断参与本职之外的工作。因此，虽然职责分工是基于工作本身，但有时是靠人际关系说了算的，"越界"工作是责无旁贷的。

另外，有些工作谁都不愿接手，这时合伙人也会面临僵局。如何解决这一僵局呢？这个时候最好采取轮流制，即"你做一年，我做一年"。如果你和你的合伙人坚决不想接这个"烫手山芋"，这时不妨考虑外援，因为每个人都是术业有专攻。当大家陷入困境时，接受外界专业的援助无疑是值得的。

6.1.2　说清责任

公司在创业初始阶段所需要的领导风格和在成长阶段所需要的领导风格是有很大的不同。在创业初期，说清责任并非浪费资源，反而是提高工作效率。随着公司的逐步发展，将会有更多的人加入到创业团队中，这时责任就需要更进一步细分，否则会加剧合伙人之间的矛盾。

当然，在各方各自出力的时候还要保持经常性的沟通，这并不仅仅是为了责任，而是要让合伙人对公司发展有完整清晰的概念。当你有自己的工作职责时，保持经常性的沟通既花时间又花精力，这可能会增加执行难度，但是只有这样才能让发展中的公司保持强大。

H.Bloom在创业初期，两位创始人Burkhart和Pandan因为业务不太多，所以他们会有大把的时间讨论工作，彼此之间就没有什么矛盾。但是当他们的业务越来越多，并拓展到华盛顿时，双方沟通的时间越来越少。一段时间后，Burkhart和Pandan都感觉有些不对劲了。Burkhart说："当时，Pandan专注于纽约的业务，而我转战华盛顿，我们不再像从前那样频繁联络了，因此对于发展方向的步调也不一致了。"

俩人发现不对劲后，便立即商量出一个高效的每周会议日程——早餐、晚餐或期间的任意时刻。俩人有了充分的沟通后，创业变得顺畅很多，这也为其他创业者提供了借鉴。

性格和癖好不同的合伙人在一起工作，难免会有磕磕碰碰的时候。其中，合伙人一起工作面临的最大挑战包括职责、对发展步调的认同以及战略计划和决策等。在合作关系中作出决策的速度显然会降低，因为现在你需要和人商量着办，这使得问题复杂化。

合伙人如果没有说清责任，遇到事情就反复推敲谁该承担或不承担什么责任，这样会使事情变得更复杂。因为初创公司前期处理的工作有很多，如果你总是花时间琢磨你的合伙人在做什么或是争论谁来做，那么你永远也不会成功。合伙人之间即使有了分歧，你也应做到对事不对人，这样过了多久大家又能彼此信任，重新去做各自的工作、承担各自的责任，这样的合伙人才能比其他合作伙伴做得更好。

　　为了避免一些不必要的讨论，你还要建立一个关于核心价值观和原则的框架，以帮助合伙人作出决策。而且你能明确的内容越多，对决策过程的帮助越大。要知道，成功合伙人的共同之处在于他们对公司具有相同的核心价值观，并坚信公司的成功高于一切。合伙人有了共同的信念，他们才会彼此信任，相信对方也会按照自己的判断做好分内之事。

　　总之，合伙人必须分工明确，说清责任，互补越界，互相信任，这样才能各尽其职。俗话讲"先小人后君子"，责任划分理所当然也要签订协议，以保障合伙公司的顺利发展，对自己、合伙人及相信你们的朋友来说，也是一份保证。

6.2　大事件规则：谁去执行+怎么执行+责任划分

　　一汽-大众奥迪于2015年5月17日—18日遭遇了一场严重的公关危机，当时，长春被一场突如其来的暴雨夹杂着冰雹袭击，致使长春城区多处发生了严重积水，位于长春的一汽-大众奥迪停车场，283辆新车全部被暴雨浸泡。

　　一汽-大众奥迪因这场暴风雨陷入了舆论漩涡之中，这次舆论来得着实有些突然，令一汽-大众奥迪有些猝不及防。直到2015年5月21日，一汽-大众奥迪的相关负责人才发布官方声明，就车辆进水一事作出回应，证实了由于长春暴雨导致了283辆奥迪A6L浸泡受损，并确保这些车辆不会进入销售渠道。5月22日，为彻底平息媒体和消费者担忧，奥迪再次发布公告，并且将283辆受损车底盘号全部公布。

　　283辆奥迪车受损，这对一汽大众公司来说无疑是大事件，如果处理不当，该公司不仅要面临巨额损失，而且还会使公司的名誉受损。俗称"祸兮福所倚"，一场公关危机往往也是公司宣传自己的好机会，公司正好可以借机举例子、摆事实，证明公司的产品或服务没有问题，所谓"危中有机"就是这个道理。当然，"危中有机"并不是轻而易举就能实现的，这需要相关负责人有灵活的头脑和团队精神，并在第一时间想出让大家信服的解决方法，而不是只顾推卸责任。

　　每个公司在经营过程中都会时不时地遇到一些大事件，而这些大事件通常是无法事先预料到的，当然也不可能提前做好分工。为了防止遇到这样的大事件时手足无措，要在公司创立之初制定好大事件规则，即"谁去执行+怎么执行+责任划分"。

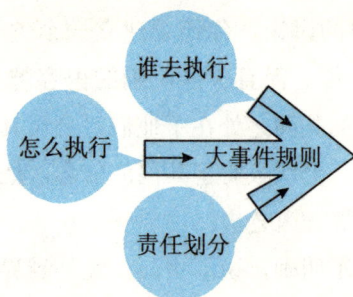

图6-2　大事件规则

1. 谁去执行

每个公司都会出现一些大事件，比如，公司遇到危机事件、重要的合作伙伴前来视察、公司转型或者公司要投资引进一批新技术等。遇到大事件时，谁去执行呢？这当然要提前做好分工和责任划分，有时候可能还需要全体合伙人共同参与。

2. 怎么执行

在遇到大事件时，虽然各个事件都有直接负责人，但大事件通常会直接关系到公司的利益，所以，公司领导要非常重视。在执行之前，大家都要出力献策，以便让大事件能够得到完美解决。

3. 责任划分

公司每次出现大事件，都应有第一责任人、第二责任人和第三责任人。第一责任人负责对大事件的全局把握，第二责任人和第三责任人负责各阶段的全部事宜。总之，公司在出现大事件之前，都要把各自的责任厘清，以免在后期出现问题时相互推卸责任。

6.3　罢免规则：领导问题+战略问题+突发问题

一家公司有A、B两个合伙人，双方各占50%股份，B为总经理。一段时间后，A发现B涉嫌将本属于公司的客户撬为其私人客户，销售额和利润转入了私人腰包。遇到这样的问题，A应该采取什么的措施来挽回自己的利益呢？

公司应遵循"有功必奖，有过必罚"的原则。对那些严重违规的行为，应予以强烈打击。为了防止合伙人后期脚踏两只船或者"叛变"，公司应在运作之前就制定出相应的罢免规则。

创业者要想制定好罢免规则，首先要明确领导出问题怎么办？战略出问题怎么办？突发事件出现怎么办？当事人犯了什么样的过错公司才能启动罢免程序？

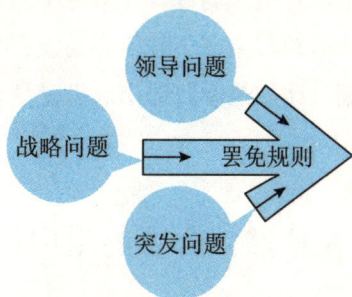

图6-3　罢免规则

罢免是一条比较严重的惩罚措施，当事人只有出现重大失误或者严重违规时才会启动，而且只有股东会才有权罢免。但对小公司来说，前期的股东会可能只有两人，这时要罢免其中一人，投票是不可行的，只能依据先前制定的罢免条款。但如果合伙之前，双方没有制定这些条款，只能双方协商，协商不成那么就只能走法律程序来维护自己的合法权益。

在制定罢免条款时，要遵循一定的规则，比如，在领导方面，出现什么问题时要罢免哪些权利；在战略方面，出现什么问题时要罢免哪些权利；在突发问题方面，出现什么问题时要罢免哪些权利。这在制定之前，双方要商议好，在双方都同意的情况下，再签字以此来约束双方。

6.4　退出规则：原股退出PK议价退出

我有一个客户叫王柏星，5年前，他与研究生时期的同班同学张一鸣合伙开了一家减肥中心。起初，两人各自出资10万元，各占股50%。当时，他们租了一个100平方米的门店，年租金5万元，又花费6万元购买了治疗肥胖的原材料和设备，招聘了两名员工负责宣传和推广。

在开业第四个月后，公司出现了盈利，当月利润达到3.6万元。两人兴奋不已，但是这时王柏星希望乘胜追击，再开设一个大些的门店，这个举动意味着两人至少还要继续投入10万元。而张一鸣觉得现在还是按部就班地回本比较好。因为二人始终无法达成一致，不久，张一鸣宣告退出合作，抽走了当时投入的10万元和近两个月的利润。由于现金吃紧，这个门店不得不关门。

上述类似案例经常发生，难道真的没有让双方都满意，又不让门店关闭的办法了吗？当然有，王柏星的问题其实在于开店之前没有重视一些核心问题，如果提前设置好合理的退出机制，比如是原股退出或者是议价退出，最终的结果可能会完全不一样。

6.4.1　无论合伙人是谁，合理的退出机制必不可少

合伙人在合作过程中，因个人原因或其他原因需要退出的，一旦处理不当，轻则使公司陷入困境，重则让公司倒闭。因此，在合伙创业之前，有些事情还是提前以书面形式约定为好。在上述案例中，双方由于没有事先预定好退出机制，合伙人中途退出，导致创业失败，这样的例子有很多。然而很多创业者由于前期爱要面子，不好意思提出一些看似"苛刻"的要求，最后导致这个"不好意思"不仅害了自己，还害了其他合伙人。

创业者提前设置退出规则的目的是为了不把矛盾扩大化。当一方退出时，退出时的投入比与退出比的比值如何、怎样补偿、补偿由谁承担，这些都要提前书面明确，签到合同里。只有这样在项目的合作过程中双方才能避免不必要的麻烦，千万不要意气用事，也不要以为大家是朋友就不必计较，合理的退出机制是合作很重要的组成部分。

创业公司如果前期没有制定合理的退出机制，等问题出现的时候，就没有一个好的办法解决。这里用一个比较恰当的比喻：大家一起出钱买了一批小鸡仔，有个人喂了几个月就走了，走时又不同意退股，等小鸡仔长成能下蛋的母鸡，那个人又回来了，他要按之前出钱的比例分鸡蛋、分鸡。显然其他出钱人会有意见，他们会说："你打个酱油就跑了，凭什么要给你分鸡又分蛋呀？"所以对于中途退股的股东，你要提前作出约定，以免后期出现一些不必要的麻烦。那么如何设置退出机制呢？其内容主要包括以下3点（图6-4）。

约定一	你可以退出，但股份不能带走
约定二	合伙前，提前规定资金占股与参与占股分离
约定三	不按事先约定好的做，要赔偿高额违约金

图6-4　退出时危机处理办法

1. 你可以退出，但股份不能带走

合伙人可以退出，但股份必须转让给其他合伙人或重新进行股权分配。这里面会出现两种情况。

情况一：经营亏损

在经营亏损的情况下，合伙人退股不能支持或者可让其股份低价转让给其他合伙人。因为公司处于下行阶段，风险很大，作为退出方也应当承担风险所带来的损失。为了防止合伙人退出公司但却不同意公司回购股权，可以在股东协议中设定高额的违约金条款。

情况二：经营盈利

在公司盈利的情况下，合伙人退股其他合伙人可以进行溢价式回购。比如，有一个合伙人想退股，当初他投入100万元，占股为60%，并参与了经营管理，此时，如果公司现金流大、又想稳定发展，可以约定以总资产的比例折算给该合伙人。但如果公司现金流紧张，则应按总资产折算，不过现金只可先取走一部分，剩余部分以商业借贷处理，约定还款期限。

2. 合伙前，提前规定资金占股与参与占股分离

有些公司在合伙初期，股权分配根据出资人的出资比例来定，即出资额高分配的股权也会很高。这种分配方式一定会留下隐患，因为后期一旦公司快速发展，其他合伙人就会觉得不公平，因为他们付出同样的努力，只是因为前期出资较少而分很少的股份，这时矛盾就会一触即发。所以，公司在创立前期，其股权分配应将资金占股与参与占股分离，具体做法如下。

股份应由两部分组成：一是出资股，二是参与股。比如，你出资100万元，占股60%，那么你的出资股占42%。如果你还参与了经营管理，可再分配你15%～30%的参与股。具体参与股多少，你再另外制定一个的标准进行考核。尽

管这种分配方式可能会使其他合伙人的总占股和之前差距并不大，但是这样更能激发参与者的工作活力，或避免合伙人感到不公平。

3. 不按事先约定好的做，要赔偿高额违约金

赔偿高额违约金是合伙人退出机制中必不可少的一项规定，这样能有效地约束合伙人，使其不能轻易退出。而且赔付标准不宜过低，赔付额必须高于所带来的损失额。一旦出现退股纠纷也有章可依，以保证其他合伙人的权益。

以上各点，如果合伙人都能严格遵守，大家的利益才能得到最大的保障。当然，创始人不要只是单方给合伙人设定退出机制，自己不设定退出机制。有些创始人只给全职核心团队设定退出机制，而不给自己设定退出机制，这让团队无法理解退出机制的公平性与合理性，从而不接受退出机制。即使接受退出机制，心里也有很多埋怨，这对以后双方开诚布公的合作埋下了隐患，根本不利于公司的发展。因此，为了赢得团队其他人的信任，不仅要为团队其他人制定退出机制，而且还要为自己制定相应的退出机制。

6.4.2 约定好合伙人在什么情况下才能退出

公司创立初期风险承受能力特别弱，一旦出现大的波动，就容易导致公司倒闭。退出时机的选择虽然无法控制，但是必须要约定。一般来说，在公司创业前半年，合伙人退出并撤出资金是公司倒闭的最直接因素。

1. 资金退出处理

对于这种情形，可以允许合伙人退出，但是资金不能完全撤出。一旦允许资金全额撤出，留下的合伙人的现金流压力急剧增大。因为撤出资金必须约定一定比例，原则上撤出比例不超过50%。当然，对于余下的50%可以以商业借贷或股份形式具体协商处理。

2. 技术性入股撤股处理

公司创立前期，技术性合伙人如果一旦撤出，公司就无法及时找到替代人员，很容易使公司面临倒闭的困境。所以，对于技术性合伙人，如果他们要退出，你必须在找到技术替代人员并稳定后，再允许其撤出。至于撤出资金的要求，可以仿照第一条进行处理。

6.5　有异议时，你该怎么办

　　朋友与其他人合伙开了一家教育培训公司，该公司共有5位股东，其中有一个股东占有公司65%的股权，公司75%的启动资金都是由他提供的，其余的则由另外4位股东提供。然而这位大股东仗着自己有钱，在公司占有的股份多，表现得非常霸道，他把持着公司的财务信息，控制着公司的公章和财务章，这让弱势的小股东很无奈，他们应该怎么办呢？

　　针对上述问题，该公司的其他股东首先要明确，只要是公司的股东，不论大小都对公司的经营有知情权和获得红利分配的权利。而且每个股东都有权向公司提出查阅会计账簿的申请。公司若拒绝，可以请求人民法院要求公司提供查阅。其次，该公司的这个大股东有侵犯公司财产权利的行为，其他股东应自行搜集相关证据，以股东名义提起侵权诉讼。

　　夫妻之间也会经常出现很多异议，更何况是性格各异的合伙人呢？因此，多人合伙投资的公司首先要明确谁是法人代表、谁说了算、在某方面出现不同意见和分歧时该怎么处理等问题，只有解决了这些问题，公司才能正常运转。

　　当合伙人对他人执行事务提出异议时应怎样处理呢？对于这个问题，《合伙公司法》第二十九条作了具体规定：合伙协议约定或者经全体合伙人决定，合伙人分别执行合伙公司事务时，合伙人可以对其他合伙人执行的事务提出异议。提出异议时，应暂停该项事务的执行。如果发生争议，可由全体合伙人共同决定。

　　根据上述规定，当某一合伙人对他人执行事务的行为提出异议时，被异议人应立即中止对该事务的执行。然后，如果被异议人对异议人的意见表示认同，则应按照其意见予以纠正或终止该事务的执行；如果被异议人对异议人的意见不认同，则应要求全体合伙人共同决定。全体合伙人如果认定被异议人的行为为越权或其他不正当行为的，被异议合伙人应自觉予以纠正；全体合伙人如果认定被异议人为正当行为的，则应依多数合伙人的意见恢复该事务的执行，即使异议人有不同意见也应予以保留。

　　在合伙人公司中，所有合伙人的地位都是平等的，为防止个别合伙人坚持己见、对抗监督，我国《合伙公司法》还规定：如被委托执行合伙公司事务的合伙人不按照合伙协议或者全体合伙人的决定执行事务的，其他合伙人可以决定撤销该委托。

　　另外，合伙开公司前还要为可能发生的冲突签订协议。在合伙公司中，合伙人很容易对某项事务存在不同的意见，或者因为某件事务发生冲突，这是一个很现实的问题，也是不可避免的一个问题。所以，合伙人要事先想好一旦和搭档发生明显冲突时如何处理，同时建立一套程序来处理预料之外的矛盾。

第7章

财务术语：60秒×7财务知识速补

为了更好地管理公司，创始人要学习一些常见的财务知识，比如，通过一些数据可以分析公司目前的发展现状，或者拿到一些财务报表时能看懂并会一些简单的记账和结算方法等。本章将对公司常遇到的一些账务知识一一进行讲解，帮助大家快速掌握实用的财务知识。

7.1 财务术语+会计术语

无论公司大小，财务工作都是必须要重视的。公司财务人员包括两类人：一类是会计，负责做账，而兼职会计就是兼职帮忙记账和结账，提供一些财务管理的意见；另一类是出纳，负责本单位的现金收付、银行结算及有关账务。在人手有限的情况下，出纳还负责跑税务局报税缴税。

作为创业者，即便你不负责做账，也需要了解一些最基本的财务术语和会计知识，因为你要学会看财务报表，清楚报表、账簿中的内容来源以及内容是否有错误等，还要根据账目结算结果制定经营策略，这是很关键的。本节主要向大家介绍十个常见的财务术语和会计中的基本概念。

7.1.1 财务术语常识

开公司当老板，你要弄懂一些财务概念，不求精通，但也不要被人"糊弄"。在公司日常的财务活动中，常见的十大财务术语如下。

1. 资产周转率

资产周转率是衡量公司资产管理效率的重要财务比率，在财务分析指标体系中具有重要地位。资产周转率的计算公式如公式7-1所示。

$$资产周转率 = \frac{总营业额}{总资产值} \times 100\% \tag{7-1}$$

2. 总资产周转率

总资产周转率是考察公司资产运营效率的一项很重要的指标，体现公司经营期间全部资产从投入到产出的流转速度，反映公司全部资产的管理质量和利用效率。一般情况下，资产周转率的数值越高，表明公司总资产周转速度越快，公司的销售能力越强，资产利用效率越高。总资产周转率的计算公式如公式7-2

所示。

$$总资产周转率=\frac{营业收入净额}{平均资产总额}\times100\% \tag{7-2}$$

3. 资产负债率

资产负债率能表明公司资产中有多少是债务，同时我们也可以用它来检查公司的财务状况是否稳定。由于角度不同，对这个指标的理解也不尽相同。从财务学的角度来说，一般认为我国理想化的资产负债率是40%左右，上市公司稍偏高些，但上市公司资产负债率一般也不能超过50%。资产负债率的计算公式如公式7-3所示。

$$资产负债率=\frac{负债总额}{资产总额}\times100\% \tag{7-3}$$

4. 净利润率

净利润率反映的是一定时期的净利润（税后利润）与销售净额的比率。它表明单位销售收入获得税后利润的能力，反映销售收入与净利润的关系。净利润率与净利润和主营业务收入有关，如果一个公司的主营业务收入增长率大于净利润增长率，那么该公司的净利润率会出现下降，说明公司盈利能力在下降；相反，如果一个公司的净利润增长大于主营业务收入，那么净利润率则会提升，说明公司盈利能力在增强。净利润率的计算公式如公式7-4所示。

$$净利润率=\frac{净利润}{主营业务收入}\times100\% \tag{7-4}$$

5. 销售利润率

销售利润率表明公司销售收入获得的利润，反映公司销售收入和利润的关系。销售利润越高，说明销售获利水平越高。在产品销售价格不变的条件下，公司利润的多少要受产品成本和产品结构等影响。产品成本降低，产品结构中利润率高的产品比重上升，销售利润率就提高；反之，产品成本上升，产品结构中利润率高的产品比重下降，销售利润率就降低。销售利润率的计算公式如公式7-5所示。

$$销售利润率=\frac{利润总额}{营业收入}\times100\% \tag{7-5}$$

6. 资金利润率

资金利润率是衡量公司对所有经济资源运用效率的指标，反映公司资金的利用效果，当然你绝对不能在金融市场上过于频繁地进行交易，因为资金利用效率这个概念与其他行业投资的道理是一样的。比如，如果你在金价下跌的时候及时退出，那么，你不仅可以避免损失进一步扩大，而且还可以将资金投入到更有增长潜力的市场中，或者存银行还有微薄的利息收入。资金利润率的计算公式如公式7-6所示。

$$资金利润率 = \frac{利润总额}{固定资产平均总额 + 定额流动资金平均占用额} \times 100\% \qquad (7\text{-}6)$$

7. 成本利润率

成本利润率是反映公司盈利能力的一个重要指标，表明单位销售成本获得的利润，反映成本与利润的关系。成本利润率也是制定价格的重要依据，可以综合衡量生产和销售产品的全部投入与产出的经济效果，为不断降低产品成本和提高成本利润率提供参考。成本利润率的计算公式如公式7-7所示。

$$成本利润率 = \frac{利润总额}{成本费用总额} \times 100\% \qquad (7\text{-}7)$$

8. 机会成本

机会成本是指为了从事某件事情而放弃其他事情的最大价值。比如，你有一块土地，你可以选择用来种粮食，也可以选择用来开发房地产，若种粮食的收益是2000元，开发房地产的收益是50000元，那么你将这块地用来种粮食时，你的机会成本就是50000元；而当你将这块地用来开发房地产时，你的机会成本就是2000元。

可见，机会成本并不是公司实际产生的成本，而是公司决策者在有限的资源内，当他决定将这些资源用到某一个项目中时，而不得不放弃将其用于其他活动的最高收益。在决策时，机会成本越小，风险系数越小。创业者需要了解机会成本这个概念，明确做任何决定都存在潜在的风险，你应善于避开不必要的投资风险，选择最高价值的项目，放弃选择机会成本最高的项目，为公司的发展作出正确的决策。

9. 现金流量

现金流量是公司一定时期的现金和现金等价物的流入和流出的数量，形成公司的现金流入的活动主要包括以下几种（图7-1）。

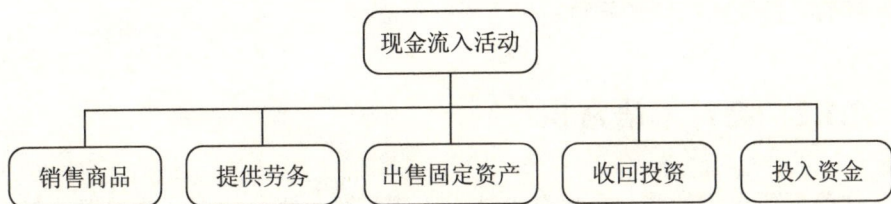

图7-1　现金流入活动

形成公司的现金流出的活动主要包括以下几种（图7-2）。

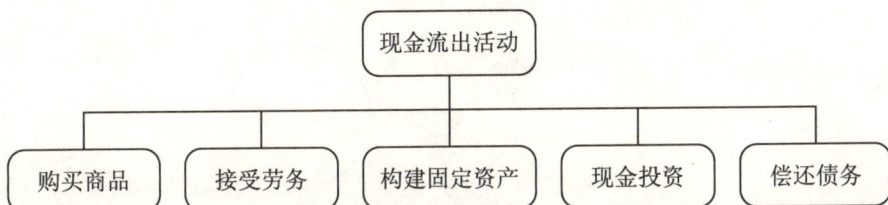

图7-2　现金流出活动

现金流量是用来衡量公司经营状况是否良好、是否有足够的现金偿还债务及资产的变现能力等的一个重要指标。通常，公司财务状况越好现金净流量越多，所需资金越少；反之，财务状况越差，现金净流量越少。通过查看公司的现金流量，可判断公司的盈利能力以及自身的融资潜力，银行通常也是通过现金流量来衡量公司是否具有偿还能力的。

10. 资金时间价值

资金时间价值是机会成本的变体，它是指资金在生产和流通过程中随着时间推移而产生的增值，它也可以被看作是资金的使用成本。在经济学概念里，投入到流通过程中的一元钱，今天的一元钱不等于明天也是一元钱，其价值是有差异的。比如，现在的100元钱存入银行，利率是2.5%，一年之后，可获得102.5元，那么，这100元钱一年的资金时间价值是2.5元。

资金时间价值的计算方法和有关利息的计算方法相类似，因此资金时间价值的计算涉及利息计算方式的选择。对创业者来说，掌握了资金时间价值理论，将有助于科学合理地使用资金。

公司的任何资产只有参与资金运动，才有可能实现它的时间价值。如果公司不把某些资产投入到生产活动中，而让其闲置一旁，它们是不可能创造时间价值的，还有可能随着时间的推移丧失其原有价值。

7.1.2 会计术语常识

你除了要弄懂一些财务概念以外，还要了解一些会计方面的知识。首先讲一下会计常用的计量单位，在会计核算和记录的过程中，都必须应用一定的计量单位，否则就无法反映数量。人们经常采用的计量单位主要包括以下3种（图7-3）。

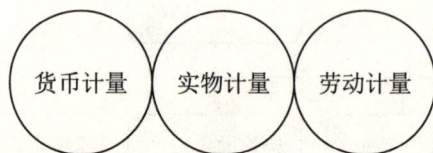

图7-3 会计常用的计量单位

目前，会计核算以货币计量为主、以实物计量及劳动计量为辅，从数量上综合核算各单位的经济活动状况。

了解了会计常用的计量单位以外，还要对会计的六大要素进行详解。会计要素是对公司经济活动的交易或事项的经济特征和管理的要求所做的基本分类，也是构建会计报表的基本指标。我国《公司会计准则》将会计分为六大要素，其内容如图7-4所示。

图7-4 会计六要素

1. 资产

资产是指由公司过去的交易或者事项形成的、被公司拥有或者控制的、预期会给公司带来经济利益的资源。资产可以分为流动资产和非流动资产。

（1）流动资产。

流动资产是指在一年或者超过一年的一个营业周期内变现或者使用的资产，其包含的要素主要有下面几种（图7-5）。

图7-5 流动资产的要素

其中，存货主要包括原材料、库存、包装物、半成品、产成品等。

（2）非流动资产。

非流动性资产是指不能在一年或者超过一年的一个营业周期内变现或者使用的资产，其包含的要素主要有下面几种（图7-6）。

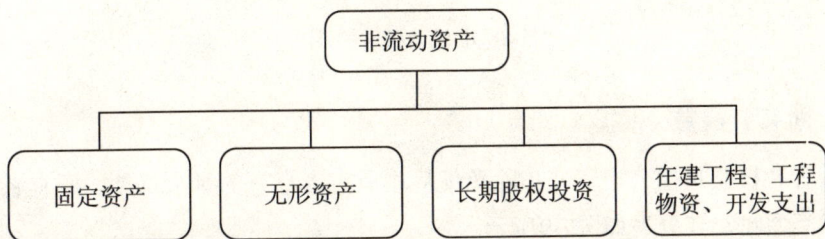

图7-6 非流动资产的要素

其中，固定资产主要包括房屋建筑、机器设备、运输设备、工具器具等。

2. 负债

负债是指公司过去的交易或者事项形成的、预期会导致经济利益流出公司的现时义务。根据负债的定义，负债分为流动负债和非流动负债两种。

（1）流动负债。

流动负债是指将在一年（含一年）或者超过一年的一个营业周期内偿还的债务，其包含的要素如图7-7所示。

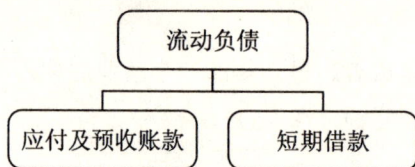

图7-7　流动负债的要素

其中，应付及预收账款主要包括应付员工薪酬、应付股利、应付利息、应付票据、应付账款、应缴税费、预收账款及其他应付款等。

（2）非流动负债。

非流动负债是指偿还期在一年或者超过一年的一个营业周期内偿还的债务，其包含的要素如图7-8所示。

图7-8　非流动负债的要素

3. 所有者权益

所有者权益是指公司资产扣除负债后由所有者享有的剩余权益。所有者权益有哪些类型呢？其分类如图7-9所示。

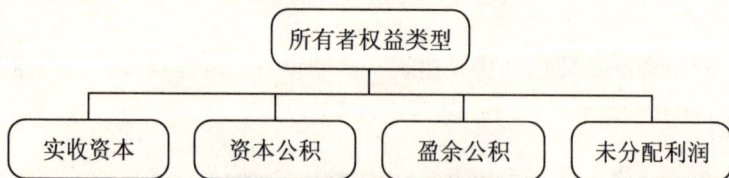

图7-9　所有者权益的类型

其中，实收资本是指投资人按照公司章程或合同、协议的约定，实际投入公司的资本；资本公积主要来源于资本在投入过程中产生的溢价，以及直接计入所有者权益的利得和损失；盈余公积是指公司按照规定的比例从净利润中提取的法定盈余公积和经公司股东大会或类似机构批准后，按照规定的比例从净利润中提取的任意盈余公积；未分配利润是指公司留待以后年度分配的利润，包括历年结余的未分配利润。

4. 收入

收入是指公司在日常活动中形成的、会使所有者权益增加的、与所有者投入资本无关的经济利益的总流入。收入有哪些类型呢？其分类如图7-10所示。

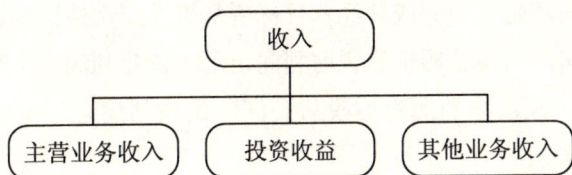

图7-10　收入的类型

其中，主营业务收入是指公司在其基本或主营业务活动中所获得的收入；投资收益是指公司对外投资所取得的收益减去投资损失后的净额；其他业务收入是指公司在非主营业务活动中所获得的收入。

5. 费用

费用是指公司在日常活动中发生的、会使所有者权益减少的、与所有者分配利润无关的经济利益的总流出。费用有哪些类型呢？其分类如图7-11所示。

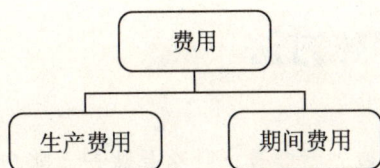

图7-11　费用的类型

其中，生产费用是指公司为生产产品、提供劳务而发生的各种耗资，主要包括直接材料费用、直接人工费用、各种间接费用等；期间费用是指公司在销售、管理、财务等方面的耗资，主要包括销售费用、管理费用、财务费用等。

6. 利润

利润是指公司在一定会计期间的经营成果。利润包括收入减去费用后的净额、直接计入当期利润的利得和损失等。利润有哪些类型呢？其分类如图7-12所示。

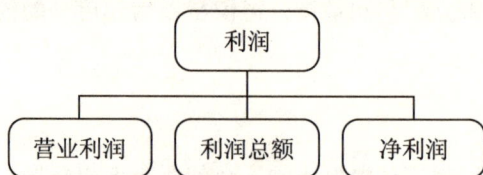

图7-12　利润的类型

其中，营业利润是指为完成其经营目标所从事的经常性活动以及与之相关的活动中形成的利润；利润总额也称税前利润，是指营业利润加上营业外收入减去营业外支出后的净额；净利润也称税后利润，是指利润总额减去所得税之后的利润。

在会计六要素中，资产、负债、所有者权益属于静态要素，它们侧重于从相对静止角度反映公司某一特定时期的财务状况；收入、费用和利润属于动态要素，它们侧重于从动态角度反映公司某一特定时期的经营过程和经营成果。前3项要素与资产负债表中财务状况的确认直接联系，后3项要素与利润表中的经营业绩的确认计量联系。那么，会计六个要素又有什么关系呢？将其关系用公式归纳如公式7-8、7-9所示。

$$资产 = 负债 + 所有者权益 \qquad (7\text{-}8)$$
$$利润 = 收入 + 费用 \qquad (7\text{-}9)$$

7.2　账户与记账方法

要想看懂财务报表，首先就要弄懂什么是账户、账户有哪些分类以及有哪些记账方法，这些都是财务报表的入门知识。

7.2.1　总分类账户和明细分类账户

会计账户简称账户，账户是根据会计科目设置的具有特定结构的表格，通过分类、系统、连续地记录公司日常经济业务，反映会计要素增减变动及其结果的工具。

会计科目分为总分类科目和明细分类科目，其中，总分类科目涉及的经济内容较多，可在总分类科目和明细分类科目之间设置子目，即二级科目，它是对总分类科目的进一步划分。而明细分类科目是对子目的再分类，明细分类一般可分成四级科目等。通常把二级以下的科目统称明细科目。下面以"原材料"科目为例，介绍一下总分类科目和明细科目。

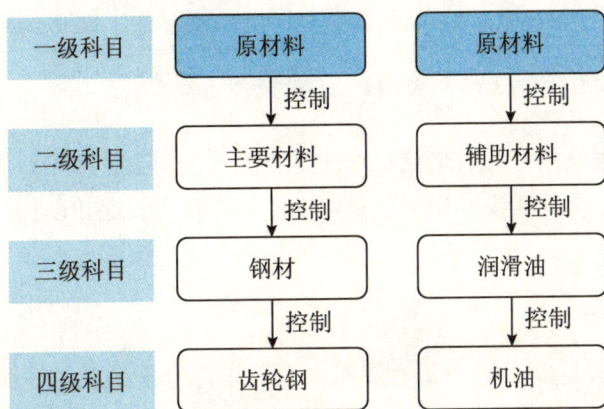

图7-13　"原材料"科目

由于会计账户是根据会计科目设置的，比如，根据"原材料"科目设置的账户，用以分别记录原材料的收入、发出和结存数，其会计账户名称为原材料账户。因此，会计账户也分为总分类账户和明细分类账户。其中，根据总分类科目可以设置总分类账户，根据明细科目可以设置明细分类账户。

账户只有按照会计科目分门别类地记录有关数据，才能对账簿进一步加工处理，形成更全面、更系统的会计信息。每项记录可能仅使用一个账页，也可能使用若干个账页。当使用多个账页时，前面和后面账页中的表格一定要连续。

7.2.2　单式记账法和复式记账法

根据会计科目设置会计账户之后，便可以将公司发生的经济业务在账户中按照一定的规则记录下来。在账户中记录发生的经济业务，要利用一定的记账方法。

记账方法是根据一定的原理、记账符号、记账规则，采用一定的计量单位，利用文字和数字在账簿中登记经济业务的方法。记账方法按其登记经济业务方式的不同，可分为单式记账法和复式记账法，其具体分类如图7-14所示。

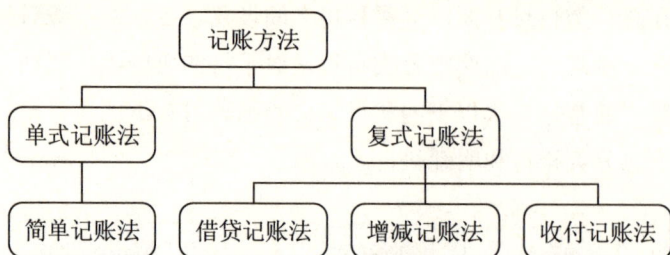

图7-14　记账方法的分类

在上述记账法中，只有借贷记账法是我国《公司会计准则》中明令规定的记账方法。下面主要向大家介绍借贷记账法的记账符号、账户结构、记账规则三方面内容。

1. 记账符号

借贷记账法是以"借"和"贷"作为记账符号来记录经济业务增减变化情况。记账符号只是表明记账的方向，每一个账户在记录经济业务引起变动的金额（即发生额）时都有两个栏次，而且这两个栏次在不同的记账方法中具有不同的称呼。在借贷记账法的账户下，称左边的金额栏为"借方"，称右边的金额栏为"贷方"。

2. 账户结构

账户的一般结构主要包括记录经济业务的日期、记录经济业务的凭证字号、经济业务内容摘要、金额的增减情况以及余额等。为了简化起见，通常略去日期、凭证字号、摘要等栏次，仅保留该种形式的账户，称为"T字形"账户。用"T字形"账户说明账户结构如图7-15所示。

| 借方（左方） | 账户名称 | 贷方（右方） |

图7-15　"T字形"账户结构

在"T字形"账户结构中，"借"表示资产、成本、费用的增加，而负债、所有者权益、收入、利润的减少；"贷"表示资产、成本、费用的减少，而负债、所有者权益、收入、利润的增加。如图7-16所示"T字形"账户记录规则，为了能更直观地帮助大家理解"借"和"贷"的含义。

借方	账户名称	贷方
资产、费用、成本增加 负债、所有者权益减少 收入转出		负债、所有者权益、收入增加 资产减少 费用、成本转出
期末余额：资产余额		期末余额：负债、所有者权益余额

图7-16　"T字形"账户记录内容

3. 记账规则

"有借必有贷，借贷必相等"是借贷记账法应遵循的记账规则。在借贷记账法中，任何一笔会计事项都会涉及一个或几个账户的借方或贷方，并且在这些账户中，借方和贷方的金额相等。因此，在记账中应保持特定的应借与应贷之间的对应关系。

7.3　应付账款管理+应收账款管理

"一手交钱一手交货"只适用于零售业，对很多公司来说，赊销都是件很无奈的事。不做赊销，经销风险大，经销商不敢冒险，产品就卖不出去；做赊销，公司就有可能面临账款无法回收、钱货两空的巨大风险。尽管很无奈，但这就是公司发展的"潜规则"。在会计核算中，应收账款和应付账款是账款管理的主要方面，那么如何进行应付账款管理和应收账款管理呢？

7.3.1　应付账款管理

应付账款是公司在正常经营过程中因购买材料、商品和接收劳务供应等而应付给供应单位的款项，这是买卖双方在购销活动中由于取得物资与支付货款在时间上不一致而产生的负债。简单来说，应付账款就是本公司欠其他公司的货款、工程款等相关业务款项，这些账款要根据合同执行情况，在规定期间内支付给对方。应付账款的处理程序如图7-17所示。

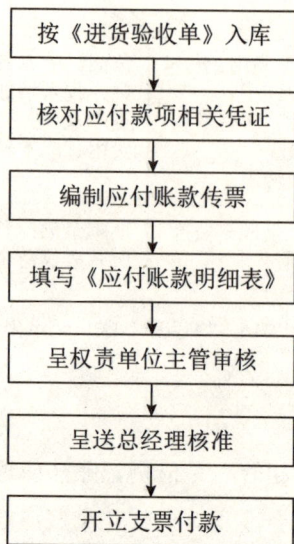

```
┌─────────────────────────┐
│  按《进货验收单》入库      │
└─────────────────────────┘
            ↓
┌─────────────────────────┐
│  核对应付款项相关凭证      │
└─────────────────────────┘
            ↓
┌─────────────────────────┐
│  编制应付账款传票          │
└─────────────────────────┘
            ↓
┌─────────────────────────┐
│  填写《应付账款明细表》    │
└─────────────────────────┘
            ↓
┌─────────────────────────┐
│  呈权责单位主管审核        │
└─────────────────────────┘
            ↓
┌─────────────────────────┐
│  呈送总经理核准            │
└─────────────────────────┘
            ↓
┌─────────────────────────┐
│  开立支票付款              │
└─────────────────────────┘
```

图7-17 应付账款的处理程序

1. 按《进货验收单》入库

采购单位陆续收到货物并验收入库后填写《进货验收单》，应依日期顺序按厂商整理妥当，并在规定时间内将订购单、进货验收单、厂商请款对账单以及发票等应付账款的相关凭证送交财务部。

2. 核对应付款项相关凭证

财务部收到该应付账款相关凭证后，应核对订购单、进货验收单、厂商请款对账单以及发票等与下列资料确定相符，方可进行付款程序。应核对的资料包括以下内容：

（1）厂商名称；

（2）开具的发票是否符合相关规定；

（3）货物品名、规格；

（4）实收数量；

（5）单价；

（6）仓管、品检、采购人员的签字。

3. 编制应付账款传票

经办会计核对相关凭证无误后，即根据厂商类别编制应付账款传票。

4. 填写《应付账款明细表》

应付账款传票编制完成后，汇总传票填写《应付账款明细表》。

5. 呈权责单位主管审核

将《应付账款明细表》附上相关单据、凭证，呈权责单位主管审核。

6. 呈送总经理核准

权责单位主管审核无误后，在传票及《应付账款明细表》上签章，并呈送总经理核准。

7. 开立支票付款

将总经理核准后的《应付账款明细表》及传票、相关单据凭证，转权责单位出纳人员，出纳人员准备开立支票付款。

7.3.2　应收账款管理

应收账款是指公司因销售商品、提供劳务等经营活动，应向购货单位或接受劳务的单位收取的款项。一般情况下，应收账款按照实际发生的交易价格入账，主要包括发票销售价格、增值税和代垫运杂费等。

应收账款是公司资产的重要组成部分，应收账款管理的好坏直接影响到公司的资金周转和资产质量，应收账款的周转速度还会影响到公司的生产经营。那么如何进行应收账款的管理呢？下面以餐饮公司为例，讲一下如何对应收账款进行全面管理。

在介绍餐饮公司应收款项管理之前，先分析餐饮公司应收账款存在哪些问题。目前，很多餐饮公司一味追求收入的增加，却往往对应收账款缺乏全面管理的意识，造成应收账款难以收回，最终变成坏账、死账。据有关统计资料表明，那些不能按期收回的应收账款只有不到20%额度是因为客户财务状况造成的，80%以上还是餐饮公司应收账款管理内部存在问题，其问题主要表现在以下3个方面。

1. 信用政策不规范；

2．监控不力；

3．收账政策不够合理。

要解决餐饮公司应收账款存在的问题，应建立餐饮公司应收账款全面管理系统，该系统的流程图如图7-18所示。

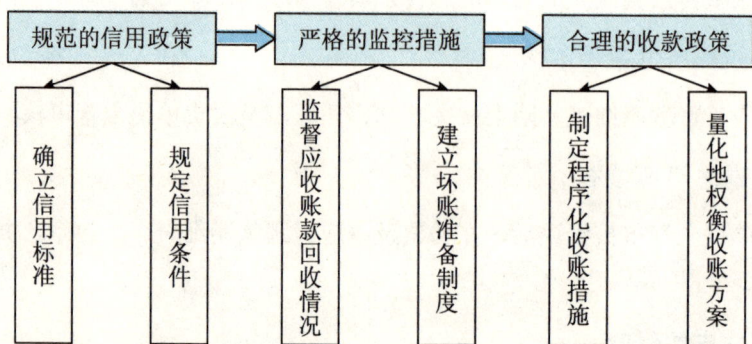

图7-18 应收账款全面管理系统

应收账款管理是信用管理的重要组成部分，其目的是保证足额、及时收回应收账款，降低和避免信用风险，它属于公司后期信用管理范畴。

在赊销业务中，应收账款管理从销售商将货物或服务提供给购买商，这时债权开始成立，再到款项实际收回或作为坏账处理结束，销售公司采用系统的方法和科学的手段，对应收账款回收过程进行全面管理。广义的应收账款管理分为两个阶段。

第一个阶段是拖欠前的账款管理，从债权开始成立到应收账款到期日这段时间的管理，这个阶段被信用管理机构称为应收账款管理（即狭义的应收账款管理）。

第二个阶段是拖欠后的账款管理，即应收账款到期日后的账款管理，这个阶段被信用管理机构称为商账追收。

总之，公司应做好应收账款管理，以提高公司的资金周转和资产质量以及生产经营质量。

7.4 现金结算+银行结算

结算是指把某一时期内的所有收支情况进行总结、核算。我国的结算制度中规定办理结算必须遵循以下三条原则（图7-19）。

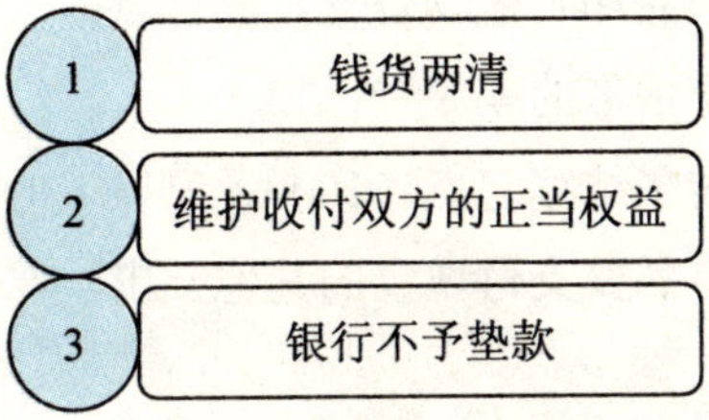

图7-19　结算原则

原则一：钱货两清。

卖方要按期发货，买方要按规定付款，不得拖欠货款和无理拒付货款。

原则二：维护收付双方的正当权益。

收付双方要严格履行合同的有关条款，执行结算制度的规定。银行组织结算工作，要从整体利益出发，不得偏袒任何一方。

原则三：银行不予垫款。

银行为公司提供结算服务，只负责把款项从付款者账户转入收款者账户，不能代垫款项。公司委托银行付款时，必须在银行账户上备有足够的资金；委托银行收款时，必须等待款项收妥后才能支用。

目前，结算方法有两种，第一种是现金结算，第二种是银行结算。下面将对这两种结算方法一一进行详解。

7.4.1　公司如何进行现金结算

现金结算是指在商品交易、劳务供应等经济往来中直接使用现金进行应收、应付款结算，这种结算方式是公司结算中较为常见的一种方法。

按照我国《现金管理暂行条例》第五条规定，开户单位应在下列范围内使用现金结算。

1. 支付员工工资、各种工资津贴；

2. 支付个人劳动报酬，包括稿费、讲课费及其他专门工作的报酬；

3. 支付给个人的奖金，包括根据国家规定颁发给个人的科学技术、文化艺术、体育等各项奖金；

4. 各种劳保、福利费以及国家规定的对个人的其他支出，如转业、复员、退伍、退职、退休费和其他按规定发给个人的费用；

5. 向个人购买农副产品和其他物资支付的价款；

6. 出差人员必须随身携带的差旅费；

7. 支付各单位间在转账结算起点（1000元）以下的零星支出；

8. 中国人民银行确定需要支付现金的其他支出。

7.4.2 公司如何进行银行结算

银行结算是通过银行将款项从付款单位（或个人）的银行账户直接划转到收款单位（或个人）的银行账户，以此完成经济单位之间债权、债务的清算或资金的调拨。

按照我国《银行管理暂行条例》第50条、51条、52条规定，银行结算要满足下列条件。

1. 专业银行应当保持足够的支付能力，以保证按时偿付各项债务；

2. 专业银行办理票据承兑和贴现，以合法的商业行为签发的票据为限；

3. 专业银行办理转账结算，必须维护收付双方的正当权益。结算规章制度由中国人民银行制定。

目前，我国现行的银行结算方式主要包括以下9种类型（图7-20）。

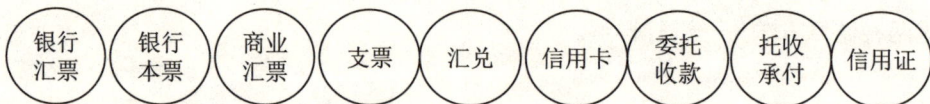

银行汇票　银行本票　商业汇票　支票　汇兑　信用卡　委托收款　托收承付　信用证

图7-20　银行结算方法

1. 银行汇票

银行汇票是汇款人将款项缴存当地银行，由银行签发给汇款人的持往异地办理转账结算或支取现金的票据。

2. 银行本票

银行本票是汇款人将款项缴存当地银行，由银行签发给汇款人的可以在同城范围内办理转账结算或支取现金的票据。

3. 商业汇票

商业汇票是出票人签发的，委托付款人在指定日期无条件支付确定的金额给收款人或者持票人的票据。

4. 支票

支票是由出票人签发的，委托办理支票存款业务的银行或者其他金融机构在见票时无条件支付确定的金额给收款人或者持票人的票据。

5. 汇兑

汇兑是付款单位委托银行将款项汇给外地收款单位或个人的一种结算方式。

6. 信用卡

信用卡是指商业银行向个人和单位发行的，凭此向特约单位购物、消费和向银行存取现金，且具有消费信用的特制载体卡片。

7. 委托收款

委托收款是收款人委托银行向付款单位或个人收取款项的一种结算方式。

8. 托收承付

托收承付是销货单位根据经济合同发货后，委托银行向购货单位或个人收取货款，购货单位或个人验单或验货后，向银行承付货款的一种结算方式。

9. 信用证

信用证是国际结算的一种主要方式，其结算流程如图7-21所示。

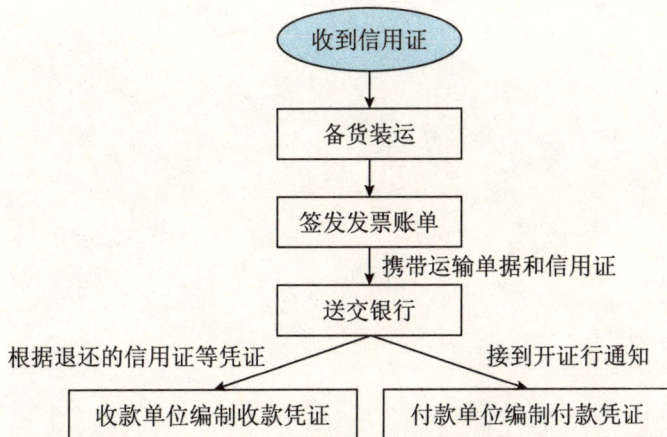

图7-21　信用证结算流程

第8章

财务问题：500强财务 总监告诉你

我国民营公司中财务管理问题较多，比如薄弱的会计基础工作、落后的财务管理信息、形式化的财务预算、不健全的财务管理制度与内部控制制度等，这些都能造成公司财务数据失真、财务核算不准确、财务舞弊现象多、资金利用效率低、无内部稽核程序、财务管理混乱等问题。这些问题对于刚成立的公司来说，有时甚至是致命的，比如，公司刚营业，开支较大，为争取客源可能忽视收款风险，很容易造成资金短缺从而使公司陷入财务危机。本章主要介绍几种常见的财务问题，并对每个问题给出了具体的解决方法。

8.1　大量三角债，理又理不清

　　甲、乙、丙三个公司互有销售货款的债权、债务关系，其中，甲欠乙的货款，乙欠丙的货款，欠款金额大致相等。经三方公司的负责人协商后，甲方要把欠乙方的货款划给丙方，以此来冲销三方的债务。

　　以上这种现象就属于最简单的"三角债"。所谓"三角债"是人们对公司之间超过托收承付期或约定付款期应当付而未付的拖欠货款的俗称，是公司之间拖欠货款所形成的连锁债务关系。通常有甲公司欠乙公司的债，乙公司欠丙公司的债，丙公司又欠甲公司的债以及与此类似的债务关系，从而构成一种无秩序的开放债务链。

　　在现实的经济活动中，公司之间的"三角债"并不仅仅是三个公司之间的相互欠款，而是许多公司之间相互欠款的"多角债"，这里的"三"只是泛指。

　　当公司之间的"三角债"越来越严重时，将会引起公司经济账目、经济信息的混乱，从而影响公司正常的生产经营，甚至还会阻碍公司未来的发展。比如，当公司的"三角债"范围波及面太广时，会冲击银行信贷计划的执行，使得公司因为巨额的未清偿债务而不能进一步向银行申请贷款，或难以申请到信贷。因此，"三角债"会让公司陷入债务死结之中，即公司既不愿意偿债，它的债权也无法得到清偿。

　　那么如何才能理清"三角债"问题呢？从行业来看，该问题应从行业自身产品结构的调整、行业内完善信用体系的建立和法律约束三方面入手。

1　加快产业升级，优化产业布局

2　跨入电商，建立完善信用体系

3　进行法律约束，建立信用黑名单制度

图8-1　解决"三角债"问题的方法

1. 加快产业升级，优化产业布局

公司应做好自身的经营管理，加快产业升级，引导公司优化产业布局，促进行业结构调整，避免行业内的恶性竞争与产能浪费，促进行业上下游之间规范有序的业务往来。此外，创业者还要在主观上降低应收账款与坏账增加的风险。

2. 跨入电商，建立完善信用体系

传统的销售渠道已经完全不适应新时代的发展了，新一代的创业者必须把传统产业和电商结合起来，在行业内建立完善的信用体系，以便从制度层面解决"三角债"问题。由于电商平台能大大减少交易的中间环节和重复流程，这便使得供求信息更加精确化、透明化。而且根据工业公司的资质、产能和诚信度等指标，行业协会会定期为银行推荐优秀公司，在该类公司出现流动资金紧张时，银行无须担保直接授信为公司解决流动资金不足的问题。

3. 进行法律约束，建立信用黑名单制度

"三角债"很容易出现拖欠货款的现象，对于那些经常出现恶意拖欠和逾期不付款的公司，大家应予以打击。而且还要从法制建设方面努力，让各行业协会建立起信用黑名单制度，提醒相关的公司与这些列入黑名单的公司有业务往来时保持谨慎。这样还能对那些心存恶意的公司起到约束作用，让他们不敢轻易作出违法行为。对此，独立经济学家谢国忠认为国家应当通过更加严厉的法律制裁来限制恶意欠款，以利于更加全面、妥善地解决"三角债"问题。

8.2　该收的钱没收回来，不该付的却付了

有些公司的财务收付非常混乱，该收的钱收不回来，不该付的钱却付了，最后出现公司资金流问题。这时再向银行贷款，银行核查时发现公司账务如此混乱，肯定也不愿意贷款，此时公司将会面临资金危机。可见，公司要想正常运营，就要提前制定好完善的公司财务内部控制制度，注意管理好营运资金，制定好信用政策，保证货款尽快回收。

为了避免该收的钱没收回来、不该付的钱却付了的情况发生，公司应制定的财务内部控制制度，其内容主要包括以下三个方面（图8-2）。

图8-2　财务内部控制制度内容

1. 财务权限设置

公司应严格设置财务权限，比如，对外支出多少钱以上须董事长或总经理签字才可下发，多少钱以下须部门经理签字才可下发。

2. 财务岗位设置

在第七章第一小节中也说过，完整的公司财务必须有会计和出纳两个岗位，而且还应严格规定财务岗位的职责，比如，会计与出纳不能同为一人，出纳不能保管收费收据等。

3. 制定定期稽查制度

公司应把定期稽查作为公司财务部工作的重要内容和组成部分。在制定定期稽查制度时，要确保其合法性、合理性、规范性、正确性，以及资金运作的安全性、时效性、准确性和效益性等。一般来说，定期稽查制度应包括定期核对现金和账册，定期检查收费票据和会计档案等规定。

8.3　业务量增长，而收益大幅下滑

有些公司老板总是抱怨，为什么公司的业务量是增长的，营业额以及毛利润也在增长，但是毛利率（收益）却快速下降呢。

很多人可能对此不理解，为什么公司的业务一直增长，收益反而会大幅下滑呢。业务增长，产品的销售量上升，但收益与价格和成本有关，公式8-1是毛利率的计算公式。

$$毛利率 = \frac{价格 - 成本}{成本} \times 100\% \qquad (8\text{-}1)$$

从上述公式来看，毛利率快速下降，说明公司的"价格-成本"即利润少，采取的是薄利多销策略，公司利用的是降低价格来提高销售量。这说明公司存在竞争，还处于挑战者的位置，没有定价权。而且公司在经营过程中，还要产生管理费用、营销费用、财务费用等。在薄利的情况下，费用高了，利润自然也就下降了。如果公司的利润太少，又一直保持这样的状态，不久就会出现亏本的现象。

开公司就是为了赚钱，不赚钱的生意打死也不做。很多创业者往往会陷入一种误区，就是前期为了开拓市场而不计成本的降价销售，这是无可厚非的。但你不能没有策略的胡乱降价，让自己做亏本生意。

而且即使你的产品质量很好，前期如果你的价格降得太离谱，到后期，虽然你打开了市场，但消费者已经被你给惯坏了，这时如果你再调价，消费者就会很不乐意，谁也不愿意买一个比之前贵很多的东西。

总之，初创公司要考虑到公司未来的发展，千万不能为了目前的业务增长而采取胡乱降低的办法，否则最后吃亏的还是自己。

8.4　资产多，而现金流极少

资产就是公司拥有或控制的能以货币计量的经济资源，包括各种财产、债权和其他权利。其中，公司的现金也属于资产的一部分，这里所讲的资产不包括现金。

很多初创公司都会出现资产多而现金流少的现象，而影响现金流的主要因素包括以下三个方面（图8-3）。

图8-3　影响现金流的因素

现金流是公司维持日常经营所需要的资金，一般情况下，现金流=流动资产-流动负债，基本上也等于"公司存货+应收账款-应付账款"的余额。在日常经营活动中，公司存货库存时间的延长、产品生产周期的延长、应付账款付款期的缩短、应收账款收款期的延长等，均会占用公司高额的流动资金，导致现金回收周期变长，进而影响公司的现金流。为了摆脱这种现状，公司可通过高水平的营运资本管理，以实现较短的现金回收周期，提高公司的现金流状况。

所谓高水平的营运资本管理，就是通过分析公司存货周转期、应收账款平均回收期、应付账款平均付款期等各种因素，帮助大家找到影响公司不合理营运资本占用的根源，从而有效控制公司的现金流。

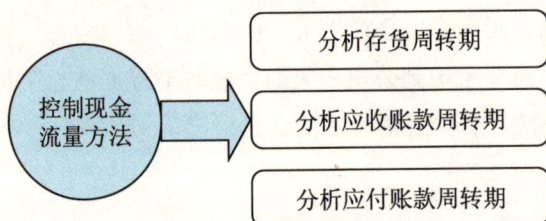

图8-4　控制现金流量的方法

方法一：分析存货周转期。

分析存货周转期主要从原材料周转期、产品的生产周期及产成品的周转期三个角度展开，深入分析就会涉及公司供应部门、生产部门及销售部门诸多职能部门的运作效率。

方法二：分析应收账款周转期。

分析应收账款的周转期主要从应收账款结构变化的原因、公司信用政策变化的原因、债权人的财务实力及信用状况等展开分析。

方法三：分析应付账款周转期。

分析应付账款的周转期主要是对公司贷款支付过程进行分析，因为在合理的范围内尽量延长贷款支付时间应该是公司的一项基本政策。公司应该对付款程序的每一个环节仔细审查，尽可能延长应付账款的现金周转期。

以上分别对现金流的影响因素和有效控制现金流的方法一一进行了介绍，创业者可以依据公司的现状具体分析，找到影响公司不合理营运资本占用的根源，并采取相应的措施控制公司的现金流。

8.5　如何合理避税

现在开办公司的人越来越多，然而很多人对税法的相关规定并不是很熟悉，盲目地按部就班地缴纳税款，最后很难盈利。鉴于这种情况，下面给大家分享几种非常实用的合理避税方法。在这里先声明一下，本节讲的是合理避税，是纳税人在法律允许的范围内，采取合理的手段和方法来达到纳税人减少缴纳税款的经济行为。

"道道课征、税不重复"是我国现行增值税的基本特性，充分体现出税法的公平、中性、透明、普遍、便利的原则，这对抑制偷税、漏税有积极有效的作用。然而税法中提供了多种选择项目，这为纳税人合理避税提供了可能。

对一般纳税人来说，可以从税收优惠、进项税额、销项税额这3个方面来思考避税方法。

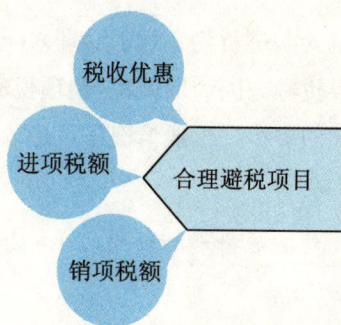

税收优惠

进项税额　合理避税项目

销项税额

图8-5　合理避税项目

1. 税收优惠

对一般纳税人来说，公司的收入按照开的增值税票据入账，减少税率的唯一办法就是享受税收优惠。一般纳税人的税率是17%，但是低档税率却是13%。按照简易办法征税率3%、4%、5%的原则，纳税人只要靠拢相关规定范围，成功享受优惠也是一种合理避税方式。

目前，一般公司所得税的税率是25%，但是小型微利公司不同，现在国家已经给予了政策优惠，对小型微利公司来说，年应纳税所得额未达10万元的，减半征收所得税，并享受10%的优惠。那么什么是小型微利公司呢？下面以图8-6说明。

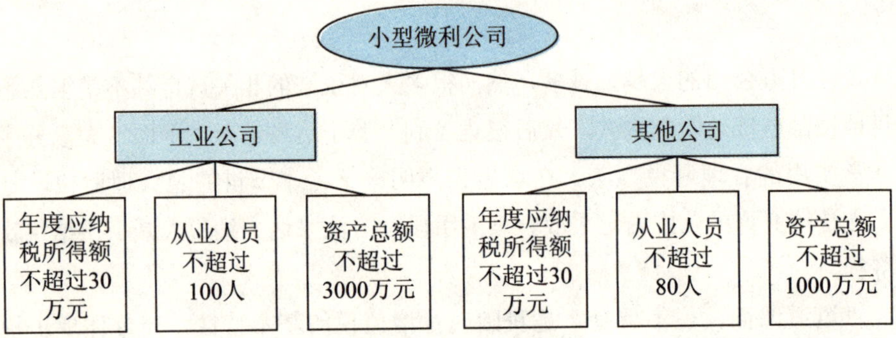

图8-6　小型微利公司

因此，对于规模较大的公司来说，其规模可以向小型微利公司靠拢，以便能享受小型微利公司的税收优惠。

2. 进项税额

进项税额是指当期纳税人购进货物、加工修理修配服务、无形资产或者不动产，支付或者负担的增值税税额。因为增值税=销项税额-进项税额，因此进项税额的大小直接关系到纳税额的多少。一般情况下，进项税额在财务报表中的计算公式如公式8-2所示。

$$进项税额=\frac{（外购原料+燃料+动力）×税率}{1+税率}×100\% \qquad （8-2）$$

概括来说，进项税额避税策略主要包括以下几种。

（1）索要增值税专用发票，并注明增值税额。

①纳税人购买货物或应税劳务时，不仅向对方索要专用的增值税发票，而且向从销售方取得增值税款专用发票上要注明增值税额。

②纳税人委托加工货物时，不仅向委托方收取增值税专用发票，而且还要努力争取使发票上注明的增值税额尽可能大。

③纳税人进口货物时，向海关收取增值税完税凭证，并注明增值税额。

（2）抵扣税额。

购进免税农业产品的价格中所含增值税额，按购货发票或经税务机关认可的收购凭据上注明的价格扣除13%税率，即获得13%的抵扣。此外，在采购固定资产时，将部分固定资产附属件作为原材料购进，并获得进项税额抵扣。

为了顺利获得抵扣，避税者应当特别注意避免发生以下三种情况。

①购进货物，应税劳务或委托加工货物未按规定取得并保存扣税凭证的；

②购进免税农业产品未有购货发票或经税务机关认可的收购凭证；

③购进货物，应税劳务或委托加工货物的扣税凭证上未按规定注明增值税额及其他有关事项，或者所注税额及其他有关事项不符合规定的。

（3）将非应税项目和免税项目购进的货物和劳务与应税项目购进的货物与劳务混合购进，并获得增值税发票。

（4）采用兼营手段，缩小不得抵扣部分的比例。

3. 销项税额

销项税额是增值税纳税人当期销售货物和应交税劳务，按照销售额和适用税率计算并向购买方收取的增值税税额。销项税额的计算公式如公式8-3所示。

$$销项税额 = 销售额 \times 税率 \tag{8-3}$$

从销项税额的公式可以看出，避税的关键在于：第一，销售额避税；第二，税率避税。但是，税率的变动余地一般不大，利用销售额避税可能性较大。从销售额来看，销项税额存在下列几种避税策略。

（1）不计入或少计入销售收入。

①随同货物销售的包装物单独处理，不要计入销售收入；

②销售货物后加价收入或价外补贴收入，采取措施不要计入销售收入；

③设法将销售过程中的回扣冲减销售收入；

④采取某种合法合理的方式坐支，少计销售收入。

（2）降低销售额。

①商品性货物用于本公司专项工程或福利设施，本应视同对外销售，但可以采取低估价、次品折扣方式降低销售额；

②以物换物或送给对方；

③为职工搞福利或发放奖励性纪念品，低价出售，或私分商品性货物；

④采用用于本公司继续生产加工的方式，避免作为对外销售处理。

（3）纳税人因销货退回或折让而退还购买方的增值税额，应从销货退回或者在发生的当期的销项税额中抵扣。

以上三大类避税策略中，除了税收优惠以外，后面两类策略是从可供避税筹划的实际操作的角度提出的。它们从本质上可归纳为：一是缩小销项税额；二是扩大进项税额，其效果是从两个方向压缩应缴税额。

8.6　财务管理不可触碰的八大禁令

最近在和一个朋友聊天的过程中，他谈到了自己公司内部的财务管理因不规范而造成了严重的后果。

三年前，朋友的A公司与一个自然人合作进行房地产开发。自然人以土地作价与A公司合作，约定自然人和B公司各占项目利润的50%，自然人派会计但不参与公司的经营管理。

如今，项目已处于基本完工的状况，双方却陷入了官司中。原因是自然人觉得该项目应该赚很多钱，但由于A公司把钱用在了支付很高的人员工资、招待费用等方面。于是，自然人就让会计把公司所有的会计资料全部搬走，决定走法律程序。

从朋友的描述中，我发现他们的合作既没有制定内部管理制度，也没有制定严格的财务管理制度，这导致公司出现了很多财务问题。像朋友这样的小型公司，其财务管理应该怎样做呢？

其实，小公司没有必要像大公司那样制定一大堆条例，其财务管理只要能抓住重点和要点，几页纸就可以了。通常来说，公司的财务管理应包括以下一些细节。

1.聘请专业的财务人员，而且还要有较高的觉悟，能够遵守公司规章制度；

2.建立支票领用登记薄、印鉴使用登记薄、发票登记薄、合同签订及完成情况登记薄；

3.每天编制现金、银行存款收支日报表；

4.每月进行现金盘点，并编制银行余额调节表；

5. 每月及时完成账务处理，编制会计报表并报税；

6. 制订适合公司本身的合同签订流程和费用的审批流程及制度；

7. 严格控制现金支票、现金、银行存款收支及账户的管理；

8. 会计人员离职需提前一个月向公司提出申请，公司要在一个月内安排交接工作，工作移交时需公司总经理现场监督；

关于公司的财务管理，创业者一定要慎重，如果管理不当，很容易出现不可弥补的财务问题。下面简单介绍一下财务管理中不可触碰的八大禁令。

禁令一：实行主管领导审批，严禁"一把手"直接审批。

禁令二：严禁多头审批、多支笔审批。

禁令三：严禁提供虚假票据。

禁令四：收费票据统一，严禁使用自制票据或其他非法票据。

禁令五：严禁非责任人代签支付未经"双审双签"审批的票据款项。

禁令六：严格费用申请和审批制度，实行按规定实报实销，严禁费用包干审批。

禁令七：严格出差及其他费用和计划预算，按计划挂钩核算，禁止对非计划费用核销。

禁令八：奖金和提成及客户保证金支付必须严格按制度执行，严禁造假。

对于以上禁令，一经发现有人违反，应严格按照规定给予相应的罚款，而且对于那些因违反禁令造成的损失，也应由相关负责人承担。

第9章

员工招聘：优秀人才筛选有道

在这个招聘2.0的时代，要想招一个公司满意、本人愿意的人是比较难的。作为公司创始人，公司成立之后，接下来要做的就是招聘新员工。不要以为融资、拉拢合作伙伴才是重要的事情，其实你要想创业成功，合适的员工也是不可或缺的。当然，招聘并不是一件轻松的事，有时是一件让人望而生畏的事情，因为你不知道通过什么样的渠道招聘，你也不知道谁是合适的人选，而且即使遇到合适的人，很多人也不愿意到初创公司工作，因为他们会觉得没有保障。本章将对招聘渠道、面试流程以及面试中遇到的各种问题进行详细讲解，以帮助你找到优秀的员工。

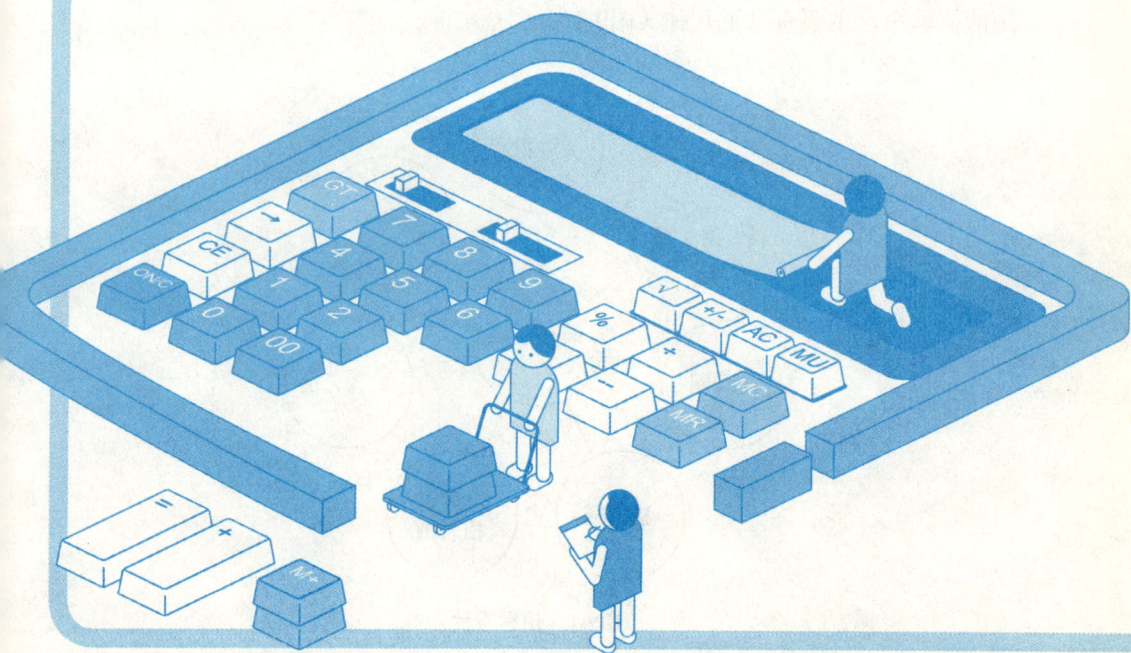

9.1 招聘渠道：网招＋校招＋招聘会＋内部推荐＋猎头助招

在创业的道路上，没有一件事是轻松的，招聘也不例外。对招聘来说，最重要的是找准招聘渠道。目前，招聘渠道主要有网招、校招、招聘会、内部推荐及猎头助招等方式。

9.1.1 网招

网招是现在最重要的招聘渠道。因为随着网络的不断发展，越来越多的求职者选择在互联网招聘平台找工作。有人曾做了一项由7000人参加的网络招聘调查，结果显示，53.7%的求职者通过招聘网站获取招聘信息。

为什么网招备受大家的青睐呢？源于网招本身具有收费低、速度快、针对性强等诸多优点。所以，很多公司都选择在网招平台上发布招聘信息。正是由于网招越来越受到大家的欢迎，网招市场的竞争也变得日益激烈，招聘平台日益增多，在众多的网招平台上如何才能选择出最适合自己的呢？目前，很多公司都采用的招聘平台主要有以下几种（图9-1）。

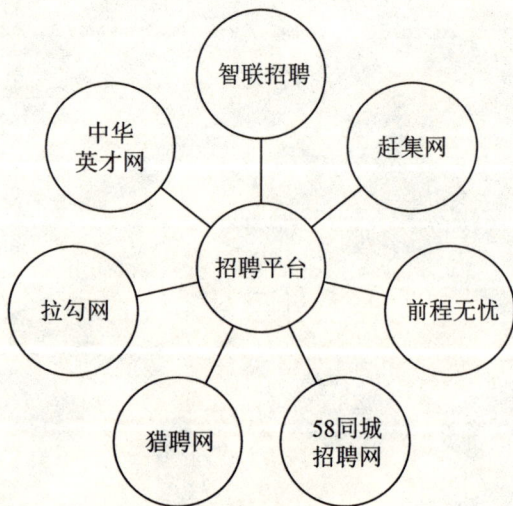

图9-1　招聘平台

1. 智联招聘

智联招聘是全国性权威人才网站，由政府颁发许可证的专业服务机构。为大型公司和快速发展的中小型公司提供一站式专业人力资源服务，包括网络招聘、校园招聘、报纸招聘、猎头服务、招聘外包、公司培训以及人才测评等。公司发布招聘信息时要求的资质审核比较多，费用相对来说高一些。

2. 赶集网

赶集网是为大众提供职位的人才市场，每天都会更新大量的人才招聘信息。公司可以在这些网站上发布最新招聘信息，发布信息的费用相对来说比较低一些。

3. 前程无忧

前程无忧是国内第一家汇聚各类媒介资源优势而成立的专业服务机构，现在该网站已经遍布全国104个地区，有效注册用户超过1亿，日招聘职位超过320万。该招聘网站主要提供包括招聘猎头、培训测评、人事外包和咨询在内的专业人力资源服务。

4. 58同城招聘网

58同城招聘网致力于打造国内最真实、最权威的专业招聘网站。为北京、上海、天津、广州等300个城市求职者，提供最新招聘信息、上万个职位信息。

5. 猎聘网

猎聘网是国内知名的中高端人才招聘网站，汇聚各个行业内的名企，为招聘中高端人才提供超过500万条精英职业信息，70000名猎头在线为您提供服务，覆盖40多个招聘行业，发布世界500强企业最新招聘信息。

6. 拉勾网

拉勾网是最权威的互联网行业招聘网站，提供全国真实的互联网招聘信息，公司要求薪资透明，拒绝面议。

7. 中华英才网

中华英才网是国内最早、最专业的人才招聘网站之一，该网站在应届生招聘领域已有12年的历史，为大学生提供最新校园招聘信息，其品牌和服务已被个人求职者和公司HR部门普遍认可。目前，该网站已经覆盖全国200多个城市。

9.1.2 校招

校招即校园招聘，是一种特殊的外部招聘途径。狭义的校招是指公司直接从学校招聘各类各层次应届毕业生。广义的校招是指公司通过各种方式招聘各类各层次应届毕业生。下图9-2是校园招聘公司的行业分布图。

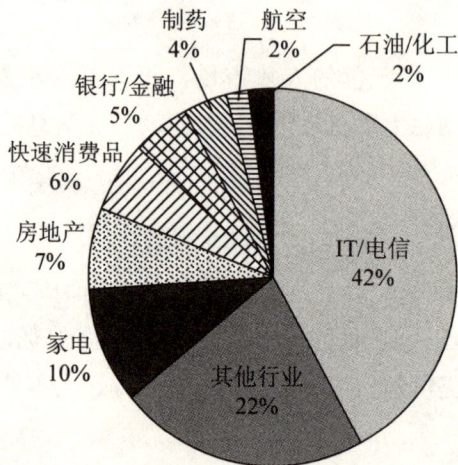

制药 4%
航空 2%
石油/化工 2%
银行/金融 5%
快速消费品 6%
房地产 7%
家电 10%
其他行业 22%
IT/电信 42%

图9-2　校园招聘公司行业分布

有些公司不愿意进行校招，因为这些公司对应届毕业生存在一些认识误区，认为大学生没有工作经验，不足以承担岗位工作。其实这是对大学生的一种偏见，应届毕业生也有很多优点，比如，刚毕业的学生学习能力强；富有热情；善于接受新事物；对未来抱有憧憬；头脑中的条条框框少；而且大学生一般没有家庭拖累，可以全身心地投入到工作中。更为重要的是，大学生是"白纸"一张，像这样的"职场新鲜人"可塑性极强，更容易接受公司的管理理念和文化。现在也有很多公司发现了应届毕业生身上的这些特质，比如，华为公司重视校招后取得了不错的成绩。因此，校招吸引了众多公司的眼球，成为公司重要的招聘渠道之一。

9.1.3 招聘会

招聘会也是公司常用的招聘方法，它一般是由各高校就业中心或者政府所辖人才机构举办，主要服务于待就业群体及用人单位，主要分为现场招聘会和网络招聘会两种。由于各城市招聘会主办方无法一一做到事前公布公司信息，因此，公司要想利用招聘会招聘，需要提前搜集招聘会的相关信息。

9.1.4　内部推荐

内部推荐又称员工推荐，是公司通过发动内部员工，调用自己的人脉资源来帮助公司推荐优秀候选人的招聘方法。内部推荐有招聘成本小、招聘效率高、招聘质量高、离职率低等优点。而且举荐人通过推荐新人能加对公司的认同度。因此，内部推荐是很多大中型公司有效的招聘方式之一。据调查，很多知名公司，比如腾讯、德勤等，这些公司近50%的员工都是通过内部推荐招聘的。不过，内部推荐也有一定的缺点，即容易形成公司内部"小团体"，使公司不安定。

9.1.5　猎头助招

现在网上除了有招聘网以外，还有很多猎头网，猎头网与普通的招聘网有着明显的区别。首先，猎头网主要是从事高端人才的寻访与招聘等工作；其次，猎头公司一般是不对个人收费的，是免费帮忙推荐工作的，但是会向公司收取服务费。现在比较有名的猎头网有乾坤猎头、猎聘网、老猎头、智联招聘、中华英才网等。

9.2　设计一套行之有效的面试流程

员工招聘离不开一套行之有效的面试流程，概括地说，面试的流程图如图9-3所示。

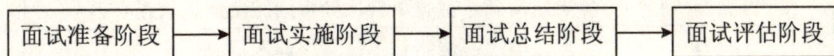

面试准备阶段　→　面试实施阶段　→　面试总结阶段　→　面试评估阶段

图9-3　面试流程图

1. 面试的准备阶段。

（1）制定面试指南。

①面试团队的组建，一般安排面试人员2~3人，其中1人为主试人；

②准备签字笔、笔记本等面试需要的工具；

③制定面试提问分工和顺序；

④制定面试评分技巧；

⑤制定面试评分办法。

（2）准备面试问题。

①分析该空缺岗位所需要的能力有哪些；

②分析专业技能与综合能力各占多少比例；

③分析综合能力包括哪些内容，各占多少比例；

④用图表的方式将面试能力项目以及相应的权重列出；

⑤提前准备好面试中要提的问题。

（3）评估方式确定。

①确定面试问题的评估方式和标准以及可能提供的答案；

②制定《面试评分表》，其一般格式如表9-1所示。

表9-1 面试评分表

面试评分表				
姓名			性别	
年龄			笔试成绩	
毕业学校			专业	
评分要素		参考标准		得分
举止仪表（4分）		仪表端正，装扮得体，举止有度		
专业技能（6分）		专业符合工作要求，有工作经验，有特殊技能		
对职位的渴望（6分）		对本公司做过初步了解；面试经过精心准备；面试态度认真；待遇要求理性		
综合能力（25分）	自我认知（4分）	能准确判断自己的优劣势，并针对劣势提出弥补措施		
	沟通表达（6分）	准确理解他人意思；有积极主动沟通的意识和技巧；用词恰当，表达流畅，有说服力		
	分析能力（5分）	思路清晰，富有条理；分析问题全面、透彻、客观		
	应变能力（4分）	反应敏捷；情绪稳定；考虑问题周到		
	执行力（6分）	能服从领导的工作安排，全力以赴完成工作任务		

（续表）

综合素质（35分）	可塑性（6分）	较强的学习能力；理性接受他人观点；对他人无成见	
	情绪稳定性（5分）	在特殊情况下（如较大的压力、被指责）能保持情绪稳定，无极端言行	
	求职动机（3分）	需要生存，自我提高，自我实现，职业规划	
	主动性（7分）	找借口还是找方法；工作方法是否灵活、多样性	
	服从性（7分）	能服从自己不认可的领导；服从并接受自认为不合理的处罚；能接受工作职责外的任务	
	团队意识（7分）	过去自认为骄傲的经历中有团队合作事项；能为团队作出超越期望值的付出	
职位匹配（24分）	经历（4分）	是否经常换工作，平均每份工作时间最少应超过一年	
	性格（5分）	自信、积极乐观、心态成熟、性格与岗位要求相匹配	
	专业背景（4分）	所学是否相关专业；有无相关工作经验	
	认识职位（5分）	了解工作内容和工作方式，能预见并接受可能的困难	
	认同公司（6分）	对以前公司和老板的态度；是否认同行业和公司未来的前景，是否认同公司的文化和管理方法	
总分			
负责面试人员签名		日期	
老板复试情况			
工作能力			
工作业绩			
待遇协商			
有无特长情况			
综合感觉			
是否录用			
老板签名		日期	
备注			

注：此表除"老板复试情况"由公司老板填写外，其他地方均由面试人员填写。

（4）面试人员。

面试人员应对公司和用人部门情况有大概的了解，以应对应聘人员的询问。

①面试人员应明确招聘岗位的工作职责及任职资格；

②面试人员应能够回答应聘人员提出的关于公司与应聘岗位的信息问题；

③面试人员应对该岗位的薪酬福利标准有足够的了解。

2. 面试的实施阶段

在面试过程中，面试人员除填写《面试评分表》以外，还应准备笔记本，随时记录应聘人员的谈话要点、疑点及点评。

面试一般分5个步骤进行。

（1）请应聘人就坐。

（2）面试考官传阅应聘人员的简历及有关证件（3～5分钟）。同时从外貌上观察应聘人员是否有生理缺陷以及气质、仪表、着装等。

（3）核心阶段：通常要求应聘者讲述一些关于核心胜任力的事例，面试考官基于这些事实作出的基本判断和评价作为录用决定的重要依据。

（4）确认阶段：面试考官进一步对核心阶段所获得的信息进行确认。

（5）结束阶段：询问应聘者是否还有什么问题要问，在友好的气氛中结束面试。一般情况下，主试人要提问："您对我们公司或其他方面有何问题？"观察应聘人员是否对公司有意向，如果有意向，面试人可让其多了解一些；否则，尽量少讲，或聊一些普通的话题过渡。

①对符合公司岗位要求的人员，最后由主试人讲："今天的面试就到此为止，感谢您到我们公司应聘，如有意向我们会尽快通知您。"

②对不符合公司岗位要求的人员，最后由主试人讲："今天的面试就到此为止，感谢您到我们公司来应聘，您的材料我们将存入公司人才库，如有机会我们再通知您。"

3. 面试的总结阶段

（1）综合面试结果。

①综合评价；

②面试结论。

（2）面试结果反馈。

结果反馈阶段是指将面试的评价通知给用人部门，经协商后，作出录用决策，并通知应聘者的过程。

①了解双方更具体的要求；

②关于合同的签订；

③对未被录用者的信息反馈。

（3）面试结果的存档。

4. 面试的评估阶段

面试人员根据《面试评分表》的评分结果，评估应聘人员的面试情况，根据评估结果选出最优质的应聘者。

9.3　如何显示公司的实力

现在互联网非常发达，大多数应聘人员都会在面试之前去网上查看并判断公司的实力。判断一个公司是否有实力，可以从以下几个方面来判断（图9-4）。

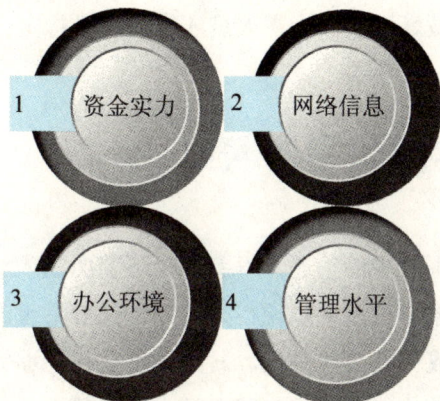

图9-4　判断公司实力的方面

1. 资金实力

查看公司资金实力最简单的方法就是从工商局网站查看公司资质，比如，公司注册资金、经营范围、注册时间等。当然，查看资质只是公司资金实力的表面现象，最重要的还是要看公司的技术水平、推广方式、售后服务水平等，这些都是公司资金实力的最好体现。

2. 网络信息

现在人们查询信息的主要工具就是网络，只要在搜索框内输入公司的名字，有关公司的信息就会立马出来。如果公司在网上的信息寥寥无几的话，大致可以判断这家公司网络并不是特别发达，实力也不会太强。

3. 办公环境

一家办公环境好的公司，实力是不会差的。根据公司所在办公室位置及办公面积，可以大致判断出公司的实力大小，如果公司的办公地理位置和环境都比较好，则该公司业务方面应该也是比较不错的；反之则是小公司。当然这并不是绝对的。

4. 管理水平

从公司管理水平的高低，也能判断出公司的实力。因为一个管理规范、操作程序清晰、员工素质高、技能操作合理的公司，其综合实力肯定也不会差。

从以上几个方面综合考虑，可以判断出一个公司的综合实力。那么公司为了向大家展示自己的实力，也应从公司的资金实力、网络信息、办公环境、管理水平等方面考虑，努力做好这些，应聘人员才能从心里肯定公司的实力。

9.4　如何介绍公司的薪资

薪资是面试中必不可少的话题，每到这个环节面试人员和应聘者都会纠结，因为双方都不好意思把自己的期望说得太清楚，或者怕说得太清楚，没有了回旋的空间。特别是对新成立的公司来说，薪酬制度往往不够完善，公司又需要大规模招人，这时，怎么做才能既留住应聘者又不影响薪资谈判呢？下面讲一个薪资制定小技巧。

通过市场调查敲定一个大概区间，拟定一个试用期工资，或者与领导沟通后保证一个大概水平，告诉新人公司薪资不会比同行业低。因为如果公司的薪酬水平低于市场平均水平，就会把应聘者吓跑。有时即使你和应聘者经过一轮的谈判后，薪资能接近市场水平，但这时应聘者会有一种挫折感，对公司丧失原有的信任与信心，从而放弃到你的公司上班。所以，薪资谈判要建立在薪资水平不能低于市场平均水平的前提下进行，否则只能是吃力不讨好。

对众多面试人员来说，他们常常纠结的不是真的能招到优质的员工，而是当他们看上了一个人才时，双方却因为薪资问题卡在了谈判的门槛上，最后导致谈判破裂。为了防止薪资谈判破裂，在谈判时要把握好两点：一是吸引与激励人才，二是保证公司内部员工人人公平。只有把握好了这两点平衡，公司才能留住人才。

具体来说，面试人员在薪酬谈判时，面对"心仪"的人才对薪资要求超过公司岗位的最高薪酬标准时，你应该掌握以下3点技巧（图9-5）。

图9-5　薪酬谈判技巧

1. 弱化心理期望值

很多应聘者在面试之前会对自己的薪资有很高的期望值，为了不让应聘者的心理落差大，要弱化应聘者的心理期望值。在面试时，你千万不要流露出非他不可的表情。你要强调目前有很多候选人在竞争该职位，公司正在比较与衡量，这样才可以有效降低应聘者的谈判筹码。

2. 展示"全面薪酬"

每个公司都应制定清晰明了的薪酬体系，而不能根据应聘者的原薪酬与期望薪酬来定薪，因为这很容易使应聘者在薪资谈判时总是死咬着自己的期望薪酬不放。另外，在讲薪酬体系时，要向应聘者展示"全面薪酬"，包括工资、津贴、福利等，还要尽可能从多方面提炼出公司的优点，比如，公司未来的发展前景、公司品牌、工作平台、工作环境等，可以逐步展现给应聘者，增强他们对公司的信心，从而提升公司整体的吸引力。

3. 告知特批待遇

公司要设定一些激励措施，而不能"一刀切"，这能让真正有能力的人有盼头。每个公司都需要一些人才，有些人也是无可替代的。对于这样的人，公司要特殊对待。在应聘中，如果你发现一些难得的人才，他们的能力很强、经验也很丰富，这时你可以把特批待遇拿出来，以便留住这些人才。因此，公司的薪酬标准在特殊情况下要有一些弹性，这样能在一定程度上避免"大材小用""小材大用"的情况发生。

9.5　如何快速招聘到优秀员工

在招聘期间，你会收到很多份简历，如何在有限的时间内快速锁定自己需要的人才呢？在解决这个问题之前，首先你应明白什么样的人才是优质的面试者？很多人可能会想当然地说："那些曾经做过这类工作的人；如果找不到绝对合适的，那就找一些在实际经验方面与工作尽可能接近的人。"这样的想法是错误的，公司招聘员工不能单纯地看面试者的学历、经验、年龄等方面，而应引进一些适应时代发展的新人才。那么如何才能快速锁定优质的面试者呢？其技巧介绍如图9-6所示。

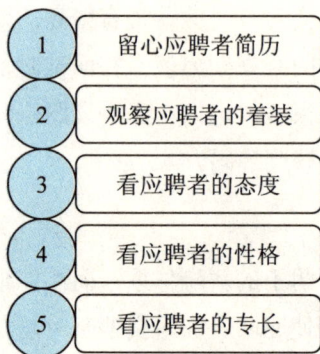

图9-6　快速锁定优秀面试者的方法

1. 留心应聘者的简历

很多面试者经常会忽略简历，他们认为在现场面试中就能了解求职者。其实不然，有时查看应聘者的求职简历也能从中看出一些端倪。如果你收到一份封面漂亮、有个性、内容条理清楚的简历，你就能判定这位求职者很重视这份工作，花了不少心思，有比较充分的准备。像这样的人在工作中一般都比较细心，他们会有计划、有准备地完成每一项任务，这类人你在面试中要多加留心。

2. 观察应聘者的着装

观察应聘者的形象和穿着，一个着装正式、头发有光泽的人肯定是经过精心整理过的。他们看起来有职场风范，有自信，这样的人你也要多加留意。

3. 看应聘者的态度

一般说来，如果一份工作对员工的解决问题能力、自主性、学习能力、人际交往能力、团队默契等方面的要求越高，那么面试人员就应该寻求具备正确态度的人。正确的态度是什么呢？我们可以从下面的美国在线例子中找出答案。美国在线的优秀业务员与一般业务员之间的区别并不在工作经验方面，而在于工作态度，他们在态度方面都具备了5项特质，其内容如图9-7所示。

1	快速敏捷的学习能力
2	有能力处理不确定的情况
3	强烈的说服别人的欲望
4	较强的自觉力
5	卓越的合作沟通技能

图9-7　优秀员工态度方面的5项特质

满足以上特质的这些新员工以后会成为公司优秀的员工。从美国在线招聘员工的成功经验中，我们可以得出一个结论：公司要花时间找到对空缺职位来说比较重要的个人素质，然后对新的候选人进行筛选，找出具备正确态度、最有可能在组织中取得成功的人。所以，无论公司规模是大是小，都要放下所有关于认为经验很重要的假设，要把主要精力放在挖掘员工的态度和那些对公司或部门来说很重要的素质上。

4. 看应聘者的性格

岗位不同，对应聘者的性格要求也不同。比如，一个性格大大咧咧的人，是不合适做会计工作的。假如你要招聘一个秘书，你就应该选择一个灵活的人；招聘广告、市场方面的人才，你就要留心比较畅谈、口才好的人；招聘行政工作的人，就留心内心实在的求职者……通过对应聘者的性格划分，你就可以快速锁定求职者了。

5. 看应聘者的专长

专长不一定是应聘者的专业，有可能是他的兴趣爱好或者优势。比如，你要招聘一个宣传活动的主持人，如果面试者的普通话标准、表情大方自然、气场很足，那你就可以询问应聘者是否愿意考虑这份工作。

面试时间一般只有10～15分钟，怎样才能在有限的时间内了解应聘者的以上信息呢？这需要面试人员从应聘者回答的问题来判断。面试人员要通过询问面试者什么样的问题才能看出应聘人员的各项素质呢？你可以对应聘者进行提问：请谈谈你的优缺点及兴趣爱好是什么？你有什么重要工作经验？你觉得你最适合做什么样的工作？你选择本公司的原因是什么？你选择一份工作最重视的条件是什么？你对薪资待遇有什么要求……

另外，如果公司招聘一些销售、公关类的员工时，应考察应聘者的应变力，比如，你可以在现场提问他们类似于"公司开会的时候来了8个人，但公司只有一个6人的会议室，那你将如何处理"这样的问题；如果公司需要招聘一些技术型的员工，面试者应向应聘者提问一些与专业知识相关的问题，甚至还可直接出专业题让应聘者回答。

第10章

员工管理：结构模块化，内容精细化

创业者在完成招聘工作之后，接下来要关心的就是如何管理员工。管理员工不是一件简单的事，经常要面对这样的难题：下属绩效差怎么办？下属闷声不响怎么办？下属牢骚满腹怎么办……作为一个领导者，员工管理需要考虑到方方面面才行，遵循"结构模块化，内容精细化"原则，建立完善的奖惩制度，按时发放工资、奖金、福利等，该严厉的时候必须一本正经，闲暇时多唠唠家常，多进行人性化管理，要相信员工等。总之，员工管理要充分考虑到公司自身和员工的特点，具体问题具体分析，灵活多变才能管理好员工。

10.1　员工就职周期结构设计

创业者要为公司设计一个较为稳定的组织架构图，使员工的升职空间模块化，这样员工才会有耐心，有持续的进取精神。因为员工如果按照公司既定的组织架构图努力，他们就能平衡地得到发展。

员工就职的结构设计要从员工入职的第一天算起，先由公司相关负责人向面试通过的人员发送试用通知，告知其上班的时间、地点、穿着要求以及需要携带的证件原材料、相片和证件复印件等。第一天上班，除了介绍工作环境以外，还要安排试用人员进行体检。之后，再告知公司工作的相关制度、试用期限、试用期的薪酬、转正后的薪酬和绩效考核办法等。如果员工对合同内容无任何异议的话，签订劳务合同，签完之后立即生效。劳务合同是必须要签的，一方面是为了保证员工的利益，另一方面是为了保证公司的利益。

很多员工在进公司后不久就辞职了，辞职的原因除了没有合适的待遇和职业发展平台外，还在于很多管理者没有给员工制定一个职业生命周期。一般来说，一个新员工在一个公司里某一岗位的价值可以按照6个月为一周期，员工的就职周期可分为以下4个阶段（图10-1）。

学习投入　➡　价值形成　➡　能力发挥　➡　价值提升

图10-1　员工就职周期的4个阶段

第一阶段：学习投入

新员工刚到公司的6个月，应给员工"两个定位"，第一个定位是对个人职业生涯发展的定位；第二个定位是个人在团队里的定位。在这个阶段，不要逼迫员工为公司创造多么大的价值，其实员工在这个阶段对公司基本上是不会创造明显价值，相反，公司还要为培养新员工投入人、物和时间。

第二阶段：价值形成

员工在进入公司7～12个月期间，应给员工两个肯定：第一个肯定是自己在公司中的作用、地位和价值；第二个肯定是自己在周围人、行业中的地位。在这个阶段，应给员工一些荣誉感，认可他的工作业绩。

第三阶段：能力发挥

员工进入公司的13～18 个月期间，员工能力发挥有赖于"两个授权"：第一个"授权"是提供给员工提出自己工作思路和想法的空间和机会；第二个"授权"是鼓励员工对公司整体的发展战略、管理流程、组织结构、公司文化等方面的问题提出自己的想法。在这个阶段，公司要充分挖掘员工的管理能力、综合素质、分析和解决问题的能力，这些都可以作为员工未来升值加薪的条件。

第四阶段：价值提升

员工在价值提升阶段，公司要给予他们"两个评估"：第一个是评估员工是否有一定的管理眼光、良好的沟通技巧、成熟的工作方法以及积极进取的工作态度等方面的能力；第二个是评估员工是否有把想法变成现实的操作能力。员工一旦有这方面的能力，公司要及时提供给员工发展的空间。

10.2　用人成本核算指标

公司盈利的多少与用人成本是有很大关系的，人工成本是指公司在雇佣员工时产生的全部费用。

人工成本=工资总额+福利支出+其他人工费用=工资总额+社会保险费用+福利费用+教育费用+劳动保护费用+住房费用+其他费用

下面提供一些核算公司用人成本的指标，其内容如下所示。

10.2.1　用人成本核算基本指标

公司在核算人工成本时，需要核算哪些基本指标呢？其内容如下所示。

1. 公司从业人员年平均人数；

2. 公司从业人员年人均工作时数；

3. 公司营业收入；

4. 公司增加值（附加值）；

5. 公司利润总额；

6. 公司成本（费用）总额；

7. 公司人工总本总额。

10.2.2 人工投入产出核算指标

公司在核算人工成本投入产出指标时，需要核算哪些指标呢？

1. 销售收入（营业收入）与人工费用比率

人工费用率=人工成本（费用）/销售收入（营业收入）

2. 劳动分配率

劳动分配率=人工成本（费用）/增加值（纯收入）

通过上面的核算指标和公式，大家大致了解公司的用人成本与哪些因素有关系，创业者应根据上述指标制定出合理的用人制度。

10.3 员工薪资主要构成

底薪要发多少？提成要以什么比例发？奖金要发多少？这类的问题必须有章法可依。一个公司的薪资必须具备两点：一是内部公平性，二是外部竞争性。

1. 内部公平性

如果同样的职位、绩效、工龄、学历，那么工资必须是相同的。如果一个人工资高、一个人工资低，那么工资低的就会有意见。尽管有时这个员工不说，很可能最后以离职来要挟老板加薪。

2. 外部的竞争性

百度公司的员工一定会经常与腾讯的员工比薪水，其实这是人之常情。同是互联网巨头，如果待遇相差太多，跳槽之事在所难免，因为每个人都希望自己的劳动获得一个较高的报酬。

10.3.1 薪资结构

有些竞争力不足的公司，很可能是因为薪酬构成方面出现了问题。一般来说，薪酬模式参考点越多，越容易让员工满意。因为每一分付出，都会在待遇上得到体现。因此，大家应在薪资结构上多下一些功夫。

薪资结构是指员工的薪资构成部分及各自所占比例。对公司来说，合理的薪资结构应该是既有固定工资部分又有浮动工资部分。其中，固定工资主要包括基本工资、技能或能力工资、工龄工资等；浮动工资主要包括效益工资、业绩工资、奖金等。下面通过图10-2来看公司的薪资应由哪些方面构成。

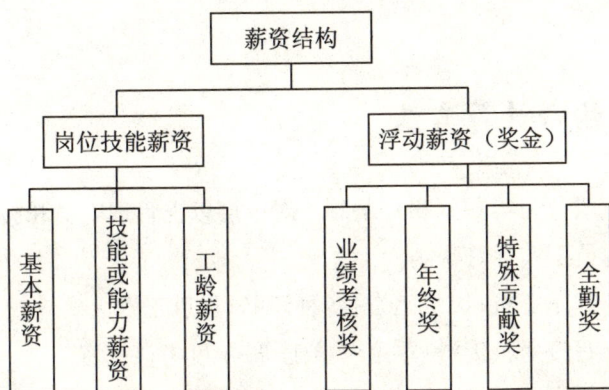

```
                          薪资结构
            ┌───────────────────────┴───────────────────────┐
       岗位技能薪资                            浮动薪资（奖金）
    ┌──────┼──────┐              ┌──────┬──────┬──────┬──────┐
  基本   技能或   工龄          业绩   年终   特殊   全勤
  薪资   能力     薪资          考核   奖     贡献   奖
         薪资                   奖            奖
```

图10-2　薪资结构

其中，岗位技能薪资是根据岗位（职务）的技术、业务要求、劳动繁重程度、劳动条件好坏、所负责任大小等因素来确定的。浮动薪资是劳动者劳动报酬随着公司经营好坏及劳动者劳动贡献大小而上下浮动的一种工资形式，形式多样。

公司的薪资结构不宜简单照搬国家机关、事业单位的现行办法，应根据公司自身的情况作出不同的具体规定。总之，薪资结构组成部分的比例可以依据生产和分配的需要或大或小，没有固定的模式。一般来说，薪资应由下面5个方面构成（图10-3）。

"底薪+奖金+提成+补助+五险一金"的薪资构成方式是比较科学的。除国家规定的五险一金外，其他四项就能反映一个员工的整体能力，也就是为公司创造价值的能力。如果仅仅以底薪和提成两项作为考核指标，对于一些工作特别突出的员工无法给予奖励，这很容易让这些优秀的员工跳槽。而且这对意欲在公司营造敢想、敢拼工作氛围的经理来说，也是不合理的。

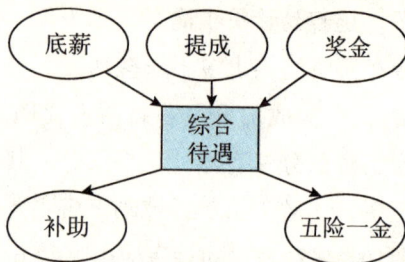

图10-3　薪酬构成

10.3.2　薪资计算方法

公司薪资一般分为年薪制和月薪制，对中层以上管理人员和技术人员实行年薪制，而对其他员工实行月薪制。

基础工资＝基本工资+岗位工资+各种津贴+加班工资

考核工资＝月度考核工资+季度考核工资+年度考核工资

其他常见的薪资制有实行日薪制和计件制的，这种薪资的计算方法按其他办法实行。

10.4　级差薪资如何设置

1.新招入的员工，工资应定多少？

答：根据新员工担任的岗位所在的薪资级别，根据个人的资历匹配到合适的档级。

2.员工晋级，调薪该调多少？

答：根据员工的能力和所做贡献设置晋级机制，晋级后所在的级别属于第几级别，在那个级别里就能获得相应的工资。

员工的资历各不相同，能力也各异，不可能每个人的工资都是一样的。级差薪资应遵循"多劳多得"的原则，员工为公司做的贡献大，薪资自然也就高。为了让员工的薪资计算有章可循，公司应制定出严格的级差薪资，以鼓励员工积极主动地工作。

10.4.1　薪资体系

在设置级差薪资之前，先了解一下薪酬体系，该体系一般会分为以下三种（图10-4）。

图10-4　薪酬体系

基于岗位设置是最常见、最普遍的薪酬体系，也就是以岗定薪；基于能力设置，这种薪酬体系是没有固定模式的，只能按照员工对公司做贡献的多少设置；基于业绩设置，以销售类为主，业绩好的工资就高，这主要集中在提成点上，业绩好，提成点也要高。

10.4.2　IPE国际职位评估系统

IPE国际职位评估系统，从IPE到IPE2.0，到IPE3.0，再到IPE3.1，在一直不断地升级。下面以IPE3.0为例，主要是将岗位从影响、沟通、创新、知识4个因素，以及贡献、影响、组织、框架、沟通、复杂性、创新、团队、知识、宽度10个维度来进行综合评定，如图10-5所示。

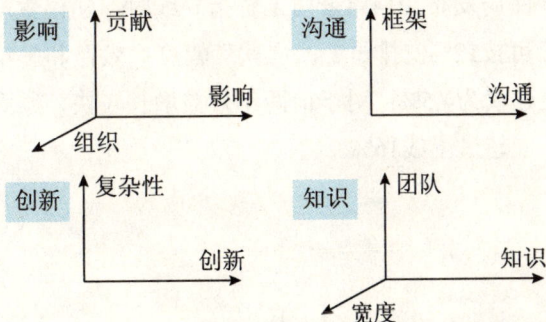

图10-5　IPE国际职位评估

一般情况下，IPE国际职位评估系统是由岗位的直接负责人及分管领导和其他相关人员对岗位进行综合评分。为了避免偏袒等情况的出现，需要去除最高分和最低分，再算出平均值。

注意，IPE的每个维度都对应一定的分值，具体的分值设定和评分模板，大家可以到网络去搜索相关的文件。评分结果根据系统对比后，自动会生成相应的岗位职级。

10.5 涨薪幅度设置

大家了解了员工的薪资结构、薪资计算方法以及级差薪资的设置后，下面再介绍一下如何设置员工的涨薪幅度。公司薪资的指导线由基准线、上线（又称为预警线）、下线三条线构成。这三条线分别对应政府对公司工资增长的一般、最高、最低幅度的指导意见。

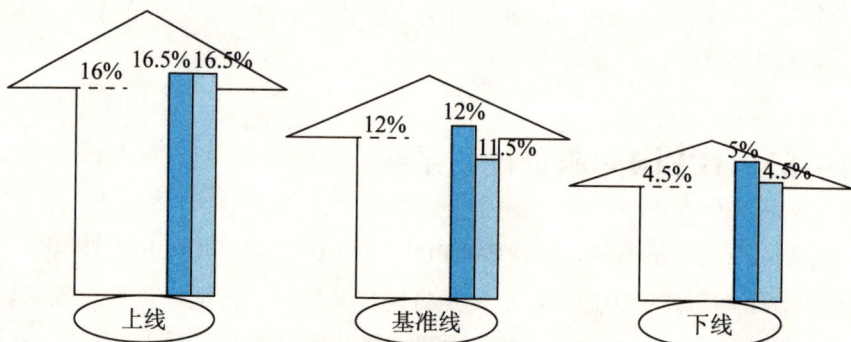

图10-6 薪资指导线

北京市人力社保局发布2014年公司工资指导线时，建议生产经营正常、经济效益增长的公司，可按12%安排员工"涨薪"幅度；效益和去年持平或略有下降的公司，涨薪幅度建议为4.5%；对于前两年效益增长较快，原则上安排本公司工资增长水平时，不应超过上线16%。

10.6　激励机制设置

如果公司能构建内部有效的激励机制，就能让员工自己"奔跑"。但如果让员工每个月都拿到固定的工资，这会很容易让他们有种"钱途"无望的感觉。长此以往，他们的工作积极性就会慢慢削弱，从而严重影响工作效率。但是，如果公司为员工制定了相应的激励制度，那么他们会为了获得某项激励而努力达到公司的要求，这样公司员工的积极性就能被很好地调动起来。所以，给予员工合理的激励是公司经营者不得不做的事情。

10.6.1　员工激励方法

激励员工的方法主要有两种：一种是现金激励法，另一种是非现金激励法。这两种激励法包括的内容主要有以下几种（图10-7）。

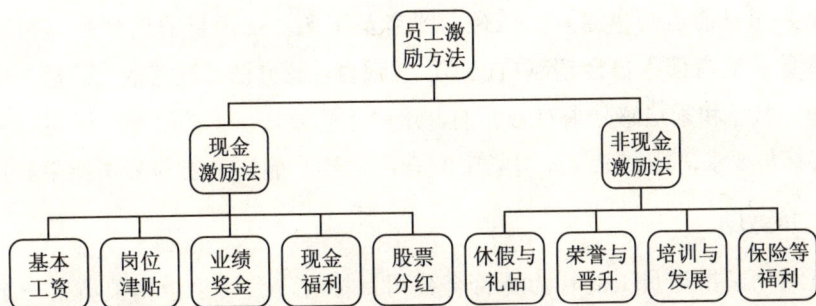

图10-7　员工激励方法

10.6.2　员工激励机制

公司激励员工的方法除了现金激励和非现金激励的方法以外，还要了解一些员工激励机制，其内容如图10-8所示。

| 榜样激励 | 目标激励 | 危机激励 | 负激励 |

图10-8　员工的激励机制

1. 榜样激励

榜样激励是指公司对那些在工作中积极先进、成绩突出的员工或集体给予物质或者口头上的肯定和表扬，并要求大家向这些员工学习，从而激发团体成员积极性的方法。榜样激励除了在员工中找到一个行为标杆以外，公司领导者也要以身作则，让自己成为员工的行为标杆。

2. 目标激励

目标激励是以设置的目标来激发员工的动机、引导员工的行为，使员工的个人目标与公司目标紧密地联系在一起，以激励员工的积极性、主动性和创造性。在目标激励中，目标是一种诱引，具有激励和导向的作用。因此，公司可以采用目标激励法引发员工的工作积极性。公司可以为每个员工设定适当的目标，诱发他们各自的动机和行为，达到调动员工积极性的目的。

3. 危机激励

危机激励是公司领导要适时向员工灌输危机观念，比如，公司领导可以告诉员工公司目前运营中遇到的瓶颈，或者员工所在部门目前遇到的问题等，让员工感觉其他内部人员会超越自己，以督促自己想办法超过其他人。适当地给员工一种危机感和紧迫感是很有必要的，这样才能激发员工的潜能。同时提出公司新的目标与要求，让员工与公司紧密配合，这样才能让员工与公司携手共进。

4. 负激励

负激励是指当员工的行为不符合公司目标时，公司给予相关员工一定的惩罚，比如淘汰激励、批评、罚款、降职和开除等，使之减弱和消退，以便抑制工作中的一些坏行为。公司不能一味地采取正向激励，因为这种激励方式有时容易使人骄傲，所以应适当采取一些负向激励，可以让心浮气躁的人保持清新的头脑，使整日沉浮幻想的人看清现实。但是，从现代管理理论和实践来看，公司的负激励机制不能长期使用。在员工激励中，正面激励应远大于负面激励。

10.7　上下班打卡制度的相关规定

如果公司没有实行上下班打卡制度，很可能会出现早上上班时间是8点，有些员工到上午8:15才来上班；公司的下班时间是下午5点，而有些员工下午4:30就开始收拾东西准备下班，甚至公司员工在下午4:55左右就全部离开公司。为了规范员工的上班时间，避免迟到早退现象的出现，公司必须实行上下班打卡制度，这能很好地约束员工按时上下班。

　　一般情况下，员工打卡制度中要包括以下几方面内容，其具体内容如下图10-9所示。

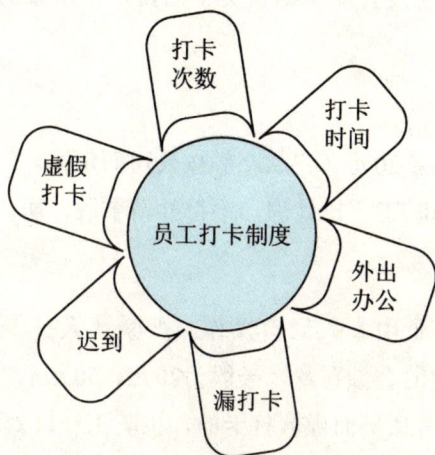

图10-9　员工上下班打卡制度包含项目

1. 打卡次数规定

打卡次数为两次，即每天上班、下班各打一次卡。

2. 打卡时间规定

打卡时间为上班到岗时间和下班离岗时间，公司全体员工都必须自觉遵守，按时打卡。如果有特殊情况，须提前通知部门领导报行政部备案以便考核。

3. 外出办公规定

员工因外出办公而不能打卡，应事先填写《考勤异常登记表》，如果是临时委派而不能及时填写此表的，应在事后及时补填。在《考勤异常登记表》上应设置详细的填写事项，包括外出日期、事由以及外出的起止时间，还要经上级签字批准后，并交至人事部门备案。

4. 漏打卡规定

（1）漏打卡累计次数不能超过3次（含3次），并且在其部门主管或职务代理人确认该工作人员当日出勤正常的情况下，按考勤正常处理。

（2）漏打卡累计次数超过3次，并且其部门主管或职务代理人确认该工作人员当日出勤正常的情况下，自第4次未打卡记录起，多一次将按照旷工一天的处罚原则处理。

（3）对于漏打卡而没有证据确认员工当日正常出勤的情况，应该按旷工一天的处罚原则处理。

5. 迟到规定

迟到15分钟以上罚款20元（罚款金额按公司而定）。迟到一小时以上记为旷工半日。早退者一律作旷工一日处理，不得补请事假、病假抵充。

6. 虚假打卡规定

（1）上下班打卡是由本人亲自操作，严禁代人打卡或托人打卡，如有违者，责任双方均以一定的金额罚款，一般为20元、50元不等。

（2）没有上班或者加班而虚假打卡的，按旷工一日处理。

10.8　员工请假制度的相关规定

员工请假制度是公司必须制定的。现实工作中，有很多公司由于没有事先设置好员工请假的制度，与员工因为工资问题发生"扯皮"，让双方都不愉快，甚至还有可能闹上法庭。为了避免这种情况的发生，公司在招聘之前就应该制定出合理的员工请假制度。请假制度一般包括病假管理制度和事假管理制度两类。

1. 病假管理制度

（1）病假申请标准。

员工的病假申请超过3天的，必须报批总经理签字，总经理签字后方可生效。

（2）病假期间的工资系数标准。

病假的工资系数与员工病假期限和工龄的长短有关，即病假期限越长、工龄越短者，病假工资的系数越小。其具体规定如下。

①员工连续请假在6个月以内的工资标准如图10-10所示。

请假标准
1. 连续工龄不满2年者，其病假工资的系数为本人工资的60%。
2. 连续工龄满2年但不超过4年的员工，病假工资的系数为本人工资的70%。
3. 连续工龄满4年但不满6年的员工，病假工资的系数为本人工资的80%。
4. 连续工龄满6年但不满8年的员工，病假工资的系数为90%。
5. 连续工龄满8年的员工，病假工资的系数为本人工资的100%

图10-10　请假6个月以内标准

②员工连续请假在6个月以上的工资标准如图10-11所示。

请假标准
1. 连续工龄不满1年的员工，病假工资的系数为本人工资的40%。
2. 连续工龄满2年且不满3年的员工，病假工资的系数为本人工资的50%。
3. 连续工龄大于等于3年，病假工资的系数为本人工资的60%

图10-11　请假6个月以上标准

注意：病假工资可以低于当地最低工资标准支付，但不能低于最低工资标准的80%；员工病假待遇如果高于当地上年度月平均工资的，可以按照当地上年度月平均工资计发。

2. 事假管理制度

（1）事假申请标准：员工如果不按请假流程办理手续，则视为旷工；事假申请3天以上的，必须经总经理签字方可生效；员工一个月内请事假不得超过5天（含5天），有特殊情况经总经理审批同意者除外。

（2）事假工资标准：员工申请事假均为无薪假期；事假最长不得超过两周；事假每月累计一天以上应扣除当月全勤奖；事假一次性超过一个月或累计超过3个月且影响工作进度的，公司有权对其岗位进行调整或是与其解除劳动合同。

第11章

员工培训：如何让员工快速掌握工作核心

　　员工培训是指公司为开展业务及培育人才的需要，采用各种方式对员工进行有目的、有计划的培养和训练的管理活动。员工培训按内容来划分，可以分为员工技能培训和员工素质培训两种。对于公司不断出现的各种问题，培训有时是最直接、最快速和最经济的管理解决方案，这比让员工自己摸索有效得多，也比招聘有相同经验的新进人员更值得信任。所以，公司必须加大员工的培训力度，才能实现员工与公司同步成长的目的。

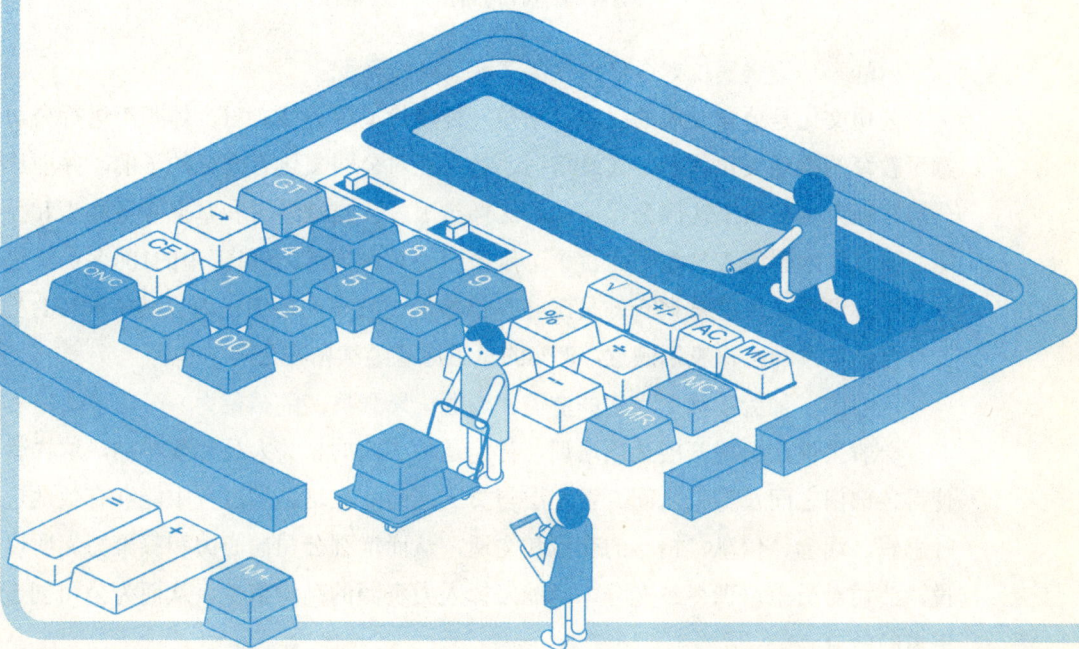

11.1 加大员工培训力度的原因

对员工进行培训是帮助公司解决各项问题的有效措施，这也是为什么越来越多的公司开始注重员工的培训。对员工培训的目的是什么呢？下面就详细地介绍一下公司培训要实现的3大核心目的，其内容如图11-1所示。

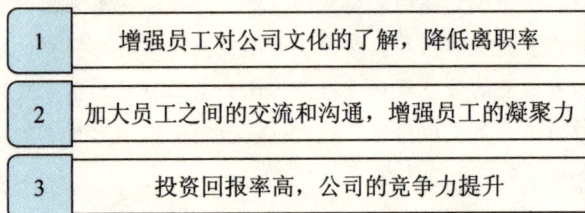

1	增强员工对公司文化的了解，降低离职率
2	加大员工之间的交流和沟通，增强员工的凝聚力
3	投资回报率高，公司的竞争力提升

图11-1　公司培训的三大核心目的

目的一：增强员工对公司文化的了解，降低离职率

公司文化是公司发展的灵魂，它是一种以价值观为核心对全体职工进行公司意识教育的微观文化体系。通过培训，员工能对公司文化有充分的了解，并能让公司管理人员和员工认同公司文化，这样员工才会自觉学习和掌握必备知识和技能，而且会增强主人翁意识。百事可乐公司曾对深圳270名员工中的100名员工进行了一次调查，这些被调查的员工几乎都参加过公司的培训，而且其中80%的员工对自己从事的工作表示满意，87%的员工愿意继续留在公司工作。

目的二：加大了员工之间的交流和沟通，增强员工的凝聚力

一般来说，公司开展某项培训，肯定是各部门的相关人员都要参加，这样就使得各部门之间及员工之间、管理层与员工之间，在培训的过程中能够有效地进行思想、观念、信息、情感的交流和沟通，从而增强公司向心力和凝聚力。所以说，公司对员工培训得越充分，越能发挥人力资源的高增值性，从而为公司创造更多的效益。

目的三：投资回报率高，公司的竞争力提升

据分析，对员工培训的投资回报率一般能达到33%。美国培训与发展协会（ASTD）做了相关统计，得出结论：参与投资培训公司的利润比其他公司的平均值高37%，人均产值比平均值高57%，股票市值的提升比平均值高20%。此外，美国曾对公司技术创新投资的内容做了一项研究，其结果表明：公司的人本投资和硬件投资的最佳投资比例是5∶5。其中，以"人本"为主的软技术投资作用于以机械设备为主的硬技术投资后，公司的产出效益会成倍增加。

国外现在很多著名公司都在努力加大对员工培训方面的投资，特别是在美国，很多公司每年在培训上的花费约300亿美元，约占员工平均工资收入的5%。不仅如此，大约1200家美国跨国公司包括麦当劳在内，也都开办了管理学院。在员工培训方面，国内很多公司都是比较欠缺的，这在一定程度上损失了不少投资收益。因此，对新成立的公司来说，一定要避免这样的事情发生，多在员工培训方面下功夫。

11.2　制定阶段性的培训机制

为加强员工管理，要建立健全员工培训机制，使培训工作制度化、规范化、正常化和创新化。员工培训的目的是优化员工的知识结构，提升技能水平、工作绩效和能力，增强员工对公司的认同感和归属感。公司应给员工制定阶段性的培训机制。员工培训的分类如图11-2所示。

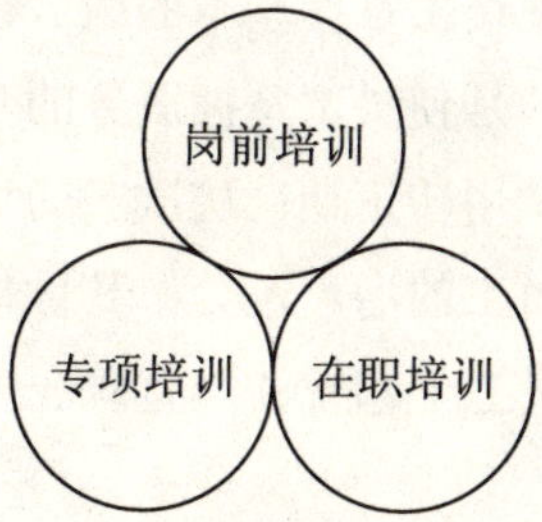

图11-2　员工培训的分类

1. 岗前培训

员工的岗前培训主要包括以下两项。

（1）新员工入职培训；

（2）调职员工岗前培训。

2. 在职培训

在职培训主要包括以下3个层次（图11-3）。

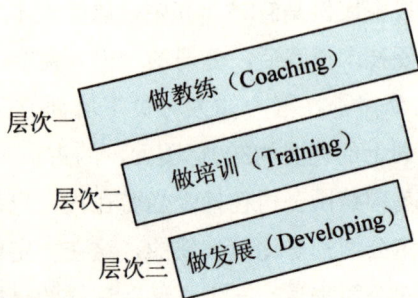

图11-3　在职培训的3个层次

层次一：做教练（Coaching）

这个层次侧重于员工的技能性训练及实际操作，要手把手地教员工，要做示范。

层次二：做培训（Training）

这个层次侧重于员工的知识性训练，组织专题讲座，灌输服务理念和意识。

层次三：做发展（Developing）

这个层次侧重于员工的职业生涯设计，发现员工的潜质，培养员工职业化素质。

以上3个层次在在职培训中相互融合，缺一不可，并层层递进。层次一的培训一般需要1～2周，目的是使员工掌握基本的服务技能，先上岗盯班；层次二的培训一般需要1～3个月，目的是使员工掌握服务的基本理念和意识，使员工不断进步，这时刚好是新员工的试用转正期；层次三的培训一般需要1～2年，在员工的成长过程中，公司要发现员工的潜质，分析其性格特点，帮助其确定适合哪个岗位，或提升、或调岗，与员工一起设计一套职业生涯规划。

3. 专题培训

专题培训是一种不定期的培训，在此项培训中，公司要根据员工的工作需求和知识需求搞多样化的"分餐式"培训，而不是对公司所有员工实行一刀切式的培训。在培训时，要充分满足员工的需要，以便提高员工培训的实效性。而且还要根据公司、员工的不同特点，采用灵活多样的员工培训方式。

11.3　对员工实施师徒制培训

公司竞争力源于员工竞争力的提升，员工竞争力的强弱主要表现在公司文化建设、业务模式探索、综合能力等方面。如何使基层员工迅速胜任岗位工作，下面介绍一种有效的保障机制，即师徒制，该机制能加速新员工成长及基层人才梯队建设。

在公司使用师徒制的过程中，要明确两个工作重心。

重心一："师傅"辅导及综合管理能力提升

在设置师徒制时，一定要把"师傅"作为师徒制培养计划中的重点。在师徒制项目中，"师傅"是计划实施的引导者，也是能力建设、方法传授、态度引导的发出者，所以，"师傅"的培养及综合能力是师徒制计划成功与否的前提。

重心二："徒弟"的提升是衡量师徒计划实施成败的关键标准

在师徒制项目中，"徒弟"也在计划实施中起着关键作用，而且在实施过程中，应该主要围绕"徒弟"的岗位能力提升及岗位匹配程度进行，师徒制效果是如何通过"徒弟"在辅导期间的工作表现来呈现的。

如今，很多公司都在采用师徒制，当然公司成长的阶段不同，其师徒制的实施方式也有千差万别，例如，华为的"全员导师制"，通用电气公司的"逆导师制"等。而其师徒制的实施对象也各有特色，有的公司是针对高层管理人员，有的公司是针对骨干员工，还有的公司将师徒制的目标执行人群设定为新入职的应届大学生。

不管公司师徒制的对象的是谁，公司都是为了将目标对象与其直接上级或者工作直接相关的老员工即初任基层管理者的部门主管或经理进行联接，促进"传、帮、带"氛围的形成，这样既可以满足基层骨干员工或初级管理者领导能力的提升，又可以使应届大学生尽快完成由"生手"到"熟手"的职业角色的转变。

11.4　设置培训考核机制+淘汰机制

为了提高员工培训质量，应设置培训考核机制和淘汰机制，还要强化培训的考核力度。在每个培训阶段结束后，要对参与培训的员工进行严格的考核、跟踪，掌握其参训情况，评估考核效果，促进参训人员行为改变、提高工作绩效，并与其晋升、晋级有机结合起来。

11.4.1　培训考核机制

公司要对员工的培训效果进行及时的跟踪调查和科学评估，并依据评估结果对员工培训计划进行有针对性的调整，让员工真正学到东西，并对工作有益。员工的培训考核方式有很多种，一般采取的方式如图11-4所示。

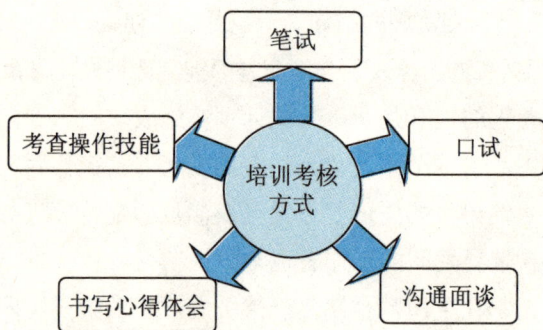

图11-4　培训考核方式

根据Kirkpatrick（柯氏）的培训目标层次，培训考核机制可采用以下方法。

1. 如果培训的目的在于了解参训者的反应，可以利用观察法、面谈或意见调查等方式。

2. 如果培训的目的在于了解参训者的学习效果，可以利用笔试或者写心得体会了解其知识掌握程度。

3. 如果培训的目的在于了解参训者行为的改变，可以对其行为进行观察及访谈其主管或同事。

下面着重讲一下笔试考核，对于此种培训考核方式要事先建立标准的试题库，对主要岗位最好设置A、B、C三套动态试题，以便考核时选用。

对于笔试的题型设计，一定要涵盖主观题和客观题两类，具体来说，笔试的题型主要包括以下5种（图11-5）。

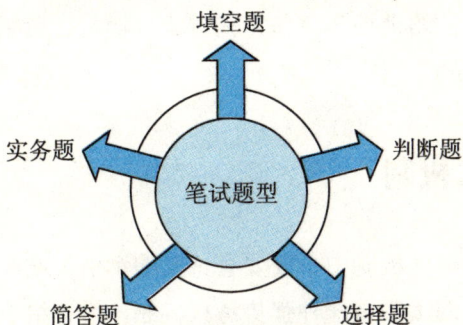

图11-5　笔试题型

（1）填空题。

填空题主要考查员工对基本内容、基本概念、基本要点的掌握程度。一般来说，填空题的分数可采取每空1分，30空共30分。

（2）判断题。

判断题主要了解员工对重点难点的正确掌握。一般来说，判断题的分数可采取每题2分，10小题共20分。

（3）选择题。

选择题适用于考查要点较多的应知、应会问题。一般来说，选择题的分数可采取每题2分，10小题共20分。

（4）简答题。

简答题只需能够回答要点即可，不需要个人展开发挥。一般来说，简答题的分数可采取每题5分，3小题共15分。

（5）实务题。

实务题是结合参训对象所在岗位特点和培训目的，制定理论联系实际的题目，考查对培训主题和岗位要求的理解程度。一般来说，实务题的分数可采取每题15分，1小题共15分。

总之，公司无论采用哪类考核方式，公司都要建立符合自身特点的、科学的员工考核机制。而且考试内容应与员工的工作实际紧密联系，要干什么考什么，而不能胡子眉毛一把抓，过分强调"一岗多能""拔苗助长"。

另外，为了让培训工作更加规范，还要为每位员工建立培训档案，将员工进入公司后参加的所有培训项目和成绩，包括岗前培训、公司级培训、日常培训、转岗培训、单项技能培训、专项技能培训、管理培训以及其他高级专业培训等都记录在案。每个员工的培训档案将作为其晋职、增薪、定级、评选先进和绩效考核的重要依据。

11.4.2　淘汰机制

公司的员工培训考核机制中不仅要有正向的牵引机制和激励机制，还要有反向的竞争淘汰机制。淘汰制是一种强势考核机制，旨在给予员工一定的压力，激发他们的积极性，通过有力的竞争使整个公司处于一种积极上进的状态，进而提高工作的效率和公司效益。

员工培训与淘汰机制的建立和完善是人力资源管理的重要内容之一。公司要完善以培训考核为基础的淘汰机制，将"能者上，平者让，庸者下"作为培训的基本原则，对培训合格的员工给予上岗激励，每个岗位都对内公开，只要能力强就可上岗。设置岗位目标，进行目标激励，从而增强员工钻研业务知识、提高自身素质的紧迫感。

对员工培训考核实行淘汰机制中的"淘汰"有多种含义，比如降职、轮岗、培训等，实在不适合岗位的员工，才真正予以淘汰。

总之，"淘汰机制"可以唤起员工的危机意识。对被淘汰者来说，眼前是有点失意，但从长远来看，能使员工不断地挑战自己的潜能，以便更好地适应职场的生存法则。

第12章

员工考核：能量化的全部量化

现在员工的生活压力都非常大，谁都希望能尽快地升职加薪，为此有些人拼命地工作。但如果员工努力的结果没有产生具体的数据，员工考核的时候也没有具体的依据，这样不仅对这些员工不公平，而且还容易打消他们努力工作的积极性。因此，对员工的考核，能量化的就全部量化。用分数来记录员工的工作情况，这样每个人都会有积分，公司就可以依据积分的排名对某些员工进行涨薪和提拔，这也显得公平、公正。

12.1 全方位考核法

全方位考核法又称360°考核法，最早被英特尔公司提出并加以实施运用，它通过员工自己、上级、客户、同事、下属等不同主体来了解其工作绩效。通过评论知晓各方面的意见，员工清楚自己的长处和短处，从而不断改善来达到提高自己的目的。其考核示意图如图12-1所示。

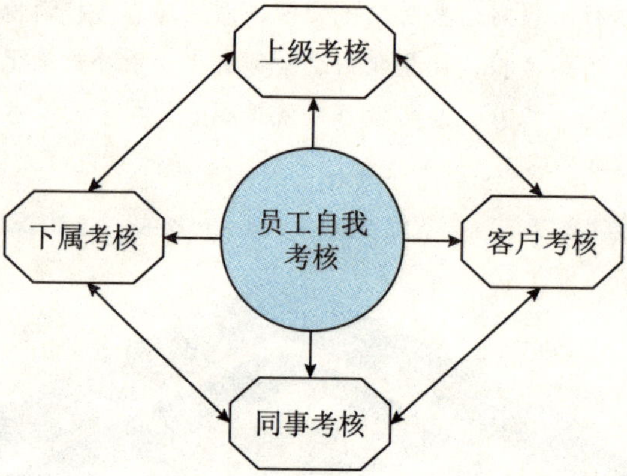

图12-1 全方位考核法

全方位考核法是常见的绩效考核方法之一，其特点是评价维度多元化（通常是4个或4个以上），适用于对中层以上的人员进行考核。

12.1.1 全方位考核法的优缺点

全方位考核法的优缺点是多方面的。

1. 优点

全方位考核法的优点如图12-2所示。

优点一	考核结果更准确
优点二	反馈信息更全面
优点三	员工的积极性更高

图12-2　全方位考核法的优点

（1）考核结果更准确。

全方位考核法打破了由上级考核下属的传统考核制度，使得考核结果更准确。而且一个员工不可能影响多个评价者，因此，该考核法能反映出不同考核者对于同一被考核者不同的看法，从而避免了传统考核中极容易发生的“光环效应”“居中趋势”“偏紧或偏松”“个人偏见”“考核盲点”等现象。

（2）反馈信息更全面。

全方位考核法能获得较全面的反馈信息，公司可以根据反馈信息制定出有效的措施，有助于被考核者提升多方面能力，还可以防止被考核者出现急功近利的行为。

（3）员工的积极性更高。

全方位考核法实际上是一种员工参与管理的方式。该考核法在一定程度上增强了他们的自主性，员工的积极性会提高，也会对组织更忠诚，还提高了员工的工作满意度。

2. 缺点

全方位考核法的缺点如图12-3所示。

缺点一	工作量变大
缺点二	考核成本变高
缺点三	给了一些员工“公报私仇”的机会

图12-3　全方位考核法的缺点

（1）工作量变大。

全方位考核法的考核结果来自员工自己、上级、客户、同事、下属等各方面的评估，而且公司还要对所有员工进行考核制度的培训，所以工作量比较大。

（2）考核成本变高。

员工考核是多方面、全方位的，由于一个人要对多个同伴进行考核，因此，时间耗费多，成本消耗大，很可能会超过考核本身所带来的价值。

（3）给了一些员工"公报私仇"的机会。

某些员工的职业道德修养不高，不正视上司及同事的批评与建议，将工作上的问题上升为个人情绪，使考核成了他们发泄私愤的途径。

12.1.2　全方位考核法的操作步骤

了解了全方位考核法的优缺点之后，下面再来介绍一下其反馈评价的操作步骤，其内容如图12-4所示。

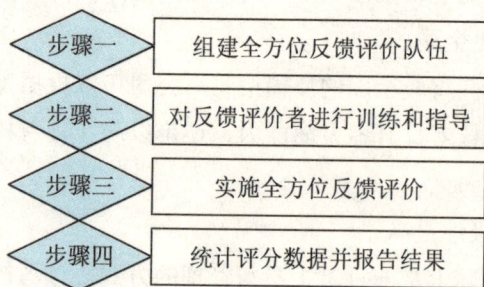

步骤一	组建全方位反馈评价队伍
步骤二	对反馈评价者进行训练和指导
步骤三	实施全方位反馈评价
步骤四	统计评分数据并报告结果

图12-4　全方位考核法的操作步骤

步骤一：组建全方位反馈评价队伍

选择的反馈评价队伍无论是由被考评人自己选择还是由上级指定，都应该得到被考评者的同意，这样才能保证被评价者对结果的认同和接受。

步骤二：对反馈评价者进行训练和指导

公司应组织专业人员对被选拔的评价者提供反馈和评估方法的训练和指导。

步骤三：实施全方位反馈评价

为了保证考核结果的有效性，公司要对整个实施过程加强监控和标准化管理，此过程要从评价问卷的开封、发放、宣读指导语开始，到疑问解答、收卷和加封保密结束。

步骤四：统计评分数据并报告结果

随着科技的发展，市面上已经有专门的全方位反馈评价软件，此软件支持统计评分和报告结果，包括多种统计图表的绘制和及时呈现，这样能使全方位考核反馈评价变得简便很多。

12.2　FDM考核法

FDM（Forced Distribution Method，即强制正态分布法）是根据正态分布原理，以"中间大、两头小"的分布规律来进行考核。这种考核方法首先要确定好各等级在被评价员工总数所占的百分比；其次，按照每个员工绩效的优劣程度，强制列入其中的一个等级；最后，再根据员工所在的不同等级进行奖罚。

12.2.1　FDM考核法的优缺点

FDM考核法也有自己的优缺点。

1. 优点

FDM考核法的优点如图12-5所示。

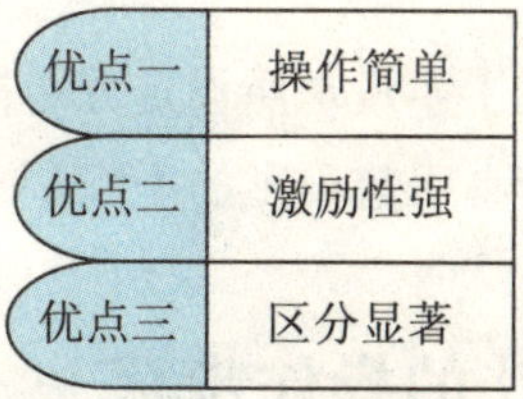

优点一	操作简单
优点二	激励性强
优点三	区分显著

图12-5　FDM考核法的优点

（1）操作简单。

FDM考核法适用于被考核人员较多的情况，因为操作简单，只需要确定各层级比例，简单计算即可得出结果。

（2）激励性强。

由于FDM考核法常常与员工的奖惩密切相关，即对绩效"优秀"的员工给予重奖，对绩效"较差"的员工给予重罚。强烈的正负激励同时运用，能给员工强烈的刺激，能充分调动员工工作的积极性和争先创优的意识。

（3）区分显著。

由于FDM考核法必须按比例把员工的等级区分开，并为不同的等级赋予不同的含义，这能有效地避免评估中出现过严或过松等一边倒的现象。

2. 缺点

FDM考核法的缺点如图12-6所示。

缺点一	准确性不强
缺点二	有虚假情况发生
缺点三	容易引起员工不满

图12-6　FDM考核法的缺点

（1）准确性不强。

FDM考核法只能把员工分为几种有限的类别，很难对员工进行具体的比较，也不能在诊断工作问题时提供准确、可靠的信息。

（2）有虚假情况发生。

有些部门可能为了应对FDM考核法，会想出"轮流坐庄"的老好人战略，这样就不能体现出FDM考核法的真正用意。

（3）容易引起员工不满。

如果员工的业绩水平事实上不遵从所设定分布样式，那么按照考评者的设想对员工进行硬性区别，则很容易引起员工的不满。

12.2.2　FDM考核法的操作步骤

目前，有很多优秀的公司都采取了强制正态分布法的考核方法，其中效果最明显的是美国的通用电气公司，其前任CEO杰克·韦尔奇就是凭借该规律绘制出了著名的"活力曲线"（图12-7）。

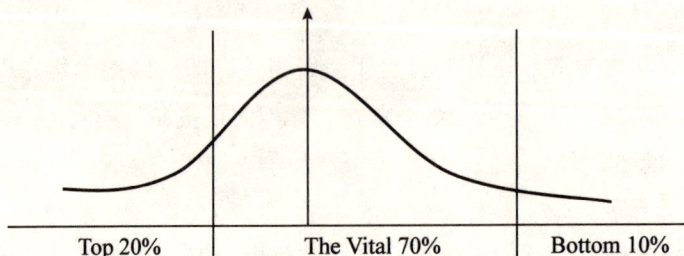

Top 20%　　The Vital 70%　　Bottom 10%

图12-7　活力曲线

杰克·韦尔奇按照员工的业绩和潜力，将员工分成A、B、C三个等级：

表12-1　杰克·韦尔奇的员工等级划分

	等级	比例
A	优秀	20%
B	不可或缺	70%
C	垫底	10%

对A等级内的员工，采用的是"奖励、奖励、再奖励"的方法，提高工资、股票期权以及职务晋升；对B等级内的员工，根据具体情况确认其贡献，并提高其工资；对C等级内的员工，不仅没有任何奖励，还有可能将他们从公司淘汰出去。

为了克服FDM考核法的一些缺陷，同时也为了将员工的个人激励与集体激励很好地结合起来，在考核中可使用团体考评制度来改进硬性分配的不足。实施这种考评方法的基本操作步骤如图12-8所示。

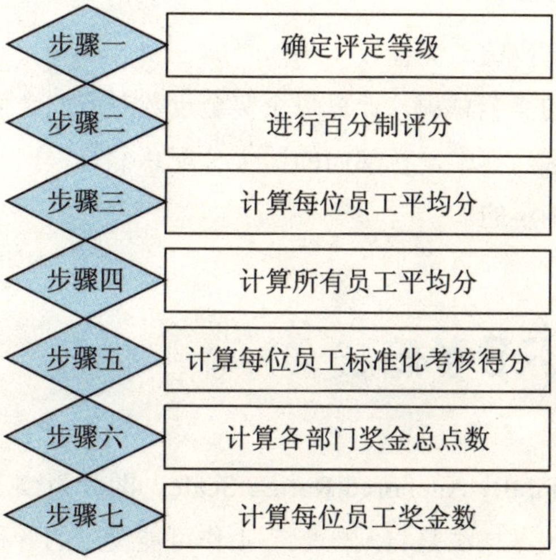

步骤一　确定评定等级

步骤二　进行百分制评分

步骤三　计算每位员工平均分

步骤四　计算所有员工平均分

步骤五　计算每位员工标准化考核得分

步骤六　计算各部门奖金总点数

步骤七　计算每位员工奖金数

图12-8　FDM的操作步骤

步骤一：确定评定等级

确定A、B、C、D、E5个评定等级的奖金分配点数，保证各个等级之间的差别。

步骤二：进行百分制评分

由每个部门的每位员工根据业绩考核的标准，对自己以外的其他员工进行百分制的评分。

步骤三：计算每位员工平均分

对称地去掉若干个最高分和最低分，求出每个员工的平均分。

步骤四：计算所有员工平均分

将部门中所有员工的平均分加总，再除以部门的员工人数，计算出部门所有员工的业绩考核的平均分。

步骤五：计算每位员工标准化考核得分

用每个员工的平均分除以部门的平均分，就可以得到一个标准化的考评得分。

注意：员工的标准分等于或接近1的，应得到中等的考评；员工的标准分明显大于1的，应得到良好甚至优秀的考评；而那些考评标准分明显低于1的员工，应得到及格甚至不及格的考评。

步骤六：计算各部门奖金总点数

根据每个员工的考评等级所对应的奖金分配点数，计算各部门的奖金总点数。

步骤七：计算每位员工奖金数

结合可以分配的奖金总额，计算每个奖金点数对应的金额，并得出每位员工应该得到的奖金数额。其中，各部门的奖金分配总额是根据其主要管理人员进行相互考评的结果来确定的。

12.3　BARS考核法

BARS（Behaviorally Anchored Rating Scale，即行为锚定等级评价法，也称为行为定位法），该考核法是将同一职务工作可能发生的各种典型行为进行评分度量，再建立一个锚定评分表，然后以此为依据对员工工作中的实际行为进行评分。

12.3.1　BARS考核法的优缺点

1. 优点

BARS考核法的优点如图12-9所示。

优点一	考评维度清晰，考量更加精确
优点二	绩效考评标准更加明确
优点三	连贯性良好，信度较高
优点四	考核反馈功能良好

图12-9　BARS考核法的优点

（1）考评维度清晰，考量更加精确。

由于各绩效要素的相对独立性强，有利于综合评价和判断。而且参与该考核方法的人员众多，对本岗位熟悉，专业技术性也强，所以精确度更高。

（2）绩效考评标准更加明确。

评定量表上的等级尺度是与行为表现的具体文字描述一一对应的，或者说通过行为表述锚定评定等级，使考评标准更加明确。

（3）连贯性良好，信度较高。

BARS考核法是对考评者使用同样的量表，对同一个对象进行不同时间段的考评，能够明显提高考评的连贯性和可靠性。

（4）考核反馈功能良好。

评定量表上的行为描述可以为反馈提供更多必要的信息。

2. 缺点

BARS考核法的缺点如图12-10所示。

缺点一	设计和实施的费用高
缺点二	比许多考评方法更费时、费力
缺点三	不适用于一些复杂的工作考核
缺点四	管理者容易着眼于结果而非依据锚定事件考核

图12-10　BARS考核法的缺点

12.3.2　BARS考核法的操作步骤

BARS考核法的目的在于通过一个等级评价表，将关于特别优良或特别劣等绩效的叙述加以等级性量化，从而将描述性关键事件评价法和量化等级评价法的优点结合起来。其操作步骤如图12-11所示。

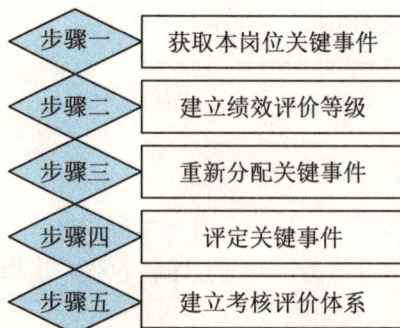

图12-11　BARS考核法的操作步骤

步骤一：获取本岗位关键事件

让一些工作承担者及其主管人员对一些代表优良绩效的关键事件进行描述。

步骤二：建立绩效评价等级

一般把绩效评价等级分为5～9级，然后将关键事件归并为若干绩效指标，并给出确切的定义。

步骤三：重新分配关键事件

由另一组同样对工作比较了解的管理人员对关键事件重新分配，把它们归入最合适的绩效要素和指标中，确定关键事件的最终位置，并确定出绩效考评指标体系。

步骤四：评定关键事件

由第二组人员根据7点或9点等级尺度评定法，将绩效指标中包含的关键事件由优到差、从高到低进行排列，以判断它们是否能有效地代表某一工作业绩要素所要求的绩效水平。

步骤五：建立考核评价体系

一般来说，员工的每一个工作绩效要素都将会有一组关键事件（通常有6个或7个关键事件）来作为其"行为锚"，可以以此来建立行为锚定法的考核考评体系。

12.4　ARM考核法

ARM（Alternative Ranking Method，即交替排序法）是根据绩效考评要素，从全体员工中挑选出绩效最好的或者最差的表现者，然后将员工从最好到最差进行交替排序，最后再根据序列值来计算得分的一种考核方法。ARM考核法是目前比较常用的一种排序考核法，大家应认真学习。

12.4.1　ARM考核法的优缺点

1. 优点

ARM考核法的优点如图12-12所示。

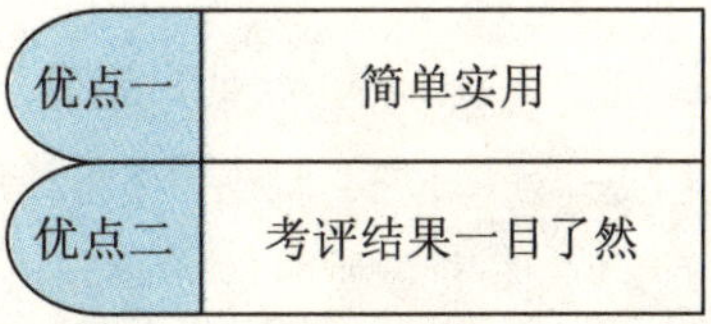

优点一	简单实用
优点二	考评结果一目了然

图12-12　ARM考核法的优点

ARM考核法的倡导者认为：一般来说，从全体考核员工中挑选出最好的和最差的，要比对他们绝对的绩效的好坏进行评分要容易得多。因此，ARM考核法在西方企业员工绩效评价中运用得也很广泛。

2. 缺点

ARM考核法的缺点如图12-13所示。

缺点一	容易对员工造成心理压力
缺点二	在感情上不易被员工接受
缺点三	不适用于一些复杂的工作考核
缺点四	准确性不高

图12-13　ARM考核法的缺点

ARM考核法完全由上级主管凭其主观判断来选定谁是最好的、谁是最差的，准确性不高。

12.4.2　ARM考核法的操作步骤

ARM考核法的评价人数一般是5～10人。下面以某公司管理岗位排序为例讲解。该公司共有9个岗位，分别是A、B、C、D、E、F、G、H、I。按照衡量指标从9个岗位中选择最重要的和最不重要的岗位分别放置在首位和末尾，如表12-2所示。

表12-2　ARM考核法衡量指标排序

岗位代码	F①	A②	G③	C④	I⑤	B④	E③	H②	D①
岗位排序	1	2	3	4	5	6	7	8	9

注：圈码表示选择的先后顺序

其中排序为1代码的F最重要，排序为9代码的D最不重要。将余下的7个岗位按照上述方法进行排列，完成所有岗位的排列，获得最终所有岗位的排序。

概括地说，ARM考核法的操作步骤如图12-14所示。

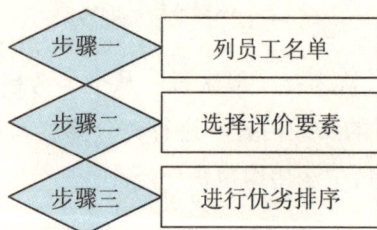

图12-14　ARM考核法的操作步骤

步骤一：列员工名单

列举出所有需要进行评价员工的名单。

步骤二：选择评价要素

选择一个被评价要素，并列出在该被评价要素上表现最好的和最差的员工。

步骤三：进行优劣排序

在剩下的员工中挑出最好的和最差的。这样依次进行，直到将所有的被考核人员排列完为止，从而以优劣排序作为绩效考核的结果。

12.5　PCM考核法

PCM（Paired Comparison Method，即配对比较法）又称两两比较法。顾名思义，该考核方法是将所有要进行评价的职务列在一起，进行两两配对比较，价值较高者可得1分，最后将各职务所得分数相加，由计算结果确定员工处于哪个等级。

12.5.1　PCM考核法的优缺点

1. 优点

PCM考核法的优点如图12-15所示。

优点一	能清楚地看出员工在哪方面出色、哪方面不足
优点二	对加薪晋升有很高的参考价值
优点三	设计比较容易，花费成本少，易操作

图12-15　PCM考核法的优点

2. 缺点

PCM考核法的缺点如图12-16所示。

缺点一	无法将评估活动与组织的战略联系在一起
缺点二	绩效反馈的目的不明确
缺点三	主观性强，实际效度和信度较低

图12-16　PCM考核法的缺点

12.5.2　PCM考核法的操作步骤

PCM考核法适用于工作环境变化小、工作规范性强以及个体独立决策权限小、人数在5~10之间的团队。下面以某公司管理岗位为例讲解。该公司的评价岗位有6个，岗位代码分别是A、B、C、D、E、F，其排序因素主要包括综合考虑工作职责、工作权限、任职资格、工作条件及环境等因素。

通过两两排队对比，确定岗位得分，例如，岗位A和岗位B相比，岗位A没有岗位B价值大，因此在岗位A所在"行"与岗位B所在"列"交叉位置上记"0"；再比如，岗位E比岗位F价值大，那么在岗位E所在"行"与岗位F所在"列"交叉位置上记"1"。再对剩余的所有岗位两两相比，价值大者在所在"行"位置记"1"，价值小者在所在"行"位置记"0"。最后再将每个岗位得分沿"行"方向汇总，得出总分，将总分进行排序，分高者价值大。该公司设计的评价对比表格如表12-3所示。

表12-3　比较法岗位评价

	A	B	C	D	E	F	总分
A		0	0	0	0	0	0
B	1		1	0	1	1	4
C	1	0		0	0	0	1
D	1	1	1		0	0	3
E	1	0	1	0		1	4
F	1	0	1	1	0		3

概括来说，PCM考核法的操作步骤如图12-17所示：

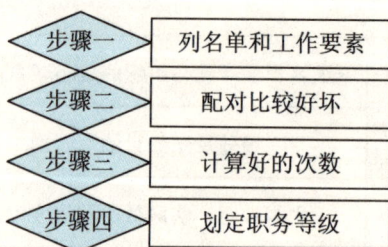

步骤一　列名单和工作要素

步骤二　配对比较好坏

步骤三　计算好的次数

步骤四　划定职务等级

图12-17　PCM考核法的操作步骤

步骤一：列名单和工作要素

列出一个标明所有需要被评价的员工姓名及需要评价的所有工作要素。

步骤二：配对比较好坏

将每一位员工按照所有的评价要素与所有其他员工进行配对比较，用加和减或者好和差标明谁更好一些、谁更差一些。

步骤三：计算好的次数

将每一位员工得到的好的次数相加。

步骤四：划定职务等级

按分数高低顺序将职务进行排列，即可划定职务等级。

12.6　GRS考核法

GRS（Graphic Rating Scale，即图尺度考核法）又称图解式考评法，首先列举出一些组织所期望的绩效构成要素（如质量、数量或个人特征等），以及跨越范围很大的工作绩效登记（从"不令人满意"到"非常优异"，再针对每一位下属员工从每一项评价要素中找出最能符合其绩效状况的分数。然后将每一位员工所得到的所有分值进行汇总，即得到其最终的工作绩效评价结果。

目前，许多公司运用GRS考核法并不仅仅停留在一般性的工作绩效因素上，他们往往将这些作为评价标准的工作职责做进一步的分解，从而形成更详细和有针对性的工作绩效评价表。GRS考核法最简单，所以是运用最广泛的工作绩效评价技术之一。

12.6.1　GRS考核法的优缺点

1. 优点

GRS考核法的优点如图12-18所示。

优点一	使用起来较为方便
优点二	让每位员工都有定量化的绩效评价结果

图12-18　GRS考核法的优点

169

2. 缺点

GRS考核法的缺点如图12-19所示。

缺点一	有评价结果但不能提供解决方法
缺点二	评价反馈效果不好
缺点三	考核准确性不高

图12-19　GRS考核法的缺点

（1）有评价结果但不能提供解决方法。

GRS考核法不能有效指导行为，它只能给出考评的结果而无法提供解决问题的方法。

（2）评价反馈效果不好。

GRS考核法不能提供一个良好的机制以提供具体的、非威胁性的反馈。

（3）考核准确性不高。

由于评定量表上的分数未给出明确的评分标准，所以GRS考核法很可能得不到准确的评定，所以管理者常常凭主观来考评。

12.6.2　GRS考核法的操作步骤

GRS考核法的操作步骤如图12-20所示。

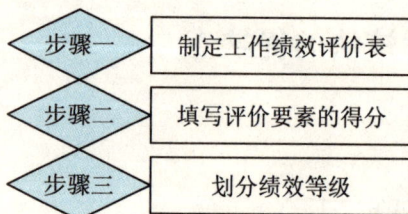

步骤一	制定工作绩效评价表
步骤二	填写评价要素的得分
步骤三	划分绩效等级

图12-20　GRS考核法的操作步骤

步骤一：制定工作绩效评价表

在表中列举出比如工作态度、工作能力、质量、数量等一系列绩效评价要素，并为每一个要素列出几个备选的工作绩效等级。下面列举一个简单的通过GRS考核法制定的工作绩效评价表，如表12-4所示。

表12-4　工作绩效评价表

考核项目		评价等级	得分
工作态度（40分）	1.勤勉	A.优（8分）B.良（5分）C.中（3分）D.差（0分）	
	2.负责	A.优（8分）B.良（5分）C.中（3分）D.差（0分）	
	3.合作	A.优（8分）B.良（5分）C.中（3分）D.差（0分）	
	4.服从	A.优（8分）B.良（5分）C.中（3分）D.差（0分）	
	5.适应	A.优（8分）B.良（5分）C.中（3分）D.差（0分）	
工作能力（36分）	1.工作改善能力（10分）	A.优（8分）B.良（5分）C.中（3分）D.差（0分）	
	2.业务执行能力（10分）	A.优（10分）B.良（6分）C.中（3分）D.差（0分）	
	3.沟通表达能力（8分）	A.优（8分）B.良（5分）C.中（3分）D.差（0分）	
	4.知识技能（8分）	A.优（8分）B.良（5分）C.中（3分）D.差（0分）	
工作执行情况（24分）	1.不符最低标准（0分）2.勉强（5分）3.满意（10）4.很勤奋（18分）5.优异（24分）		

步骤二：填写评价要素的得分

绩效考核主管人员从每一项评价要素的备选等级中分别选出最能够反映下属员工实际工作绩效状况的工作绩效等级，并按照相应的等级确定其各个要素所得的分数。

步骤三：划分绩效等级

绩效考核人员将每一位员工所得到的所有分值进行汇总，即得到其最终的工作绩效评价结果。

第13章

离职设计：一挽留、二回头

从省心、省力的角度来说，老板当然希望员工入职之后能稳定下来并持续为公司做贡献。但这只是老板的一厢情愿了，员工离职是在所难免的，而老板要做的是尽可能地减少员工的离职率。

13.1　常见的员工离职原因

员工离职虽然是公司不可避免的现象，但员工的离职率却是能降低的。而要想降低员工的离职率，你就要先对员工离职的原因有所了解。美国劳动力市场的调查显示：在整个员工离职中，大约20%是属于必然离职的，而必然离职在公司员工离职整体中所占的比例是稳定且较低的；而剩余的大约80%的离职是属于可避免的，而减少甚至消灭这部分离职就是公司管理的任务和价值所在。

为了避免员工离职，公司首先要做的就是找出员工离职的原因。有些公司会在员工离职时进行离职面谈，但员工在离职面谈中一般是不会说出离职的真正原因的。有调查发现，80%以上的员工在离职时所说的原因只是为了顾及双方的感受和承受能力。所以，在这个阶段了解到的离职原因不足为信。那么，公司要从哪些方面找出离职的真正原因呢？其实，员工离职的主要原因一般有以下3个方面（图13-1）。

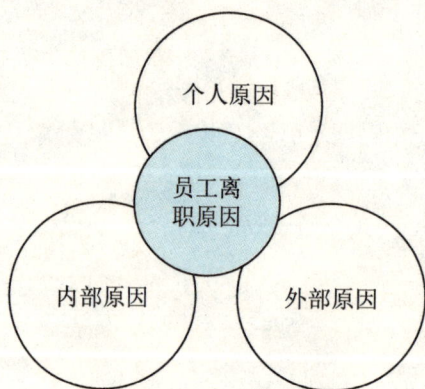

图13-1　员工离职的主要原因

1. 个人原因

员工离职的个人因素主要包括以下3种。

（1）家庭因素；

（2）人格特质；

（3）职业属性；

（4）个人成就动机因素。

2. 外部原因

员工离职的外部因素主要包括以下5种。

（1）社会价值观；

（2）经济；

（3）法律；

（4）交通；

（5）人才市场竞争者。

3. 内部原因

员工离职的内部因素主要包括以下5种。

（1）薪资福利不佳；

（2）不满上司领导风格；

（3）缺乏升迁发展机会；

（4）工作负荷过重，压力大；

（5）不受重视无法发挥才能。

其中，员工离职的外部因素和个人因素基本上是不能改变的，所以要想降低员工的离职率，你就要从员工离职的内部因素着手，分析公司哪些地方做得不好或者做得不对，然后再加以改正，这样能在一定程度上避免员工离职。

13.2　先挽留，说服离职员工继续留任

对那些高价值的"有离职风险的员工"，你最好尽快找个时间和他聊聊，从中找出并强化驱使员工留下的因素。而且还能帮助你发现和尽量消除让员工考虑离职的"诱因"。下面介绍一下说服有离职想法的员工继续留任的方法，其内容如图13-2所示。

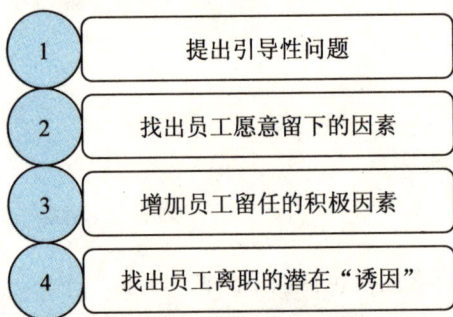

图13-2　说服员工留任的方法

1. 提出引导性的问题

在与目标员工面谈时，要引导员工回答一系列问题，你不妨借鉴下列说法。

感谢你抽空与我进行这次谈话。你是公司的重要员工之一，我希望以非正式的方式向你提几个简单的问题，帮助我了解让你享受这份工作并留在当前岗位上的原因。在面谈过程中，我会使用一系列问题来找出那些足以降低员工积极性并让员工开始考虑跳槽的因素。

2. 找出让员工愿意留下的因素

从谈话中找出能够提高员工工作热情、积极性以及对团队和公司的忠诚度的因素，还要了解员工"最理想"的工作以及对公司的意见和建议等，以便能对症下药，说服员工留任。

3. 增加员工留任的积极因素

你要向员工说出能够进一步提升员工对公司的忠诚度和敬业度且与留任相关的积极措施，提高员工留下的主动性。

4. 找出员工离职的潜在"诱因"

在与员工面谈时，要尽可能地找出导致员工考虑离职的潜在"诱因"，这些诱因是导致原本忠于公司的员工开始考虑另谋高就的事件。

事实证明，留任面谈是一个挽留优秀员工非常有效的方法，而且这种方法还易于学习。几乎所有管理者都可以应用这种简单且成本不高的方法大幅度降低员工离职率，从而为公司省下招聘工作中大量的人力和物力。

13.3　设置离职管理制度和离职交接流程

有些员工即使你与他进行面谈、挽留他，他也会铁了心要离开公司。对于离职员工，你要提前制定好离职管理制度以及离职交接流程，以免留下离职隐患。

13.3.1　离职管理制度

你要根据离职种类设置离职管理制度，员工离职一般有以下四种类型（图13-3）。

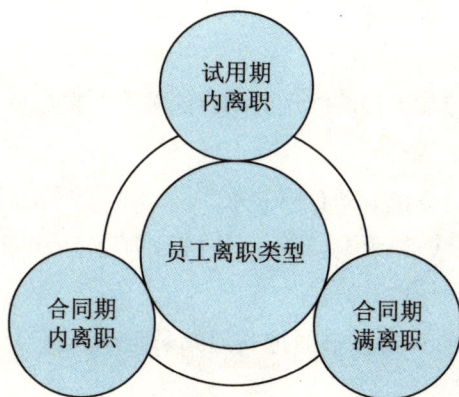

图13-3　员工离职类型

1. 试用期内离职

试用期内离职是指员工在试用期内，公司或员工个人因正当理由提出终止劳动合同关系。

2. 合同期满离职

合同期满离职是指劳动合同期满，公司或员工任何一方不愿续签劳动合同，双方劳动合同关系自然终止。

3. 合同期内离职

合同期内离职是指提前终止劳动合同关系的离职，包括辞职、辞退、擅自离职。

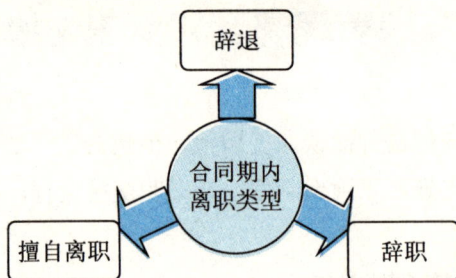

图13-4　合同期内离职类型

（1）辞职。

辞职是指员工方由于自身原因等合法因素，向公司提出提前终止劳动合同关系。

（2）辞退。

辞退由公司提出与员工提前终止劳动合同关系。根据员工的情况不同，辞退的方式也不同。

情形一：公司提出终止劳动合同关系。

连续旷工3天以上（含3天），或一月内累计旷工5天以上（含5天），或一年内累计旷工12天以上（含12天）。

情形二：公司提前30日以书面形式通知员工本人可以解除劳动合同，予以辞退。

① 劳动者患病或者非因工负伤，在规定的医疗期满后不能从事原工作，也不能从事由用人单位另行安排的其他工作的；

② 劳动者不能胜任工作，经过培训或者调整工作岗位，仍不能胜任工作的；

③ 劳动合同订立时所依据的客观情况发生重大变化，致使劳动合同无法履行，经用人单位与劳动者协商，未能就变更劳动合同内容达成协议的；

④ 因生产经营环境发生重大变化，需裁减人员的。

情形三：公司即时解除劳动合同，予以辞退。

① 在试用期间被证明不符合录用条件的；

② 严重违反用人单位规章制度的；

③ 严重失职，营私舞弊，给用人单位造成重大损害的；

④ 劳动者同时与其他用人单位建立劳动关系，对完成本单位的工作任务造成严重影响，或者经用人单位提出，拒不改正的；

⑤ 以欺诈、胁迫的手段使公司在违背真实意思的情况下订立或者变更劳动合同的；

⑥ 被依法追究刑事责任的。

（3）擅自离职。

擅自离职是指员工未申请辞职或辞职申请未经批准或未按公司要求办理离职手续，擅自离开公司工作岗位。

13.3.2　离职交接流程

弄清楚员工的离职原因及离职类型之后，接下来就是制定员工离职交接流程了。一般情况下，员工的离职交接流程如图13-5所示。

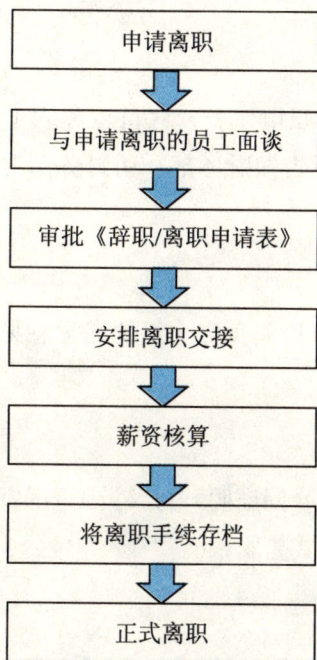

图13-5　离职交接流程

1. 申请离职

一般情况下，各部门的正式员工需提前1个月进行书面申请离职，即填写《辞职/离职申请表》，然后报请直接上级签字。

2. 与申请离职的员工面谈

申请离职员工的直接上级接到《辞职/离职申请表》后，须与离职人员沟通，签署意见并送至HR（Human Resources，即人力资源）部门，由相关领导审批。

3. 审批《辞职/离职申请表》

HR部门相关人员对《辞职/离职申请表》进行审核，审核后生效。

4. 安排离职交接

《辞职/离职申请表》批准后，应要求申请离职员工与其直接上级协商，确定离职日期。再由其直接上级安排离职员工进行工作交接，并填写《员工离职工作交接单》《员工离职物品交接单》，然后再由直接上级对离职人员的相关工作进行审核并签署意见，将《员工离职工作交接单》复印件和《员工离职物品交接单》交由HR部门进行备份。

5. 薪资核算

HR部门接到《辞职/离职申请表》《员工离职工作交接单》（复印件）、《员工离职物品交接单》后告知财务部，由财务部对该员工的薪资（提成、保险）进行初步核算。

6. 将离职手续存档

离职员工的部门领导及相关负责人签署同意意见，然后将各离职表单交由HR部门存档。

7. 正式离职

公司出具《解除、终止合同证明》与《员工离职证明》，员工的离职手续就算办成了，此时员工才是正式离职。

13.4 如何规避员工离职前的懈怠状态

很多员工提出离职申请后，通常会马上进入懈怠状态，常常找借口请假，工作也不再上心，这种做法导致公司的一些工作很难开展，给公司造成了一定的损失。那么应该采取什么样的措施让离职员工站好最后一班岗呢？其内容如图13-6所示。

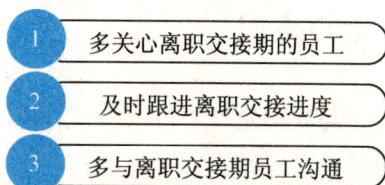

图13-6 规避员工离职前的懈怠情绪措施

措施一：多关心离职交接期的员工

公司领导要对离职交接期的员工多一些关心，比如，让该员工所在的部门为其举办一场欢送会，或者选择一个时间部门人员一起聚餐为离职人员送别，并同时表达感谢其在公司期间对公司的付出，同时希望他能站好最后一班岗，善始善终，以后有什么事情大家还可以经常联系。如果这样做，交接期的员工肯定会心存感激，他们自然也会在公司的最后期间尽心尽力地完成自己的工作。

措施二：及时跟进离职交接进度

正式员工的离职交接期一般是1～3个月。离职员工在交接期间，公司相关人员应该负起责任，最好每周进行交接进度的确认，而不能就此不管不问，签字完事。同时领导还要对交接期间的离职员工传输一种"上一天班就还是公司的员工"的信号，让他们像平常一样遵守公司的规章制度，如果有特殊情况需要请假的话，要向公司提前申请，并做好工作安排。

措施三：多与离职交接期员工沟通

申请离职员工的直接上司或者公司其他领导千万不要对申请离职的员工有不满情绪；相反，你们还要比平常更热情，多与离职交接期的员工沟通，了解其离职原因。这样不仅有助于公司对离职管理的把控，而且还有助于公司改善管理方面的一些不足。同时还要提醒离职员工不要把对公司的一些负面情绪带给其他同事，因为这种负面情绪会被放大，慢慢地就会磨蚀人心，很可能影响公司其他员工的工作效率。

13.5 开心离职+设置"回聘"环节

制定较为详尽和完善的离职管理办法，才能减少不必要的法律风险和员工不和谐因素。

13.5.1　让员工开心离职

员工既然选择了离职，与其把他当成仇人一样对待，不如让他开开心心地离职。让员工开心离职对公司是有好处的。

1.员工能为公司说好话，温暖其他员工的心。

2.让员工笑着离开公司，他才不会因为一丁点小事再回头翻出劳动合同法来找公司麻烦。

3.避免员工因报复而作出损害公司利益的事情。

4.对公司以后的"回聘"环节做铺垫。

13.5.2　设置"回聘"环节

在当下职场中，有人认为"好马不吃回头草"，其实不然，现在有很多"好马"是很愿意"吃回头草"的，而且越来越多的公司也开始鼓励离职员工回来。因为前雇员对公司的认知度肯定比新人要高，可以降低培训成本，而且离职员工再回来说明他对公司有着很强的认同感。然而回聘"好马"不是一件很随意的事，而是要限定回聘对象，还要给"好马"准备好"回头草"。

如何制定离职员工回聘制度才能回聘一些"好马"，其主要包含以下3方面内容（图13-7）。

1	确定好哪些员工可以回聘
2	制定离职回聘的岗位标准
3	建立离职回聘的薪酬体系

图13-7　回聘制度内容

1. 确定好哪些员工可以回聘

要知道，公司制定回聘制度的主要目的是为了引进一匹"好马"，而不只是招聘一个员工那么简单。因此，回聘对象一定要符合公司核心岗位要求，而且在职期间业绩与能力较为优秀、辞职原因合理的人员。有些公司回聘还会把员工之前的绩效考核结果作为一个重要的约束性条件，以便能更为量化地规定回聘资质。另外，有些公司还会限定前雇员在职期间的年限以及离职时间，例如，有的公司规定，回聘的前雇员必须是曾在公司工作一年以上、离职六个月以上的人员。

下面是中英人寿保险有限公司"回聘"制度中对离职回聘人员的回聘要求：

（1）回聘离职的员工要在公司综合表现良好，能够符合或超出岗位要求；

（2）由公司主动要求或实际解除或终止劳动关系的人员不予回聘；

（3）被其他公司解除劳动关系的人员也不予回聘。

2. 制定离职回聘的岗位标准

回聘岗位的设置要灵活多变，前雇员回聘的岗位未必是他们离职前的岗位，这往往要根据公司的实际需求以及员工的意愿综合考虑确定。通常情况下，公司在回聘制度中应事先设立一个回聘的基本标准，比如，新的职位等级不低于在职期间的等级，薪资待遇也高于在职期间的。

3. 建立离职回聘的薪酬体系

薪酬待遇是很多回聘者比较关注的事情，而且好的薪资体系也能吸引优秀的人员重新返回公司。一般情况下，回聘者的薪酬待遇方式是在参照新员工薪酬福利发放标准的基础上，给予一定的一次性补助奖励，也有一些公司采用业绩对接、工龄对接等方式吸引优秀前雇员。总之，离职回聘薪酬体系中的薪资待遇要有一定的优势，否则优秀前雇员是不会回头的。

13.6 《劳动法》对不辞而别员工的惩罚规定

我有一个做图书出版行业的朋友，他向我抱怨，他有一个下属工作太马虎，他批评了几句，那位下属就不辞而别了。他打电话也不接，发微信也不回，导致他所负责的稿子延期，对公司造成了一定的损失。对于这样的员工，我的朋友应该怎么做呢？

根据我国《劳动合同法》规定，劳动合同必须以书面形式订立，同样解除也必须是书面形式。其法律文件的类型如下：

1. 当员工要想解除劳动关系就要向公司提交辞职申请；

2. 当公司要想解除劳动关系就要向员工发解除通知书；

3. 当双方协商解除劳动关系时，就要有劳动合同解除协议。

对于上述员工的行为，我国《劳动法》第31条有明确规定："劳动者解除劳动合同，应当提前30日以书面形式通知用人单位。"由此可见，朋友公司的这名员工不辞而别的行为是违反法律规定的。

对于不辞而别的员工，公司可以根据《劳动法》追究员工相应的法律责任。另外，劳动部《违反<劳动法>有关劳动合同规定的赔偿办法》第4条也有规定："劳动者违反规定或劳动合同的约定解除劳动合同，对用人单位造成损失的，劳动者应赔偿用人单位的损失。"其赔偿内容如图13-8所示。

1	用人单位招收录用其所支付的费用
2	用人单位为其支付的培训费，双方另有约定的按约定办理
3	对生产、经营和工作造成的直接经济损失
4	劳动合同约定的其他赔偿费用

图13-8　不辞而别员工的赔偿内容

在实际工作中，很多公司都存在一些认识误区，他们对一些没有递交辞职报告、也没有办理工作交接就突然离开公司员工的做法：停发工资、停缴社保，然后就不再理会。实际上，这种处理方式不仅是错误的，而且还很可能埋下大的隐患。我之前见过这样的事情，有一个员工不辞而别，公司就单方面把该员工的社保停了。之后，该员工生了一场重病，无法报销医药费。于是，该员工把公司告上法庭，法院判决公司要为该员工支付医药费。

法院对上述案例的判决是合法的，因为根据我国《劳动法》和《社会保险法》的规定，只要用人单位和劳动者维系着劳动关系，就要为员工缴纳社会保险。虽然上述员工是不辞而别，但该公司没有与不辞而别的员工签署解除劳动的协议，因此，不能证明双方已经解除劳动合同。而且该公司又单方面停缴社会保险，导致这位员工无法享受报销医药费和病假工资的待遇，所以，公司此次败诉是必然的。可能很多人都觉得这个公司很亏，但法律就是这样。你没有按照法律规定，即使你的说法再怎么合情，但不合法你就要为自己的行为付出代价。

员工不辞而别是很多公司预想不到的事情，但有些员工就是无视法律的存在，不打招呼就离开，让你找不到人，或者就不签离职协议，这时公司应当采取什么样的处理方法才能避免上述情况的发生呢？

如果公司能联系上不辞而别的员工，这时就应该要求员工递交一份书面辞职报告，或者由公司为其提供辞职报告，写明"本人因个人原因，向公司提出辞职"，然后由员工签字确认。

如果公司联系不上不辞而别的员工，可以先对该员工的行为视作旷工处理。一般情况下，公司内部规章制度中都有规定员工旷工多少天属于严重违纪这一条。按照《劳动法》的规定：员工严重违纪，公司可以解除劳动合同。或者公司先给员工发出一个书面通知，通过挂号信或特快专递送达员工住处，员工这时无论怎么处理，公司都是合法的。

13.7　如何防止员工频频跳槽

我有一个高中同学，大学学的是软件工程专业。毕业后，他先在一家小型软件公司上班；半年后，他跳槽到一家中型软件公司，在这家公司工作不到一年，他又去了百度面试，在百度工作了一年半，他又跳到了京东。如今，他是在阿里巴巴上班。

现在很多员工都像我这位高中同学频频跳槽。如果员工一旦跳槽，会给公司带来很多麻烦。

1. 花费在员工身上的培训成本全白费了；

2. 员工突然离职会打乱此岗位的正常工作，耽误工作进度；

3. 离职员工无论是自己独立创业，还是跳到竞争对手那里去，这些都是公司的麻烦和隐患；

4. 浪费人力、物力，重新招聘新员工；

5. 从零开始重新培训新进员工；

6. 新员工在刚上任接任期间，工作效率和业绩都没法保证。

为了防止员工频频跳槽，你应采取以下措施（图13-9）。

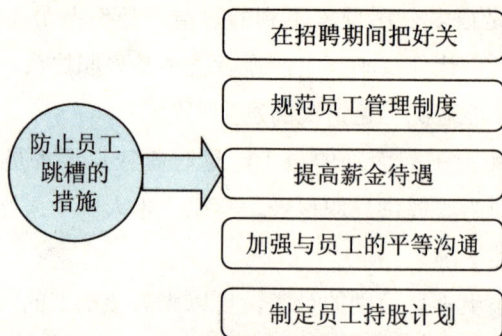

图13-9 防止员工跳槽的措施

下面主要介绍一下"员工持股"这个措施，员工持股是稳定员工队伍的一个新方法。阿里巴巴对员工实行的就是股权分配模式，即对优秀的员工或者资历比较深的员工配备股权。公司员工是否愿意押点宝赌一把，基本就可以判断他是否看好公司。而且很多公司都愿意让发展比较好的员工持有股份。

你如果把员工与公司绑到一块，掏过钱、割过肉的员工，他们的参与感会比较高，也更会把公司的事情当作自己的事来做。可能有的人起初就是创业拍档，有的人需要影响才成为拍档。无论员工是看短线多些还是看长线多些，都是人性使然。公司可以根据员工的风险偏好匹配工资、奖金、业绩提成、期权、限制性股权或股权。不过，在执行前，要进行必要的资产评估，要谨慎地制定出详细的持股方案，最好有相关的专家进行指导。

第14章

产品定位：5 步锁定产品

产品定位是指设计产品及推广产品的过程中，确定产品在用户心目中与众不同的形象和地位，从而为用户选择产品时提供决策参考。具体来说，产品定位就是要让产品在目标用户心中留下特别的印象，以满足目标用户的需求和偏好。产品和定位是一种并行的关系，创业者必须在产品生产之前想好定位，并将产品定位渗透到产品中。当然，仅有产品定位还远远不够，必须从产品定位扩展至营销定位。本章主要介绍产品定位到营销定位的"五步法"，以帮助你快速锁定产品。

14.1 目标市场定位：满足谁的需要

产品定位的第一步是目标市场定位。目标市场定位就是对市场进行细分，并选择出目标市场的过程，即明白产品是给谁用的。比如，乔布斯将苹果电脑的定位由面向公司转为面向个人就是目标市场的定位。

目标市场定位必须遵循两个原则：适应性原则和竞争性原则。

1. 适应性原则

适应性原则有两方面的要求：一是目标市场要适应目标用户的需求和偏好，通过树立特色的产品形象，促使用户发生购买行为；二是目标市场要适应公司自身的各项资源，这样才可以保证产品达到定位的水准，避免因产品质量与定位不符而受到用户抵制的情况发生。

2. 竞争性原则

竞争性原则，也叫差异性原则。目标市场定位必须考虑市场实际情况，结合同行业竞争对手的情况来决定，比如竞争对手的数量、各方实力以及各自占据的不同区域等。如果出现与竞争对手定位相同的情况，将大大增加竞争风险。

任何一家公司的任何一种产品的目标用户都不可能是所有的消费者，特别是市场分化非常严重的今天，更是如此。因此，公司在选择目标用户时需要确定细分市场的标准，对整体市场进行细分，再对细分后的市场进行评估，最终确定所选择的目标市场。下面介绍一下目标市场定位的常用策略，其内容如图14-1所示。

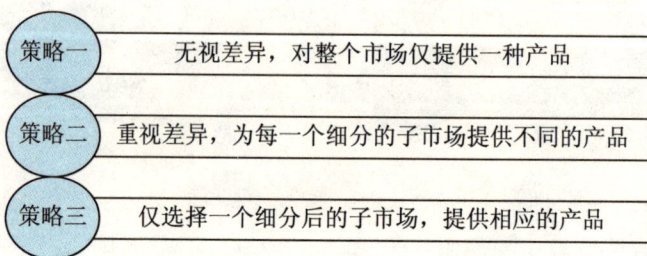

策略一	无视差异，对整个市场仅提供一种产品
策略二	重视差异，为每一个细分的子市场提供不同的产品
策略三	仅选择一个细分后的子市场，提供相应的产品

图14-1　目标市场定位策略

14.2　产品需求定位：他们有些什么需要

产品需求定位就是了解产品所满足的需求是什么，即满足目标市场人群的什么需要。比如，哈雷戴维森的产品定位明确了满足目标用户追求自由、重温西部牛仔梦的需求。产品需求来源大致分为以下几种（图14-2）。

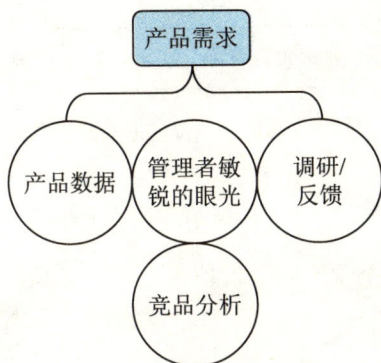

图14-2　产品需求来源

了解了产品需求来源之后，你还要从用户、项目、商业利益三方面分析产品需求。

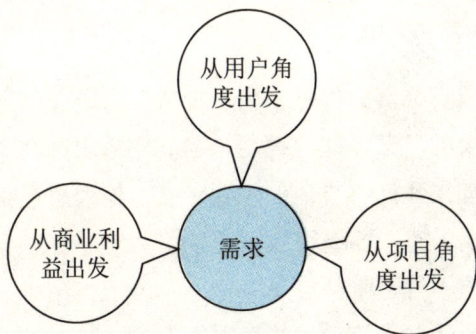

图14-3　产品需求分析

通过不同的方式来收集大量的需求，当然这些需求不可能全部都能满足，需要根据这些需求的有效性和真实性、产品定位和项目资源情况进行筛选和匹配，提炼出最有价值的产品需求，从而将有限的投入产出最大化。下面介绍一个筛选最有价值需求的步骤，如图14-4所示。

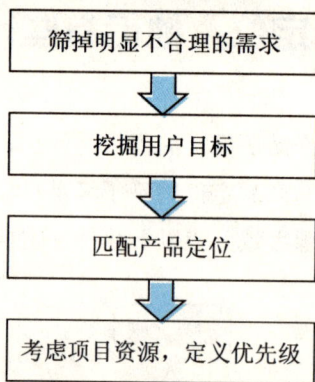

图14-4　筛选最有价值需求的步骤

1.筛掉明显不合理的需求

对目前不可实现的、不合理的、价值不大的、无适合场景的需求，你要筛选出去。

2.挖掘用户目标

根据用户的真实需求，挖掘用户的需求目标。

3.匹配产品定位

根据目标用户所需要的主要功能、产品特色等，对产品进行匹配定位。

4.考虑项目资源、定义优先级

根据项目的实现成本、商业价值、用户价值等，定义产品需求的优先级。

其中有一个较重要的环节，即挖掘用户的真实需求，汽车之父亨利·福特曾有一句经典的话："如果我问客户他们想要什么，他们总是说想要更快的马。"因此，你在探索用户需求时，要谨记以下两条。

第一条：倾听用户不等于听从用户；

第二条：用户想要什么不等于他的真实需求。

14.3　产品测试定位：是否满足需要

产品测试定位是公司对产品进行测试的过程，即公司确定自己的产品是否可以满足目标市场人群的需求，在这个过程中公司需要对自身产品进行设计或改进。通过使用符号或者实体形式来展示产品（未开发和已开发）的特性，考查消费者对产品概念的理解、偏好和接受程度。产品测试是所有公司在产品定位过程中必不可少的环节。

产品测试研究应从心理层面到行为层面来深入探究，以获得消费者对某一产品概念的整体接受情况。下面介绍一下产品测试定位的步骤，其内容如图14-5所示。

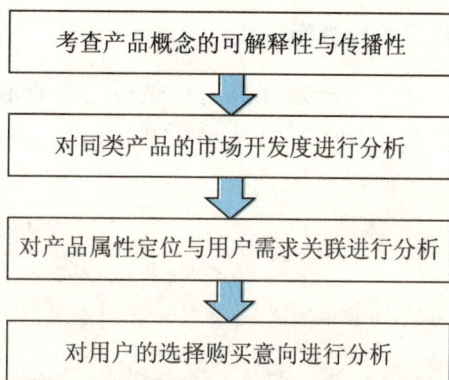

```
┌─────────────────────────────────────┐
│   考查产品概念的可解释性与传播性      │
└─────────────────────────────────────┘
                  ▼
┌─────────────────────────────────────┐
│     对同类产品的市场开发度进行分析    │
└─────────────────────────────────────┘
                  ▼
┌─────────────────────────────────────┐
│   对产品属性定位与用户需求关联进行分析 │
└─────────────────────────────────────┘
                  ▼
┌─────────────────────────────────────┐
│     对用户的选择购买意向进行分析      │
└─────────────────────────────────────┘
```

图14-5　产品测试定位的步骤

1. 考查产品概念的可解释性与传播性

针对某一给定的产品概念，从用户认知、接受等方面分析，考查产品概念的可解释性与可传播性。很多公司的成功，源于他们对新概念的定义和推广。

2. 对同类产品的市场开发度进行分析

同类产品的市场开发度分析主要包括以下几个方面（图14-6）。

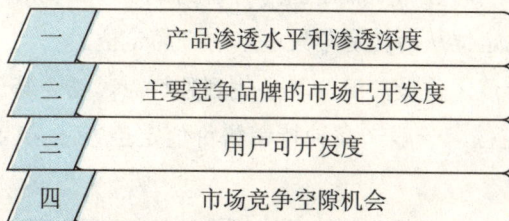

```
一  产品渗透水平和渗透深度
二  主要竞争品牌的市场已开发度
三  用户可开发度
四  市场竞争空隙机会
```

图14-6　市场开发度分析

191

通过以上分析，衡量产品概念的可推广度与偏爱度。如果即将推出产品的同类产品正在面临着不被用户信任的危机，那么此时推出新品也同样会面临着产品不被信任与不被认可的危机。

3. 对产品属性定位与用户需求关联进行分析

如果产品不能很好地满足用户的需求，新品概念仍然很难有好的市场前景。这就需要你对影响产品属性定位和市场需求的因素关联进行分析，从而对产品的设计、开发和商业化进程作出适当的调整。

4. 对用户的选择购买意向进行分析

对用户的选择购买意向分析是探究用户是否可能将心理的接受与需求转化为行为上的购买与使用。在这一环节中，公司应针对自身产品做以下工作（图14-7）。

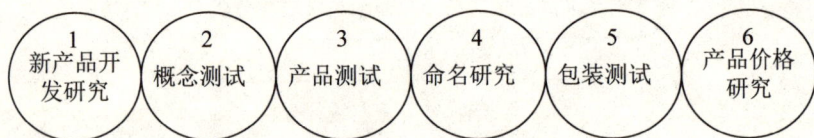

图14-7　分析购买意向的准备工作

14.4　差异化价值定位：独特结合点如何选择

差异化价值定位是对目标市场需求、产品以及竞争对手产品定位的进行综合考量，提炼出产品独特的价值。这个过程实际上是在考虑产品的特性如何与其营销属性结合的问题。当时乔布斯就是因为考虑到戴尔、康柏等办公电脑公司的竞争，为了实现差异化定位从而转变苹果电脑的产品定位。

产品的差异化价值定位最关键的就是找到独特点。结合基于消费者的竞争研究进行营销属性的定位，一般产品独特销售价值定位方法（USP）包括以下6个方面（图14-8）。

在上述基础上，公司需要进行相应的差异化品牌形象定位与推广。

1	从产品独特价值特色定位
2	从产品解决问题特色定位
3	从产品使用场合时机定位
4	从消费者类型定位
5	从竞争品牌对比定位
6	从产品类别的游离定位、综合定位

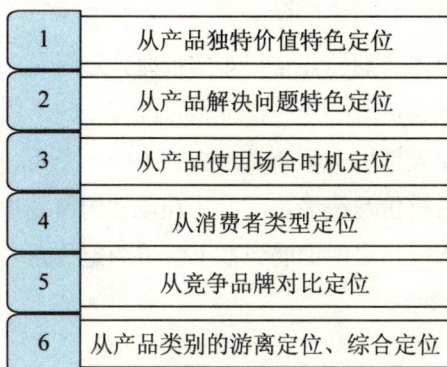

图14-8 产品独特销售价值定位方法

14.5 营销组合定位：这些需要如何有效实现

营销组合定位的过程就是如何满足目标市场人群的需求。通过实施营销组合方案才能保证产品定位准确，这不仅是品牌营销推广的过程，也是产品价格、营销渠道策略与沟通策略有机结合在一起的过程。

在确定满足目标用户的需求与公司提供的产品之后，需要设计一个营销组合方案并实施，确保定位有效实现。对此，菲利普·科特勒认为："解决了定位问题，能帮助公司解决营销组合问题。"营销组合包括的内容如图14-9所示。

1	产品（Product）	2	价格（Price）
3	渠道（Place）	4	促销（Promotion）

图14-9 4P营销组合

4P营销组合是定位战略运用的结果。在有些情况下，"到位"过程其实也是一个再定位过程。因为在产品差异化很难实现时，通过营销差异化来定位或许能省不少事，而且还容易成功。

现在的市场是你今天推出一款新品，畅销不到一个月，就会有人马上模仿，而营销差异化要比产品模仿难得多。因此，在现在的市场中，你仅有产品定位是远远不够的，必须要从产品定位扩展到整个营销的定位。

第15章

营销布局：组织
流程化设计

无论是大公司还是中小公司，营销布局都可以使公司的市场布局更完整、更缜密，左右逢源，制敌机先。对大公司来说，营销布局可更好地对全局市场进行攻防结合的布局；对中小公司来说，营销布局可以帮助建立辅助市场，也可以作为主销市场。

15.1　如何搭建营销组织结构

营销布局其实就像玩象棋，开局是一局棋的开始，也是全盘棋局的基础，它对中局形势的形成和发展有决定性的影响，有时甚至会直接决定胜负。因此，在搭建营销组织结构时要考虑全面，布局成各种阵式，争取在布局阶段就取得有利于自己的形势。

图15-1　营销组织结构图

1. 销售部

销售部组织架构如图15-2所示。

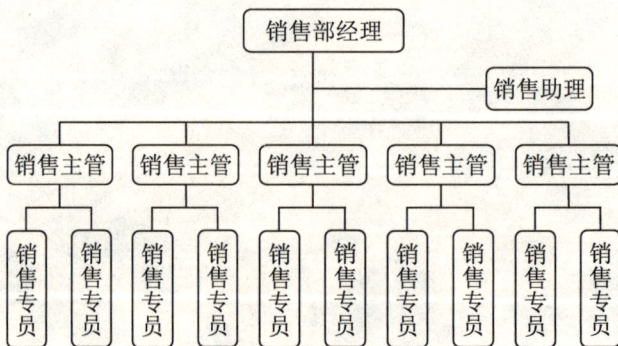
图15-2　销售部组织架构图

销售部的职能主要包括4个方面。

（1）负责渠道开发和维护；

（2）公司品牌的推广；

（3）活动策划与执行；

（4）贴牌厂家合作以及渠道代理。

2. 市场部

市场部组织架构如图15-3所示。

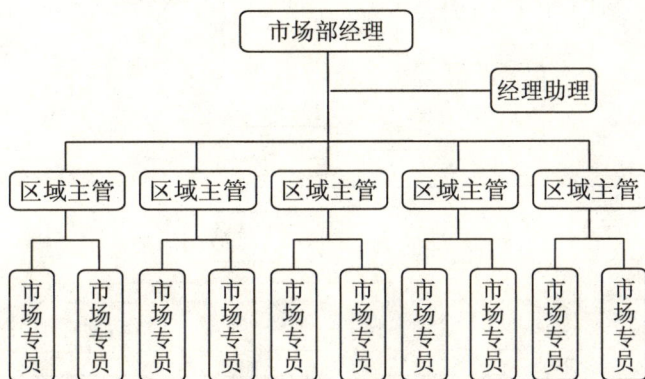

图15-3 市场部组织架构

市场部的职能主要体现在3个方面。

（1）组织信息收集和汇总；

（2）为销售部市场推广提供系统性营销方案和数据支持；

（3）为销售部提供相应的营销工具。

3. 产品开发部

产品开发部的组织架构如图15-4所示。

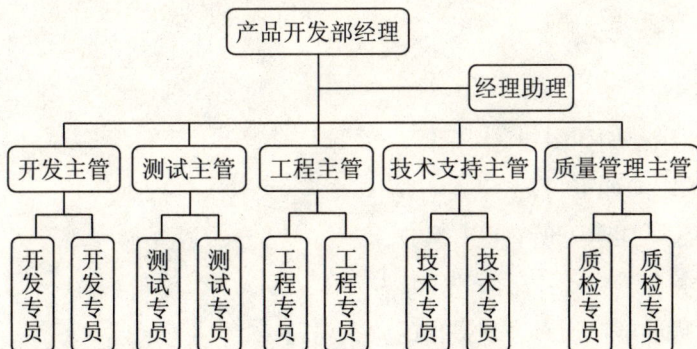

图15-4 产品开发部组织架构图

产品开发部的职能主要包括3个方面。

（1）产品管理；

（2）新产品开发研究；

（3）产销结合。

4. 广告部

广告部组织结构如图15-5所示。

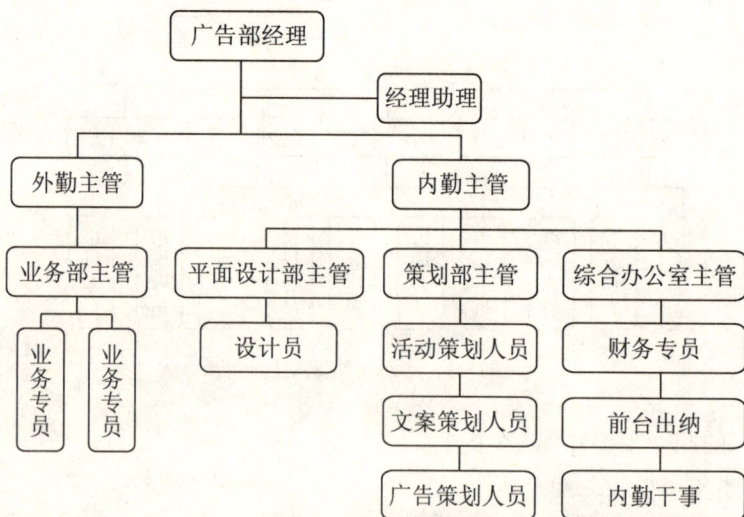

图15-5　广告部组织结构图

广告部的职能如下：

（1）负责品牌推广和维护；

（2）媒体组织策略；

（3）广告管理。

5. 客服部

客服部组织架构如图15-6所示。

客服部的职能如下：

（1）跟进并服务好所有已有客户；

（2）解答客户咨询；

（3）发现并解决所有客户提出的相关问题；

（4）负责与其他相关部门的协调沟通工作。

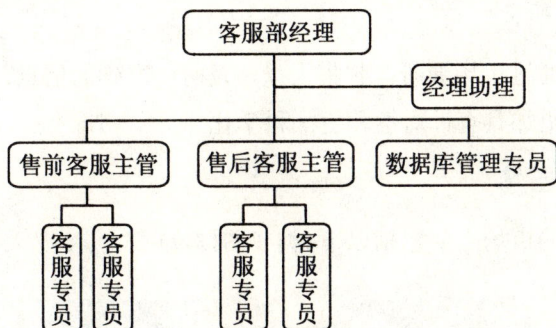

图15-6　客服部组织架构

15.2　如何实施营销过程

市场营销实施是指为实现战略营销目标而把营销计划和战略转变为营销行动的过程，市场营销系统中各个层次的人员必须日复一日、月复一月地有效贯彻营销计划活动。成功的市场营销实施有五大决定因素，其内容如图15-7所示。

图15-7　成功的市场营销实施决定因素

公司应结合以上五大要素设计出一个能支持公司战略的、组织严密的方案。营销实施的全过程如图15-8所示。

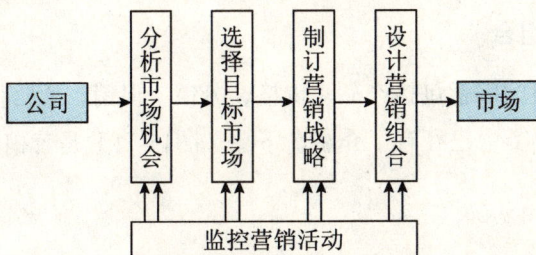

图15-8　市场营销活动实施的全过程

1. 分析市场机会

营销人员应通过市场调研，收集大量、及时、准确的信息，以减少营销决策的盲目性，使之更加具有针对性和更加科学化。

2. 选择目标市场

公司所面对的市场主要包括以下4类（图15-9）。

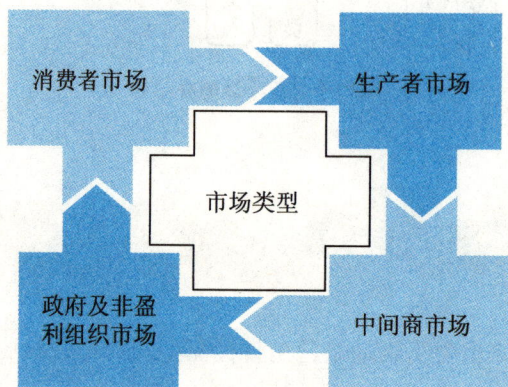

图15-9　市场类型

市场不同需求特征也不同，你只有了解不同的市场，才能有针对性地开展营销活动，提高营销绩效，这是开展营销工作的最基本的前提。

3. 制订营销战略

无论公司的规模是大还是小，都不可能满足所有用户的所有需求，因此，你必须要清楚公司生产、经营什么样的商品，满足用户什么样的需求，这才能让公司挣最多的钱。在这种情况下，你需要在市场细分的前提下对不同的市场进行分析。而公司可根据市场细分的结果从中为自己选择一个或多个目标市场，所以，在营销战略中要涉及市场目标化。

4. 设计营销组合

营销组合策略的因素包括产品、价格、分销、促销，通常称为4P组合策略，这在本章的第一小节中已经有了介绍。下图（图15-11）是营销组合策略图。

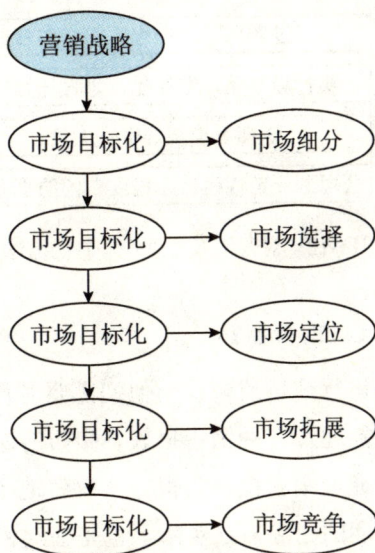

图15-10　营销战略

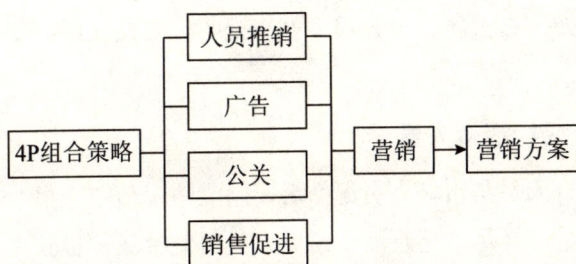

图15-11　营销组合策略

15.3　如何对营销人员进行监督

在营销活动实施过程中，对营销人员进行监督是必不可少的，然而对其工作进行监督也是比较困难的，因为营销人员的工作非常繁琐，比如回访、结账、送货、理货等。营销主管不可能事事都现场监督，只能采取一定的方法对营销人员进行监督。对营销人员实行监督的方法如图15-12所示。

1	通过各种销售报表、报告监督
2	实行扁平化、专业化、垂直化管理
3	定期更换督导巡查人员
4	公司到一定规模后，成立专门的事业部

图15-12　对营销人员进行监督的方法

1. 通过各种销售报表、报告监督

营销主管不可能每天进行现场监督，但他们需要对营销人员执行的各个环节跟踪和掌控。这时一般只能通过各种销售报表、报告等进行监督，比如控制进度信息表和抽查项目进度。通过销售报表和报告能有效地了解销售员的工作情况，从而针对不同问题给予相应的指导，这实际上也是在对销售员进行监管和督促。

2. 实行扁平化、专业化、垂直化管理

对营销人员实行扁平化、专业化和垂直化管理，能减少决策者与执行者之间的中间环节。比如，在大区、分公司、办事处等，直接实现办事处对市场销售人员的管理监督等。

3. 定期更换督导巡查人员

为了避免巡查人员与市场人员混熟后，隐瞒情况而不上报，应两三个月更换一次督导巡查人员。详尽的巡查能让市场人员时刻紧绷一根弦，其营销效率自然也就提高了。

4. 公司到一定规模后，成立专门的事业部

随着公司规模的不断壮大，现有的营销手段和管理方法可能就跟不上销售规模的发展了。这时公司可以成立一个专门的事业部。例如，美的集团就采用了这种方法，设置了空调事业部、微波炉事业部、热水器公司等诸多事业部，各个事业部之间分工合作，各自负责。这样做能使营销人员的执行力得到提升，各事业部营销人员做事情也比较专业。

在营销战略规划实现和改进的各个环节中，营销人员都是关键因素。因此，在市场营销策划以及多种渠道同时进行时，要落实人员执行情况，加强管理监督机能，加强执行力监管，以促进营销效益的提升。

15.4　如何对营销进行控制

营销控制是指衡量和评估营销策略与计划的成果，以及采取纠正措施以确保营销目标的完成。在对营销进行控制时，可采用下列几种营销控制模式（图15-13）。

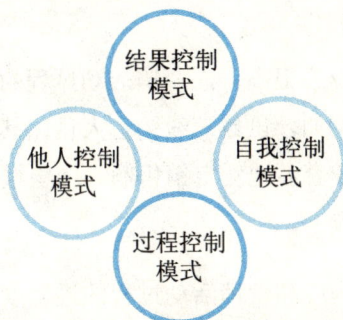

图15-13　营销控制模式

任何一种营销控制模式都不是万能的，况且营销管理环境千变万化，更不可能适合所有的管理环境。选择恰当的营销控制模式，不但可以规范销售人员的行为，而且可以保证营销计划顺利实施，实现公司营销目标。也就是说，环境特征决定了公司所适用的营销控制模式。一般来说，评价营销环境有两个重要纬度：一是业绩目标的可量化程度，二是营销活动过程的透明度。这也是选择营销控制模式的基础条件。

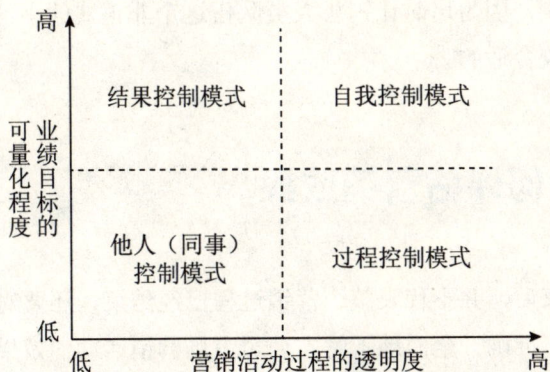

图15-14　不同条件下的营销控制模式

下面介绍一下什么是业绩目标的可量化程度，什么是营销活动过程的透明度。所谓业绩目标的可量化程度是指通过具体的量化值来测定业绩目标的程度，对销售额、销售量等指标来说，其可量化程度比较高，市场信息清晰度、客户满意度等指标的可量化程度则比较低。营销活动过程的透明度是指销售主管对营销活动信息所掌握的范围和程度，例如销售主管是否掌握了所有客户的信息等。如图15-14所示，可以选择合适的营销控制模式。

1. 选择结果控制模式

当业绩目标的可量化程度很高，而营销活动过程的透明度比较低时，公司更适合选择结果控制模式。例如，虽然一线销售人员比其销售主管掌握了更多的市场信息，但销售主管可以较容易地测定销售额、销售量、利润水平等销售目标。

2. 选择自我控制模式

当业绩目标的可量化程度和营销活动过程的透明度都很高时，公司更适合采取自我控制的模式。这种控制模式可使销售人员进行自我规范、自我约束，以达到控制与激励相融合的目的。

3. 选择过程控制模式

当业绩目标的可量化程度比较低而营销活动过程的透明度比较高时，公司更适合采取过程控制模式，制定相应的过程规范制度来约束销售人员的行为。

4. 选择他人（同事）控制模式

当业绩目标的可量化程度和营销活动的透明度都很低时，公司应侧重于选择他人（同事）控制，因为这时让销售人员队伍这个非正式的小群体对其成员的行为进行控制是比较合适的。

15.5　如何评估营销效果

营销活动结束后，并不代表整个营销过程已经结束，还要对营销效果进行评估，你只有及时、准确、全面地了解本公司市场营销活动的效果才能知道如何去调整或改变公司的市场营销活动，才能使公司未来的市场营销活动获得更好的营销业绩。而一个完整的、简单的、结构性的网络营销效果评估模型要经过以下5步（图15-15），以帮助数字分析人员和营销人员对目标的结构性进行思考。

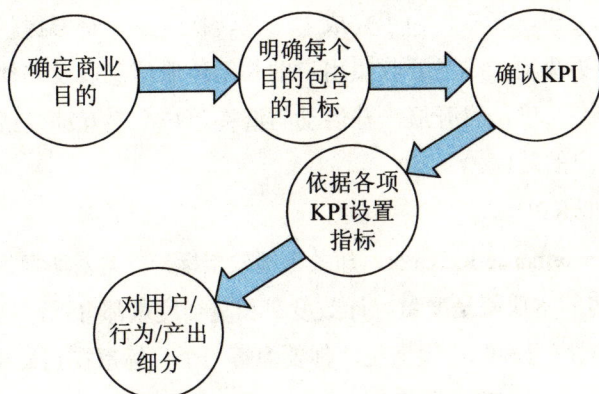

图15-15 营销效果评估模型

第一步：确定商业目的

公司高管们在确定商业目的中发挥着关键的作用。在确定商业目的时，公司的高层应与相关负责人进行一次或多次讨论，并做深入的沟通，以确定该网站或营销活动存在的原因。一般来说，商业目的主要包括三个方面。

（1）提升知名度；

（2）产生转换；

（3）加强事件参与度。

此外，确定商业目的时还需要符合DUMB原则，其规则内容如图15-16所示。

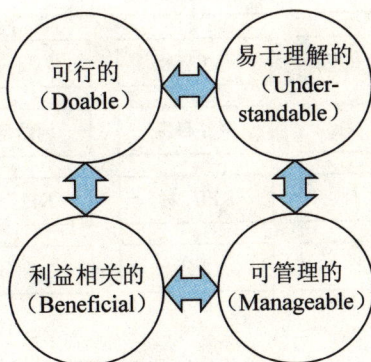

图15-16 DUMB原则

第二步：明确每个目的包含的目标

这一步应由公司高管引导讨论，其他负责人参加。目标则是根据每个商业目的制定的。首先，为了增加知名度，公司需要有相关的流量获取策略以支持所有线下的营销推广工作。其次，为了完成"产生转换"，一是要提供各种信息帮助潜在用户作出购买决定，二是要收集用户的邮箱注册信息以及其他信息。最后，为了加强事件的参与度，可开展一些活动与潜在用户产生互动，或通过提高口碑从而影响其他用户的转化。

第三步：确认KPI

KPI（Key Performance Indicator，即关键绩效指标），是对所要达到的商业目的程度的度量。KPI的本质就是度量，计数度量和复合度量都可以，这些度量可以直接反映商业目的对应目标的实现情况，你要为每一个目标都找到最相关的KPI。

第四步：依据各项KPI设置指标

通过确认目标的各项KPI来设置成功的指标，指标的制定可以参考历史业绩的数据，或由其他的相关数据推算而来。在这一步中，你最好找到相关的负责人（如客户、管理、财务部门相关人员），他们可以帮助你确定每个KPI的指标。

第五步，对用户/行为/产出细分

最后一步是对用户/行为/产出进行细分，细分是根据用户访问的来源、在线行为以及产出的维度进行分类。或是说细分就是对某一个维度进行进一步细化。然后再根据分析找出这次营销的成功点和失败点。

以上五步是息息相关的，通过图15-17大家能直观地看到这五步的相互关系。

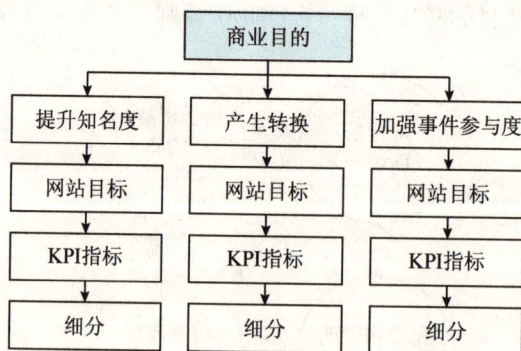

图15-17　营销效果评估各步骤的关系

以上五步网络营销效果评估模型看起来很简单，但实际上要比你想象的要困难得多。因为在整个过程中，公司领导的参与与支持是项目得以顺利实施的必要条件，因此，在这个过程中，作为公司创始人，你一定要和相关负责人沟通好，并对他们予以支持。

第16章

营销创意：创意也是有规律的

这是一个无创意不营销的时代，也是一个信息"碎片化"的时代，因为公司无论以任何媒介进行推广宣传，都少不了创意。好的营销创意能为你的创业保驾护航。如今，"互联网+"时代已经到来，同时以颠覆传统营销模式为核心的创新营销模式也已然成为公司发展的新常态。这里的"营销创意"，不仅是产品策略的创意，还包括品牌创意、广告宣传创意、公司形象创意等。

16.1　找到创意的一般步骤与方法

2016年6月，明洞欧巴部队火锅强大的全网营销创意吸引了人们的眼球。它利用大量的互联网新媒体和自媒体合作伙伴赢得了口碑，还积极利用大量的传统媒体，在传统媒体上植入广告。不仅如此，它还与时俱进地改变营销模式，积极拥抱O2O模式，利用线上推广的便捷性，把相关的客户集中起来，把线上的流量导到线下。

16.1.1　找到创意的一般步骤

创意并不是凭空而来的，它在出现之前需要你做一些准备，下面介绍一下找到创意的7个步骤，其内容如图16-1所示。

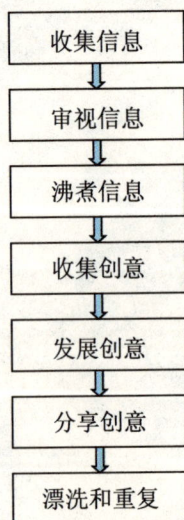

```
收集信息
   ↓
审视信息
   ↓
沸煮信息
   ↓
收集创意
   ↓
发展创意
   ↓
分享创意
   ↓
漂洗和重复
```

图16-1　找到创意的7个步骤

步骤一：收集信息

信息是产生创意的原材料，在为一个产品或服务创作广告时，你要尽量获取所有可能的特定信息，如有必要的话，你可能还要去做一些调研。但你要对搜集到的信息进行判断，丢弃那些无关的信息。否则，你可能会被一些无关紧要的信息所淹没。

步骤二：审视信息

你要对筛选出来的信息进行反复的研究，尝试用更巧妙的方法接近主题，从不同的角度看问题。在这个阶段，你思考和审视得越多，就越容易看到和理解其中的关系。而且你还要把一些创意的碎片记下来，即使有些看起来很疯狂。

步骤三：沸煮信息

审视完信息之后，你要借潜意识让信息沸腾一会儿，让它们在你的脑海中酝酿。此时你最好去阅读、听音乐、冥想、散步或者洗个热水澡，用其他事情来刺激你的想象力和情感。

步骤四：收集创意

信息沸腾之后，你的脑海中可能就会灵光闪现，但即使没有灵感，你也应该继续，写下你能想到的最好创意。这时你的创意可能不够好，但是不要恐慌，请继续。

步骤五：发展创意

在这一步你要形成并发展你的创意，对创意进行定型和塑造，让它变成切切实实的东西。

步骤六：分享创意

你要敢于和乐于把你的创意与他人分享，让他们说说自己的想法，或许他们可以帮你锦上添花。这也可能激发你的新创意，使广告更具创造力。

步骤七：漂洗和重复

如果需要，把你在第六步中得到的反馈增加到第一步收集的信息中。然后重复第二步，审视新的信息和已有事实，再重复第三、四、五、六步。继续下去，直到得到你能想出的最好创意，或者已经临近最后期限，你不得不将就使用目前已有的创意。

16.1.2 找到创意的方法

下面为大家介绍几个激发创意、活化思维的方法。下面通过4个方法（图16-2）帮你成为创意高产达人。

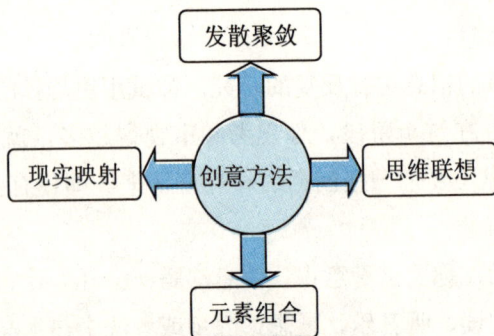

图16-2　找到创意的方法

1. 发散聚敛

发散聚敛法是一种先自我发散提出创造性的设想，再对创造性设想进行分析筛选，最后朝一个靠谱的方向聚合。下面通过一个漏斗型的示意图来解释发散聚敛的思维方式。

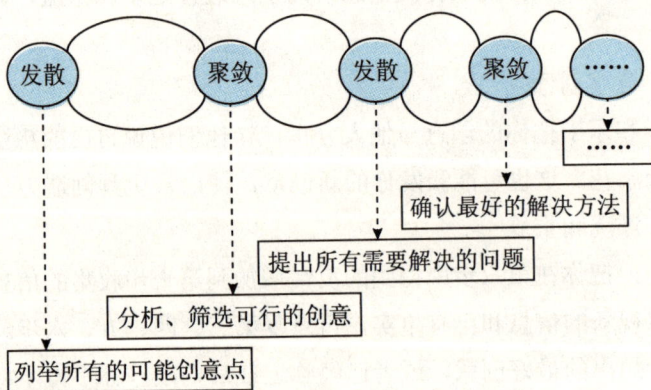

图16-3　发散聚敛思维方式图

2. 思维联想

思维联想法是指人脑在不同外因的诱导下潜移默化使用的一个方法。其思维形式没有固定的方向，是一种自由思维活动。它有点像头脑风暴，以一个核心事物为起点，将与之有关的元素进行联想，以一种放射性的方式向外延展。思维联想法应从以下三方面（图16-4）进行思考，即横向联想、纵向联想和关联联想。

图16-4　思维联想方式

（1）横向联想。

横向联想是指围绕核心事物进行发散，只考虑与核心事物有直接关联的，也就是一度关联的事物。下面以"风"为例，其纵向联想内容包括寒冷、冬天、沙漠、海边、树叶、风筝、长发、尘土、丝巾、空气等直接相关的10件事物。横向联想的示意图如图16-5所示。

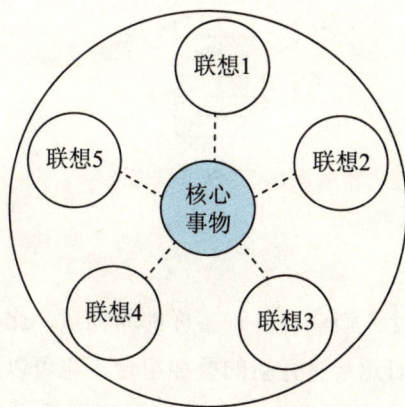

图16-5　横向联想图

（2）纵向联想。

从图16-5也可以看出，横向联想是在一个点的周围画一个圈，如果使它的半径变大，则就变成了纵向联想。纵向联想是从核心事物开始，联想的后一样事物与前一样事物是有关联的，一层一层深挖下去，找到与核心事物有二度、三度、四度甚至五度、六度关联的事物。下面还以"风"为主题进行纵向联想，其联想内容：风→风筝→春天→柳树→枝芽→飞絮→种子→生命→……纵向联想示意图如图16-6所示。

图16-6　纵向联想图

（3）关联联想。

除此之外，我们还可以从关联性这个角度进行联想，联想两两事物之间的共同之处。这对于主题不仅一个设计是很有用的。比如说出"风"与"火"的10个共通之处。我们可以想到风与火都是"无形、有破坏力、可以产生能量、摸不到、可以感受到、自然、可以人为产生、空气、可大可小、难以控制的"。

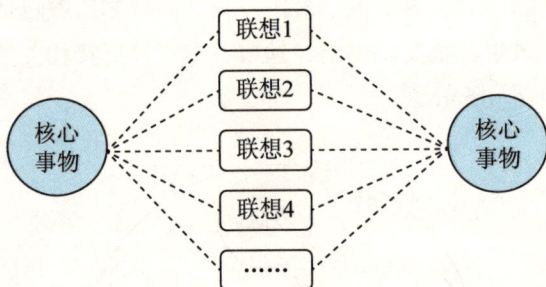

图16-7　关联联想图

3. 元素组合

元素的重新组合能使人们获得各种各样的新物质，比如氢气和氧气可以变成水。而且人们将不同的旧元素进行新的叠加组合，也可以产生新的创意。当然，要想获得新元素的组合，并不是简单的叠加，而是看作在原有基础上的一种创造。元素组合的示意图如图16-8所示。

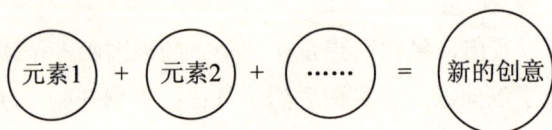

图16-8　元素组合图

下面以带着橡皮的铅笔为例讲解，现在看这款铅笔只不过是一个再普通不过的东西。但是当一个美国画家发明这种铅笔的时候，他紧靠这项专利就卖了55万美元，此项发明被看作是一个伟大的创造。还有就是Flappy Bird和2048是两款操作完全不同的小游戏，可游戏设计师却能将两者巧妙地叠加在一起，变成了新的热门小游戏。

4. 现实映射

现实映射是很多人都会想到的一种拟物化设计，特别是现在人们使用电子产品越来越多，对于虚拟界面的接受程度也越来越高。用户有时完全不需要拟物化的引导，也知道应该如何操作。相反，有些公司设计的拟物化界面过于强调细节，反而会给用户造成视觉和认知上的负担。

其实，现实映射并不是一定要100%还原出真实的质感，你从现实中提炼、抽象出的关联事物，可以是形态、色彩、质感，也可以是运动方式、光学力学特性等物体中最有特征的部分。比如，谷歌发布的Material Design Lite（MDL）设计风格，灵感就来源于纸张和墨水。概括地说，现实映射就是将繁杂的视觉元素进行简化处理，从而设计出一种既简约又可以调动起用户情感的产品。

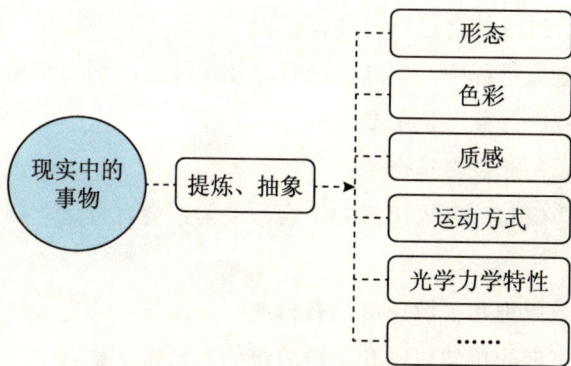

图16-9　现实映射图

16.2　创意思维的培养与开发

科技创新以及相应的创新管理，与创业者个人、公司相关人员的创意思维能力是密不可分的。

16.2.1　创意思维的特点

创造思维与一般思维相比，它主要有以下四个突出特点（图16-10）。

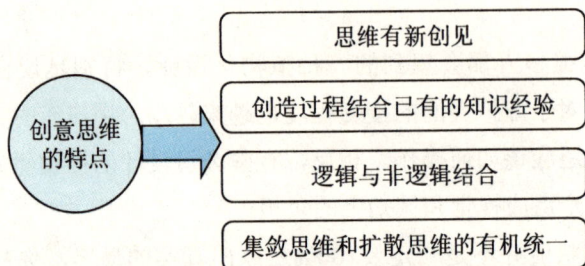

图16-10　创意思维的特点

特点一：思维有新创见

创意思维是提出新创见的思维，需要创造主体以新的思路认识问题，从而产生新观念和新意识。

特点二：创造过程结合已有的知识经验

创意思维在创造过程中，要结合已有的知识经验，利用想象力在脑中形成新形象，在这个过程中想象力是主要因素。

特点三：逻辑与非逻辑结合

创意思维是逻辑与非逻辑思维的结合，通常都会有直觉、顿悟、灵感等心理状态。

特点四：集敛思维和扩散思维的有机统一

创意思维是高度的集敛思维和扩散思维的有机统一。其中，集敛性思维是扩散性思维的出发点与归宿；扩散性思维以集敛性思维为中心，扩散至各个方向，通过不断的思想反馈，以最佳的方案解决反馈问题。因此，集敛思维和扩散思维是创造性思维活动的重要品质。

16.2.2　创意思维的培养

比尔·盖茨经常激励员工的话是："微软距离倒闭只有18个月，因为电脑行业一次重大技术革新的周期是18个月。"比尔·盖茨就是用这句话来激励微软员工开发自己的创意思维。具有美国科技精神象征的斯坦福大学，涌现出大批科技创新、创业精英，这与该学校的创意思维课程的培养和实践训练是分不开的。

斯坦福科技创业计划（STVP）执行长蒂娜·齐莉格，她一直鼓励不同领域的学生以创新的方式解决问题。在她看来，创意思维能力首先来源于主动变换认识事物和问题的角度。为此，斯坦福商学院训练学生与用户之间建立共情，从市场需求中寻找商机，尝试开发出能满足用户需求的产品和服务。

斯坦福商学院有许多课程还会有意地将互不相关或者联系不大的旧事物结合起来，并要求学生发挥自己最大的想象，重新认识和开发现有的资源。而且学校也鼓励学生尽可能多地增加与硅谷公司工程师、其他地域或行业人士的交流，并广邀投资家、公司到学校举办各种商业讲座，大家通过多样化、多层次的沟通，让学生逐渐确立以多样化观点、多层次视角看待和分析问题的习惯。

头脑风暴法是大家比较熟悉的创意思维策略，强调集体思考，着重互相激发思考，鼓励参加者在指定的时间内构想出大量创意，并从中引发新颖的构思。蒂娜·齐莉格曾完整介绍了该校创造与创新课程教学环节"头脑风暴法"的操作指南，并特别指出所有参与头脑风暴的人，都不得对他人的创意提出任何意见和批评。

除了头脑风暴法以外，脑力激荡法也是培养创意思维的常用方法，这种方法主要以团体方式进行，但也可用于个人思考问题和探索解决方法，从而激发大家的思考。脑力激荡法的基本原理：只专心提出构想而不加以评价；不局限于思考的空间，鼓励想出主意越多越好。现在运用最多的是改良式脑力激荡法，它是指运用脑力激荡法的精神或原则，在团体中激发参加者的创意。改良式脑力激荡法主要有以下4种（图16-11）。

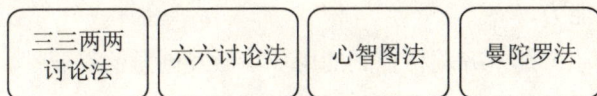

三三两两讨论法	六六讨论法	心智图法	曼陀罗法

图16-11　改良式脑力激荡法

1. 三三两两讨论法

三三两两讨论法是每两人或三人自由组成一组，在三分钟时限内，根据讨论的主题互相交流意见及分享。三分钟后，大家再回到团体中将讨论的结果和想法作汇报。

2. 六六讨论法

六六讨论法也是团体式讨论法，它是将大团体分为六人一组，只进行六分钟的小组讨论，每人一分钟。然后再回到大团体中分享及进行最终的评估。

3. 心智图法

心智图法是一种以线条、图形、符号、颜色、文字、数字等各样方式，将意念和信息快速地整合在一起，形成一幅心智图，也可说是一种观念图像化的思考策略。心智图在结构上具备开放性及系统性的特点，让使用者能自由地激发扩散性思维，发挥联想力，又能有层次地将各类想法组织起来，以刺激大脑作出各方面的反应，从而得以发挥全脑思考的多元化功能。

4. 曼陀罗法

曼陀罗法也称为九宫图法，利用一幅九宫格图，将主题写在中央，然后把由主题所引发的各种想法或联想写在其余的八个圈内，这种创意思维方法是一种有助于扩散性思维的思考策略。此外，曼陀罗法也可配合"六何法"，以引发更多方面的思考。

创意思维能力不仅仅表现为对创意思考的激发，更在于实现有效的管理，这就需要引入"约束催生创意"的概念。虽然没有目标、目的和压力，能有助于解除对人的束缚，但却很难让创意思维真正派上用场，必要的约束、范围和方向性目标则能更好地激发创意思维。

蒂娜·齐莉格提出的创意引擎包括两大方面，即影响创新的内因和外因。其中，内因包括知识、想象力和态度；外因则由资源、环境和文化组成。这六项要素的结合，有助于使潜在的创意思维完全被激活，让个体、团队或组织拥有渴望已久的快速创新能力。

下面主要介绍蒂娜·齐莉格提到的用环境激发创意的重要性。在她看来，无论是在公司还是在学校，都要营造出有创意的环境，这是十分重要的。在公司，创业者不能忽略天花板的高度、灯光的亮度、音乐的音量和室内的气味等可能对人的心理和情绪产生显著影响的因素。对此，蒂娜·齐莉格归纳了营销创意环境的七大因素，其内容如图16-12所示。

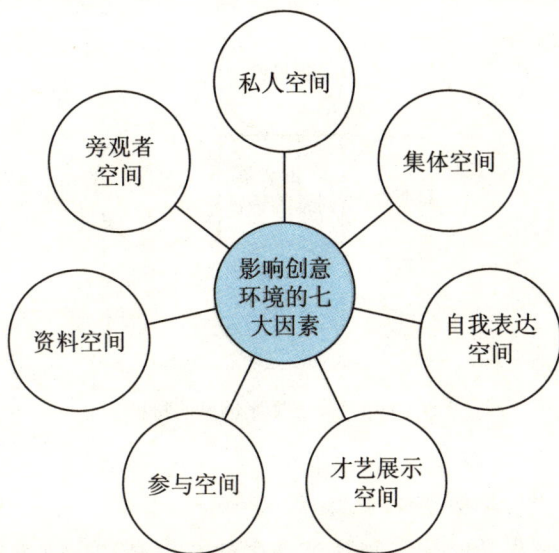

图16-12　影响创意环境的七大因素

16.3　广告文案的创意思维技法

广告文案需要有创意。关于创意，约翰·斯坦贝克（John Steinbeck）有一句名言："创意，就像兔子。假使文案创作者手头只有一对兔子，但如果他学会对这些小兔子细心呵护，那么他很快就会养出一窝兔子。"可见，创意并不是凭空产生的，它需要文案创作者用心思考，然后再一点一滴地积累起来。当然，获得文案创意，也是有一定方法可循的。本节首先向大家介绍什么是有创意的广告文案，然后再向大家介绍创意思维的"五步创意法"。

16.3.1　什么样的广告文案是有创意

对广告文案来说，它的创意是为了吸引读者购买产品，这是它与其他方面的创意所不同的，一般来说，广告文案创意的特征有哪些呢？其内容如图16-13所示。

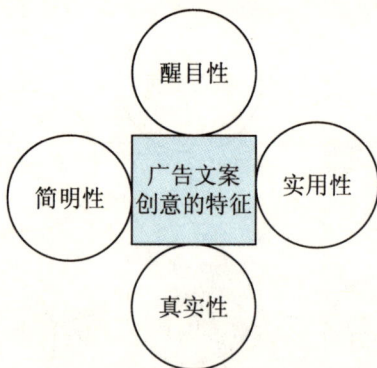

图16-13　广告文案创意的特征

1. 醒目性

如今是颜值经济的时代，抓住消费者注意力是广告文案产生效果的第一步。而要迅速抓住消费者眼球，文案要极具醒目性。为了突出、醒目，要做到以下三点。

（1）对主要信息和次要信息分别处理，以便做到主次分明；

（2）对模糊信息进行处理，保证目的明确；

（3）让信息的表述平中出奇，比如采用幽默、悬念、渲染等方式。

2. 实用性

广告文案写作的目的很明确，是功利的，要为推销产品服务。所以，文案创作者要处理好实用性与艺术性的关系，一定要清楚：艺术性只是手段，实用性才是目的。

3. 真实性

广告文案的内容描述必须是真实的，一旦广告中出现虚假信息那就等于引火自焚。文案的真实性主要表现在以下三个方面。

（1）以事实为依据。文案中所介绍的服务与信息是真实的、客观存在的。

（2）诚实守信。把承诺写进标题会效果好，但要能兑现。

（3）信息的完整。信息的不完整会使信息显得不真实。

4. 简明性

语言叙述要简明扼要，这不仅是从成本角度考虑，而且还是从读者的阅读习惯出发。

（1）语言通俗精炼，保持日常会话特点；

（2）诉求点必须单一，不能纷繁复杂；

（3）考虑消费者的被动性。

创意的产生往往来源于灵感，但灵感往往是一瞬间的事，如何才能精准地掌控这些创意呢？即在灵感闪现时，借助一些工具和经验，不要让它悄悄从指间溜走，并将抽象的理念转化为具体的解决方案，这样文案创作者才能够被称为真正有创意的人。

16.3.2　让创意思维变现的"五步创意法"

为了让创意思维变现，苏联心理学家洛万和斯坦林兹创造了"五步法联想"，他们认为："任何两个概念，哪怕它们相隔甚远，但只要经过四步、五步，最多六步，就能构成联想关系。"对此，他们举了这样一个典型例子：木质—足球，木质→（1）树林→（2）田野→（3）球场→（4）足球。这种"五步联想法"体现了非常规思维，特别是可以使距离甚远的几乎风马牛不相及的两个概念建立起联系，只要这种联系是自然的、合理的，这样的思维也就是成功的。

两个概念之间建立联想关系并不难，难的是文案创作者所设计的联想关系是否别致，如果其联想没有任何独到之处，那么就会流于平庸。比如让"获奖"与"知不足才能进步"取得联系，如果文案创作者想到的是：获奖→（1）我的书法作品→（2）展览会上的书法作品→（3）大家都称赞的一幅书法作品→（4）只有一人称赞我的作品→（5）原来获奖的是他→知不足才能进步。

上述这个联想就显得过于普通，也有些粗糙。因为第一步和第二步联想，都有"书法作品"的概念，因此本质上没有建立什么联想关系，这就是平庸的联想。而且"知不足才能进步"是文案创作者自己说的，根本不具有说服力。联想法以"曲"为贵，而上面这个联想以某一事件为主线平铺直叙，当然这种联想法就会显得平庸。所以，文案创作者在联想的时候，一定要放空自己的大脑，用一种新的视角去看待自己所描述的东西。

广告大师詹姆斯·韦伯·杨认为创意是对旧要素做新的组合，创意能力的大小取决于对事物相互之间关系了解的能力。对此，詹姆斯·韦伯·杨提出了"五步创意法"，其步骤如图16-14所示。

图16-14 詹姆斯·韦伯·杨的五步创意法

利用"五步创意法"时，文案创作者要对自己将要描述的事物从相容关系、相关关系、相似关系、相对关系以及无关关系等方面展开联想。例如，有人看到"一辆高速车"，他能想到什么呢？

1. 相容关系（A包含B），此人可能想到车型、车灯、玻璃、牌照等。
2. 相关关系（A与B有直接或间接关系），此人可能想到红绿灯、加油站等。
3. 相似关系（A与B在某一方面相似），此人可能想到奔腾芯片、绕口令等。
4. 相对关系（A与B在某一个方面相对或相反），此人可能想到乌龟、孕妇等。
5. 无关关系（A与B无关），此人可能想到熊猫、词典等。

16.3.3 创意图制作步骤

文案不仅要有创意的文字，还应有创意的图片。创意的图片可是文案的重要组成部分，相对文字来说，人们更喜欢看一张有创意的图片。利用五步创意法也可以制作出创意图，下面介绍一下制作创意图的具体步骤，其内容如图16-15所示。

图16-15 创意图制作步骤

1. 图片布局

制作创意图之前，文案创作者首先要进行图片布局，即构图。对于新手来说，由于他们对构图没有任何概念，下面讲四种常用结构，分别是上下、左右、居中、斜角，利用这些结构可以使创作的图片效果更显著。

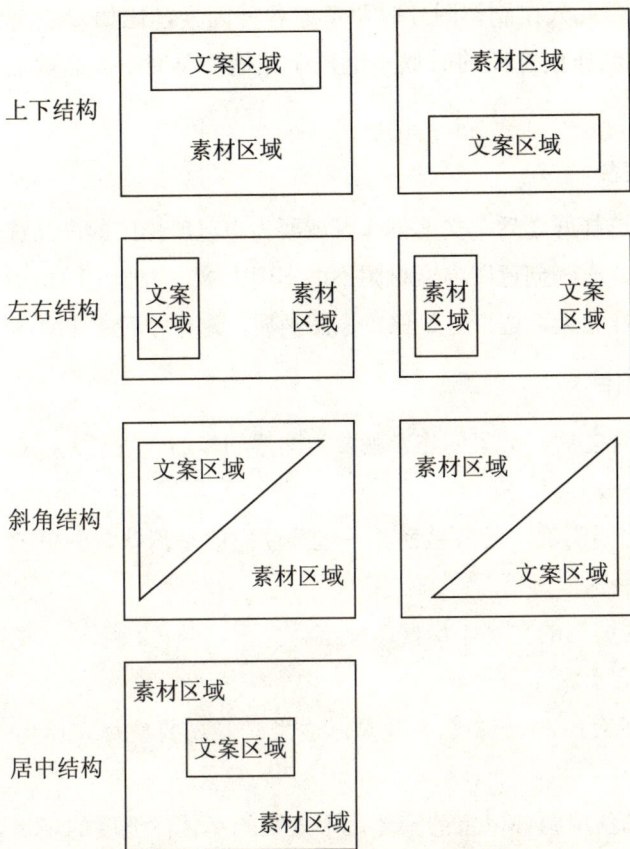

图16-16　构图的四种常用结构

2. 色彩搭配

近年来，色彩搭配不仅用在了穿衣打扮上，还用在了促进新型营销、提高城市与建筑的色彩规划水平、改善全社会的视觉环境等方面。文案创作者千万不要忽视色彩在营销中的作用，不同的颜色、不同的色彩搭配，会给用户带来不同的感觉，色彩搭配得好不好同样也会影响人的购买欲，所以，文案创作者要掌握好不同的色彩搭配特性。比如美食类采用橙色、红色、黄色；家电类采用白色、蓝色这种冷色调；母婴类采用温馨的暖色调。

3. 背景选择

选择好色调之后，文案创作者接下来要做的就是选择图片背景。例如，有人打算开一家淘宝店，图片的制作更不能忽视，因为在网上开店卖的不是产品，而是图片。所以，此人在制作图片时要考虑各种因素，比如参加淘宝活动要求白色背景，所以制作创意图的时候不能过于花俏，要突出产品卖点，而且要求主题清晰。

4. 素材整合

背景图片选择好之后，文案创作者就要为自己所推广的产品选择素材了。素材要贴近主题，一张创意图内素材图不能出现太多，否则无法辨识主题。另外，抠图时要求干净、无毛边，尽量保持原图画质，这样才看起来真实。

5. 文字创作

图片制作好之后，文案创作者就要为图片创作加一条引人注意的文字，文字书写的要求如下。

（1）表达要明确，通俗易懂。不过要注意的是消费者浏览的方向，广告词要令人记忆犹新。

（2）需要突出的文字，最好改变字体大小、颜色、字样，更容易让消费者聚焦在主题内容上。

（3）文字应控制在12个字以内，适当时候需要换行，避免文字遮挡图片主题。

（4）切忌使用两种以上的字体，不规则的字体，适度的字体设计能增加视觉，但是过度使用则会让人产生视疲劳或者让人觉得怪异等。

16.4 广告创意执行中的常见问题

在当前商业社会中，广告充斥着每个角落。这些广告有的平淡无奇，有的却新鲜独特，让人印象深刻。产生如此大的差别的原因，除了设计、制作方面的因素外，创意的高低也是一个极其重要的因素。产品或服务形象好不好，关键看创意。当前广告创意中的常见问题如图16-17所示。

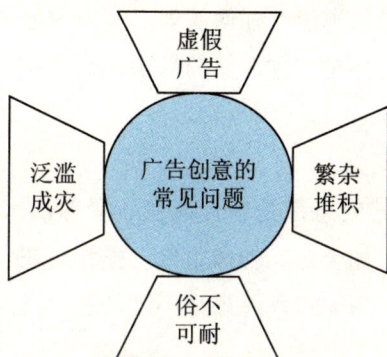

图16-17　当前广告创意中的常见问题

问题一：虚假广告

广告内容必须是真实、健康、清楚、明白的，任何公司以任何弄虚作假的形式来蒙蔽或者欺骗用户和消费者的行为都是不允许的。但是，在现实生活中，有些公司为了追求商业利润，经常发布内容虚假或者语意模糊的广告。比如，在广告中对质量未达标的商品谎称已达到国家的标准要求；对非优质产品谎称已获某级政府颁发的优质产品证书；对使用劣质原材料制成的商品谎称使用某种优质原材料制成；或者使用"全国第一""誉满全球"等字词夸大商品。

问题二：繁杂堆积

没有创意的劣质广告只是把繁杂的信息堆砌在一起，什么都想说，但就是说不到正点上，这根本也不能讨好消费者。繁杂堆砌广告不能激起受众的购买欲，更不能提升品牌本身的形象。比如，有一个糖尿病药品的广告，花了大量的篇幅介绍糖尿病的危害以及特征，而关于该产品的治病机理以及效果的介绍却寥寥无几。像这样的广告既不能给受众太多的引导，也很难给广告主带来回报。长期受糖尿病困扰的患者，他们大多数都久病成医，你再花大量篇幅去告知糖尿病的危害及特征，纯粹是在浪费时间和金钱。

问题三：俗不可耐

广告的目的是吸引消费者的注意。吸引注意本无可厚非，但如果只是堆砌了大量俗不可耐的信息，这样的广告也是没有任何价值的。比如，一则痔疮药品的广告，80%以上的时间全是各种各样的戏剧人物在喋喋不休地讲"说出来、说出来、说出来"，吸引注意的目的是达到了，但主体部分却被压缩得几乎没有时间，最后说了一句看似调侃的话"痔疮之苦如何能说"。像这样的广告不仅卖不了产品，而且对于品牌形象也没有任何益处，因为痔疮本来就是一个痛苦的难言之隐，而这则广告体现的却是一种调侃的风格，只会让没痔疮的人一笑了之，有痔疮的人感觉受到了戏弄。

问题四：泛滥成灾

一篇上乘的广告，其创意都是广告人精心雕琢出来的，这样的广告十分耐看，甚至让人回味无穷。如今，广告像空气一样弥漫在我们身边的每一个角落，如果你的广告缺乏个性、毫无特色，那只不过是在"泛滥成灾"的广告海洋中增加一些可有可无的泛滥因子而已。

面对以上广告创意中的问题，应采取什么样的对策呢？其对策内容如图16-18所示。

一	文案写作立足于摆事实、讲道理
二	语言力求言简意赅、文约意丰
三	整个广告追求意境优美、情理相映
四	大力寻找产品或服务本身的特色、挖掘个性

图16-18　广告创意常见问题对策

总之，广告的创意要聚焦在产品或服务本身，而不只是为了创意而创意。

16.5　常见的创意营销汇总

本节介绍了五种最常用的互联网营销模式，即体验营销、痛点营销、病毒营销、移动营销和色彩营销。

1. 体验营销

体验营销是指公司通过让用户观摩、聆听、尝试、试用等方式体验产品，让用户感受公司提供的产品或服务，让用户感知产品或服务的品质或性能，从而促使用户认知和购买的一种营销方式。体验营销是当今营销的主体，因为越来越多的用户注重对产品的体验，而一件产品的真实价值也会在用户的体验过程中显现出来。

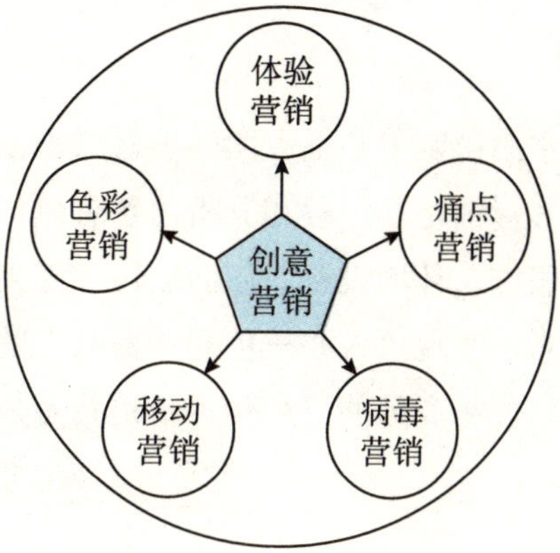

图16-19　常见的创意营销

2. 痛点营销

痛点是一切产品开发的基础，痛点思维是互联网思维的核心思维之一。痛点营销逐渐成为各公司备受青睐的"宠儿"。那么什么是痛点营销呢？所谓痛点营销是指消费者在体验产品或服务过程中，由于没有达到自己原本的心理预期而造成的心理落差或不满，这种心理落差或不满最终在消费者心智模式中形成负面情绪而爆发出来，让消费者感觉到"痛"。这种"痛"是公司在深入挖掘消费者对产品的潜在需求的基础上找到的，利用痛点开发出新产品，以此来提升消费者的体验，超越消费者的预期。

3. 病毒营销

病毒营销已经成为网络营销最为独特的手段，它是通过利用公众的人际网络，让营销信息像病毒一样传播和扩散，常用于进行网站推广、品牌推广等。该营销方式通过提供有价值的产品或服务，"让大家告诉大家"，通过别人为你做宣传，实现"营销杠杆"的作用。目前，越来越多的商家和网站利用病毒式营销获得了大量的粉丝，并成功将这些粉丝转化为消费者。

4. 移动营销

如今，我们已经进入了自我创造的大数据时代，在数字化生活空间中，消费者每天上网产生的数据信息是巨大的，这些非结构化的数据通过大数据挖掘技术和应用正在显现出巨大的商业价值。随着社交网路、智能手机、平板电脑以及可穿戴设备的迅速崛起，整个广告营销市场已经发生了翻天覆地的变化，大数据、智能化、移动化必将主导未来的营销格局，移动营销正呈现出势可破竹的趋势。

5. 色彩营销

色彩在营销和品牌中的说服力是很大的，于是广告市场上便出现了一种营销方式——色彩营销。色彩营销是在了解和分析消费者色彩心理的基础上，从产品本身、产品包装、人员服饰、环境设置、店面装饰一直到购物袋等环节，配以最能符合消费者所想的色彩，实现"人心—色彩—商品"的高度统一。这种营销方式能使商品高度情感化，并将商品的思想传达给消费者，从而提高色彩营销的效率，减小营销成本。

第17章

客户谈判：没有资本、经验优势如何拿下第一个订单

　　与客户谈判是创业者必须面临的环节。在现代的商业社会中，商务谈判会越来越多，它对公司的经营活动也起着越来越重要的作用。谈判的目的是双赢，即利益上双赢，心理上双赢。谈判时应掌握开局、中场和终局谈判策略，采取优势谈判坚守原则，巧用策略，解决问题，化解压力，步步为营。本章主要介绍个人在商务谈判中的一些技巧，帮助你在没有资本、没有经验优势的情况下快速拿下第一个订单。

17.1　开出高于预期的条件

在开局谈判时，首先，应克服恐惧心理，敢于开价。很多人在谈判时，他们一般不敢"狮子大开口"。多数情况下，这是由人的恐惧心理引起的，人的恐惧心理主要包括以下两种。

1. 如果我开价太高，对方会笑话我的。

2. 我今天必须给出报价，我们有很多竞争对手，所以还是把价格压低一些吧，这样才可能得到这笔订单。

开局谈判时应开出什么样的条件呢？一般要遵循以下规则。

规则一：开价报高。

规则二：先不公布优惠条件。

规则三：开始报价的付款条件改为：40%订金，60%发货前付清。

开局谈判的技巧之一就是开出高于预期的条件。对此，可能很多人心中都会有一些疑惑：为什么要开出高于预期的条件，不怕把客户吓跑吗？在什么样的情况我才可以开出高于预期的条件？开出高于预期的条件对自己有哪些好处呢？开出高于预期的条件或场景有哪些呢？能开出这样条件的人应该有怎样的心态呢？如果开出高于预期的条件对方不接受怎么办呢？高于预期，到底是高多少才是合适的？

开出高于预期的条件，你要注意什么问题呢？

1. 给自己足够的谈判空间。

2. 抬高你的产品在对方心中的价值。

3. 避免谈判陷入僵局。

4. 一方面可以让自己得到更多，另一方面能让对方在谈判结束时感觉自己赢得了胜利。

5. 对方可能会直接答应你的条件，即使不接受，也达到了谈判的目的。

6. 只要高于预期，多高都行，但应尽量高。

自信的人总是在开局谈判时提出很高的条件，然后再往双赢的方向慢慢谈。毕竟，对于一个很高的条件，一般人初次面对都是不接受的，这时就需要谈判了。亨利·基辛格（Henry Kissinger）是谈判高手，他曾经说过："谈判桌前的结果完全取决于你能在多大程度上抬高自己的要求。"如何你还不理解，那你可以从下面的例子中试想一下：

1. 在找工作时，你为什么总是会提出比自己心理预期要高的薪资和待遇要求呢？

2. 当你觉得能分到一间私人办公室就已经不错了时，可为什么还是会要求你的上司给你专门分配一个执行官套间呢？

3. 去商店购物时，你为什么总是会把价格压到你觉得对方根本不可能接受的地步？

4. 当你对一家餐厅的某道菜品不满意时，即便你心里想对方只要把那道你不满意的菜免单就可以了，可为什么你还是会要求对方全部免单呢？

你认真思考一下上述问题，就明白了为什么你要在谈判时抬高自己的要求了。其实，就是让你有谈判的空间。假如你是买方，你永远都有机会在谈判的过程中抬高价格，但却根本不可能压低价格；假如你是卖方，你永远都有机会把价格降低，但却很难增加报价。

总之，在谈判的开局阶段，你就应该把条件抬到对方可能接受的最高限度，而且该条件也是你想达到的最理想的结局，但同时又会让对方感觉是合情合理的。而且你的态度还要留有弹性，让对方感觉这还可以商量。如果你的态度是"要么接受，要么走开"，那这场谈判或许根本就不会开始。

17.2　在没有补偿时不接受低于自己预期的结果

在谈判开始前，你就要清楚地知道自己想到达到什么样的结果。最好在纸上事先列出期望的具体金额、条款等，在你确定了哪些是自己想要的之后，将有助于你对谈判结果的判断，并且也不会在谈判结束时让你产生低估了自己能力的感觉。

在你确定了自己期望的谈判目标之后，一定要按照稍高于此目标的标准进行准备工作，也就是为你的客户预留出一些可以"下降"到你理想价格的回旋余地。

在谈判前，对方心中也有自己的小算盘，肯定也不会轻易让步。假如你是买方，你永远不要接受对方的第一次报价，为什么呢？

1. 接受对方第一次报价通常会让对方产生怀疑和警觉。

2. 当对方接受你看似不合理的要求时，你要保持冷静，避免出现意外。

在听到对方的第一次报价时，你不要因为对方报价差距太大而气馁，要保持足够的信心，而且当对方接受你看似过高的要求时，你要保持冷静，避免出现意外。假如你是卖方，难免要首先报价，但对于谈判中的其他事宜，应尽量不要首先报价，要先了解对方的需求，试着摸清对方的底线。

不过，在没有任何补偿时，你一定不要接受低于自己预期的结果，否则你本身的价值将低于你的最初要求。在谈判结束时，你或许没能拿下你所期望的金额，但是你可以确保自己得到了所期望的"价值"。比如你打算购入一批饮水机过滤桶，你期望的降价幅度为8%，然而对方却告知你公司最多能给你优惠5%，那么这时你可以让对方给你一些补偿，赠送一些过滤芯，找到一个对你而言价值等同于那3%的替换选项。

17.3　对对方的报价感到意外

在听到对方报价后，你一定要作出一副感到很意外的样子。这时如果你没有表现出对报价有意外的样子，对方会觉得你可能会接受他的这些条件。要知道，对方也没有指望你会接受他们的第一次报价。

之所以让你对对方的报价表现出意外，一方面是在你表示意外之后，对方会对自己的条件降低信心，甚至让步；另一方面，如果你不表示意外则会使对方的态度更加强硬。这时你也要注意，在你表示惊讶之后，你还要留有协商的余地，不能让对方觉得"你的条件免谈"，而是让对方觉得你很惊讶，但并没有关上谈判的大门。

在对方说出自己的报价后，你应该如何应对对方的报价呢？其内容如图17-1所示。

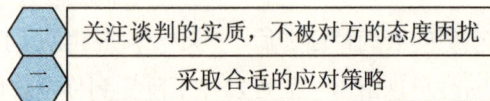

| 一 | 关注谈判的实质，不被对方的态度困扰 |
| 二 | 采取合适的应对策略 |

图17-1　应对对方报价的方法

1. 关注谈判的实质，不被对方的态度困扰

通常情况下，作为卖家，如果买方开始表现出不情愿，甚至抱怨时，作为卖家的我们信心就开始动摇，因为害怕丢掉订单，很多人就开始自动地降低开出的条件。你还要明白，不论对方如何抱怨，你要坚信一点，即对方之所以抱怨，是因为他们对你的产品感兴趣，如果他们对你的产品根本没有兴趣，根本就不会关心价格。请记住一点，只要对方还在和你谈判，对方就仍然抱着成交的希望。

2. 采取合适的应对策略

当对方使用"不情愿"策略时，让对方开出条件，然后可以使用"黑脸—白脸"策略或"更高权威"策略。

总之，谈判的对立方不可能从一开始就对你的价格表示满意，只要是打算合作的谈判方，他们都会抱怨价格。因为买家的抱怨，甚至表现出的不情愿，都只是谈判的策略而已。因此，不要因为对方表现出的"不情愿"而轻易降低自己的条件。谈判时，你要考虑的最大问题并不是客户的拒绝或抱怨，而是对方的漠不关心。

17.4　查询生意伙伴是否讲诚信

在与生意伙伴谈判之前，你一定要查清楚对方是否讲诚信。在生意场上，生意伙伴是否诚信主要体现在三个方面：一是履约意愿，即是否愿意诚信合作；二是履约能力，即是否有钱、有资质、有能力跟你合作；三是你也可能影响对方是否诚信。

1. 履约意愿

查询生意伙伴是否具有履约意愿的方法如图17-2所示。

（1）进入全国企业信用信息公示系统查看是否有违规情况。

你进入全国企业信用信息公示系统后，可以查看生意伙伴的工商登记情况。一方面，你可以看跟你接洽的人是不是假冒公司的名义与你谈合作。还有就是你可以查看与你接洽的人是不是公司的法定代表人或高管，如果不是，看他是否有权代表公司跟你谈合作。另一方面，你可以查看生意伙伴的公司是否有违规情况，例如，在本网站（图17-3）的主页中"经营异常信息"一览中，查看公司是否有异常信息。

图17-2　履约意愿查询方法

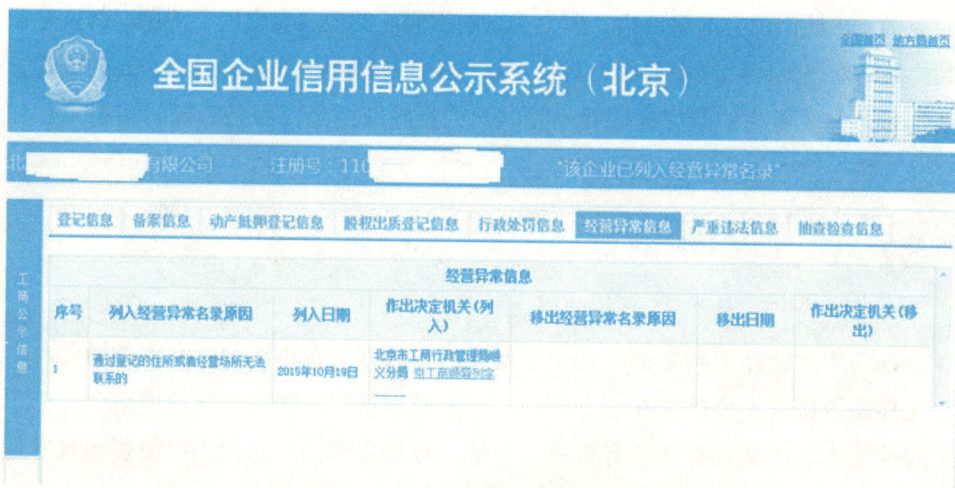

图17-3　全国企业信用信息公示系统示意图

（2）进入全国法院被执行人信息查询网看生意伙伴是否"失信被执行人"。

进入全国法院被执行人信息查询网后，你可以查看生意伙伴是不是"失信被执行人"。如果你的生意伙伴上了法院的黑名单，那说明他已经被人上诉并败诉了，而且还拒不执行法院判决，属于赖皮者，你最好不要和这些人做生意。

（3）进入中国裁判文书网查看生意伙伴的涉诉情况。

中国裁判文书网也是可以查询生意伙伴的诚信水平的，在本网站你可以从对方的涉诉频率、涉诉类型、涉诉金额以及涉诉趋势等方面考查对方的信用及资产状况。

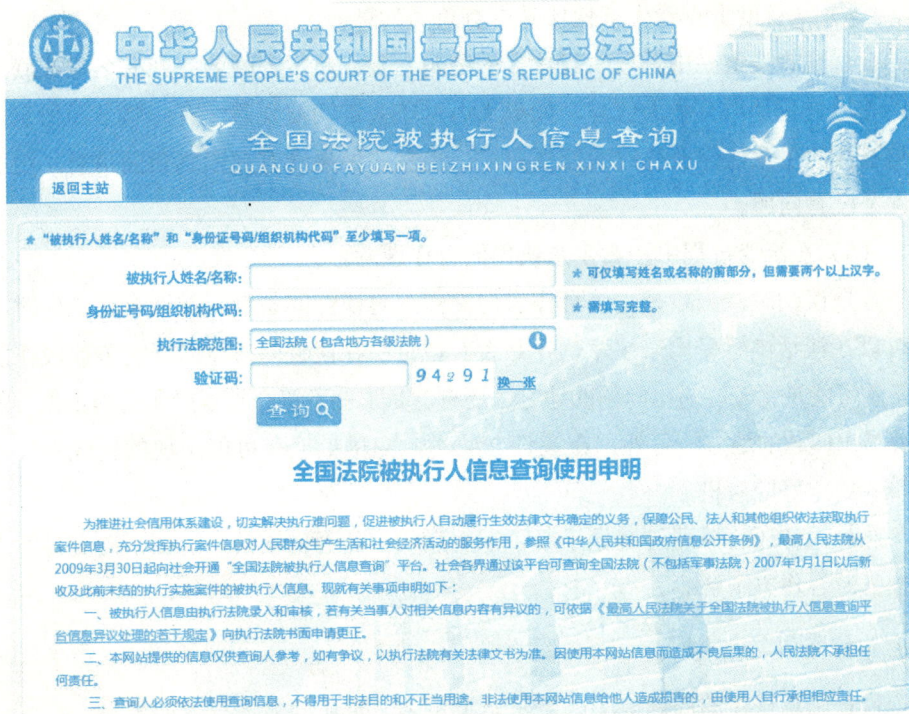

图17-4　全国法院被执行人信息查询网示意图

图17-5　中国裁判文书网示意图

（4）从百度上查看生意伙伴是否有负面信息。

在百度的搜索栏中输入生意伙伴的公司名称、负责人姓名、产品名称或联系方式等，查看是否有负面信息。如果上面这些关键词搜索后，有一些负面信息，在与这样的生意伙伴合作时应该注意了。当然，如果没有搜索到负面信息，也不能保证没有问题。

（5）在洽谈过程中注意生意伙伴的合作诚意。

客户谈判时，一般是先谈合作意向，然后再谈合同条款。在谈合作意向时，你可以在谈话中感受出来生意伙伴是否有诚意；在谈合同条款时，对方比较在意的条款可能是比较容易出问题的地方，还有就是那些不符合常规操作的约定也可能是容易出问题的地方。另外，在签订合同时，应尽量把有可能出现的问题考虑进去，并约定好应对机制。

此外，你还可以通过其他手段了解生意伙伴是否讲诚信，比如，向交易对手的上下游合作方了解等。

2. 履约能力

查看生意伙伴的履约能力，要从资金实力、资质和能力三方面来看。

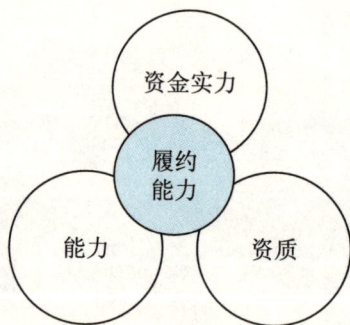

图17-6　履约能力

（1）如果你需要你的生意伙伴有一定的资金实力，你可以要求对方提供验资报告来证明实缴金额。最靠谱的就是要求对方提供担保。

（2）如果你需要你的生意伙伴有一定的资质，你可以在政府网站上查询对方是否有资质、资质等级、资质范围以及有效期等。

（3）如果你需要你的生意伙伴在设备、人员等方面有一定的能力，你可以进行实地考察。

3. 你也可能影响对方的诚信水平

生意伙伴的诚信水平也与你有关，为了尽量避免自己影响对方的诚信水平，你应做到以下几点（图17-7）。

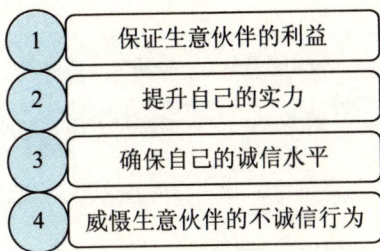

图17-7　避免影响生意伙伴诚信水平的方法

（1）保证生意伙伴的利益。

你要让生意伙伴有利可图，并不会遭受损失，否则很难让对方有诚信。

（2）提升自己的实力。

你的实力越强，别人越不敢欺骗你。举个简单的例子，一个小加油站不会对中石化耍手段。

（3）确保自己的诚信水平。

你的诚信水平，要依靠高度的信任以及频繁的交易来建立。另外，你的诚信可以降低生意伙伴交易成本，从而间接提高了对方不诚信的成本。

（4）威慑生意伙伴的不诚信行为。

在合同中列举一些惩罚条款，让对方不敢不诚信，因为如果他们不诚信就会遭受更大的损失。

17.5　摸清对方的情况应对僵局

你一定要花时间摸清对方的情况，了解对方有什么要求和禁区，挖掘对方的深层需求、以往的谈判结果以及形象包装手法。请记住，谈判中价格并不总是最重要的，有时与你和客户（或老板）可能谈到的恰恰相反。

只有摸清了对方的情况，才能应对僵局。要知道，"僵局"与"死胡同"不同，僵局是在某个问题上存在分歧暂时无法达成一致意见。那么如何应对谈判中遇到的僵局呢？首先你要避免对抗性谈判。

你要避免对抗性谈判，千万不要就不同意见和对方争辩，这样只会加剧对抗，尤其是谈判刚开始的时候，你要使用"感知、感受、发现"的方法扭转对抗局面。

1　感知（feel）：感知对方的立场

2　感受（felt）：理解对方的立场

3　发现（found）：以引导的方式表述自己的立场

图17-8　扭转对抗局面的方法

当生意伙伴表现出一些充满敌意的行为时，你可以采取"感知、感受、发现"的方法来处理，让你有时间冷静下来，并做进一步思考。在面对谈判僵局时，你的应对要点如下所示：

（1）不要立刻反驳，反驳只会强化对方立场；

（2）使用"感知、感受、发现"的方式表达自己的立场；

（3）适当条件下使用"他""他们"等第三人称，避免使用"你""我"这种第一、第二人称而加大对抗情绪；

（4）利用自己公司的优势谈判，让对方作出妥协；

（5）不要将谈判的注意力集中在某一个分歧上。

对谈判者来说，双方都有一个"走开价格"，即如果你还不答应，我就走了。对方并不知道这个价格，但是双方都会想尽办法找到这个"走开"的价格。所以，你不要首先表现出愿意成交，而当对方报价过低的时候你又表现出不情愿。假装"不情愿"是让对方摸不清自己底牌的一个常用的方法。但你表现出不情愿时应"留有协商的余地"。

最后，经过千辛万苦的谈判，对方终于同意你的要求，所有手续都完成了，就等对方付定金了。对方突然说："我的老板发现这里面有一个配件的价格高了……我想必须修改一下"，这时谈判人员最容易犯的错误就是让步。其实，为了防止在最后一刻受到对方的压榨，最简单的方法就是当对方提出条件后，只要告诉对方"你可以做得更好"就行了，千万不要一再让步。

第18章

发展策略：小公司如何选择自己的节奏

　　为了让公司的发展问题能得到系统的、有效的解决，你必须采取一些适合自己节奏的发展策略。在选择发展策略之前，你需要回答四个核心问题：一是公司未来要发展成什么样子？二是公司未来以什么样的速度与质量来实现发展？三是公司未来从哪些发展点来保证这种速度与质量？四是公司未来需要哪些发展能力支撑？这四个问题分别解决了公司的发展方向、发展速度与质量、发展点和发展能力。发展策略可以帮助公司指引长远发展方向，明确发展目标，指明发展点，并确定公司需要的发展能力，从而实现公司快速、健康、持续的发展。

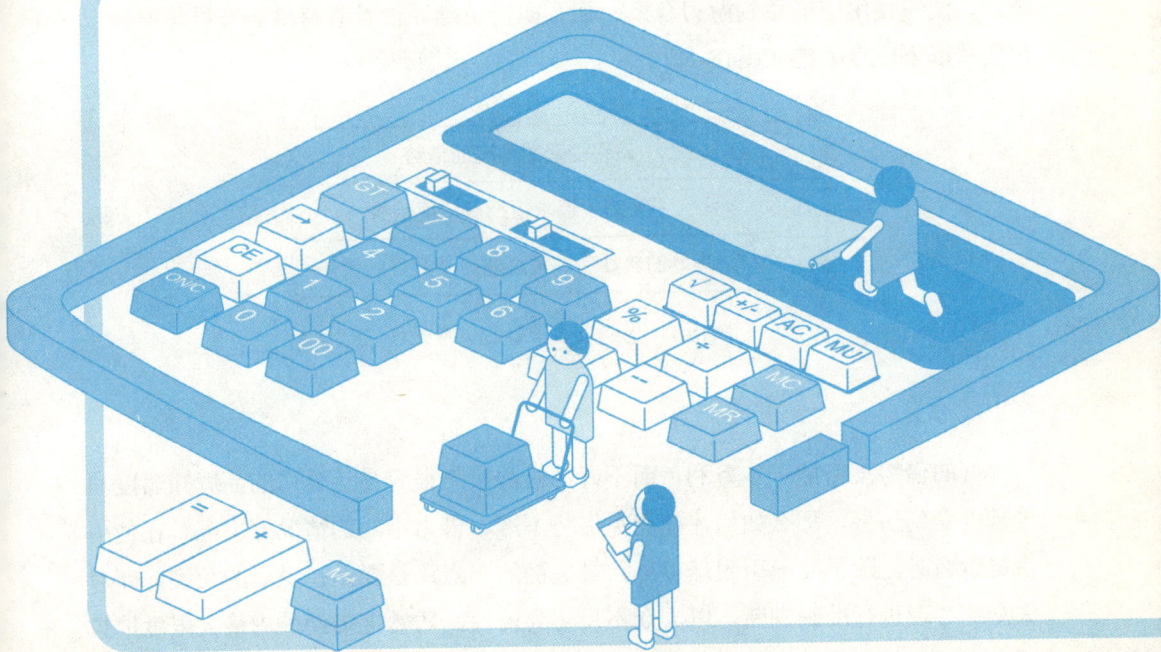

18.1　在"一带一路"战略中借势发展

张艺谋借势电影《山楂树之恋》热卖山楂月饼；蒙牛借助"超级女声"大肆销售蒙牛酸酸乳，还利用申奥显身手，利用非典赢民心，利用"神五"造双翼等。可以说，借势发展是蒙牛获得霸主地位背后的大功臣。

借势战略是一种相比造势营销更高明的营销手段，即将销售目的潜伏在营销活动中，将产品的推广融入到一个消费者喜闻乐见的环境里。这种营销手段能节省财力、物力，而且效果显著。

18.1.1　借势发展策略的实施要点

为了让借势发展策略更好地发挥作用，你必须正确评价及看待这种发展策略，以便在使用中能做到游刃有余。那么如何正确评价及看待借势发展策略呢，你要从以下三点考虑（图18-1）。

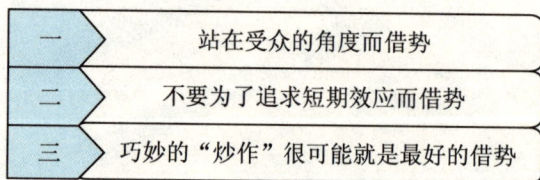

一	站在受众的角度而借势
二	不要为了追求短期效应而借势
三	巧妙的"炒作"很可能就是最好的借势

图18-1　借势发展策略的思考要点

1. 站在受众的角度而借势

好的借势策略能一本万利，而不好的借势策略很容易让公司的品牌知名度和美誉度受到伤害。那么如何才能避免借势不准、借力不对的情况发生呢？在使用借势策略时，除了要吸引眼球以外，最关键的一点还是要站在受众的角度，即对大众的心理进行准确判断，以大众不反感为前提，巧妙地借助外力最大限度地拉近大众与公司产品或服务的距离。

2. 不要为了追求短期效应而借势

有人说："公司的每一次借势活动都可以比喻成一颗颗散落的珍珠，公司的一致性行动方针比喻成把珍珠串起来的项链。那么，如果公司没有串珍珠的线，珍珠即使再闪光，也只能散落在沙滩上；反之，如果公司没有珍珠，只有串链的这条线，同样没有多大的意义。而公司只有把散落的珍珠用一根线串在一起，才能形成一条光彩夺目的珍珠项链。"

然而在现实中，很多公司在借势过程中只知道整天忙着找"珍珠"，却不知道如何把"珍珠"串起来，这种没有从长远角度考虑的借势发展策略肯定发挥不出它全部的作用。所以，公司在实施借势发展策略时要从战略的、长远的角度出发，而不能为了短期效应盲目地借势。

3. 巧妙的"炒作"很可能就是最好的借势

有些公司会对借势发展不屑一顾，他们认为这是在"炒作"。正是由于这种顾虑，很多公司害怕被人冠以"炒作"之名，而不愿意采用这种发展策略。其实，有些杞人忧天了。因此，公司不管是营销也好，炒作也罢，只要是有利于公司及品牌的建立及提升，炒作又何妨。

18.1.2　借势发展策略之借势营销

在借势发展策略中，大家最常见的就是借势营销。它是一种相比造势营销更高明的营销手段，即将销售目的潜伏在营销活动中，将产品的推广融入到一个消费者喜闻乐见的环境里。这种营销手段能节省财力、物力，而且效果显著。

很多人会认为借势营销只适合发展中的中小型公司，其实不然，借势发展也是大公司进行推广的惯用手法。比如，火热的电商618营销是由京东提出的，当时京东花了大价钱投放大广告，最后，几乎所有电商都借着这个宣传日进行大肆的促销活动，火了一把。在借势营销中，比较火的还有百事可乐的音乐和足球、农夫山泉的健康和金牌等优秀案例。这些大公司都在向我们阐释：当借势与品牌形象、品牌个性相吻合时，它所发挥的能量和持续的程度是巨大的。

在竞争日益激烈的"红海"中，创业型公司若想宣传自己的品牌或者产品，借用一些重大事件为公司造势是一条绝佳途径。因为借势发展成本低，操作简便，创业型公司在发展前期可以利用该发展战略，它对公司的生存和发展尤为重要。

18.2 利用差异化，走市场填补之路

差异化是企业竞争力的核心，而填补战略就是公司将自己的产品定位在市场上尚未被竞争者发现或占领的那部分需求空档。

从目前的实际情况来看，中小公司普遍势单力薄、竞争力弱，难以与大公司进行直接的竞争的和抗衡。但是选择填补发展策略，能很好地避开强大的竞争，还能扬长避短、避实就虚，获得进入某一市场的先机，为自身的发展壮大寻求必要的空间和时间，先入为主地建立对自己有利的市场地位。

18.2.1 填补发展策略的实施要点

运用填补发展策略的前提是找出"空缺"，并仔细分析"空缺"的性质和大小，以及公司自身的实力，然后再利用此来填补发展策略。在使用填补发展策略时，其注意要点如图18-2所示。

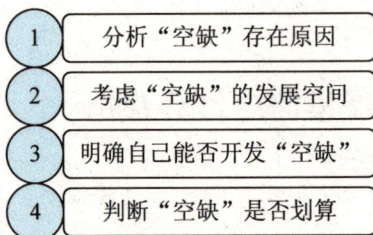

1	分析"空缺"存在原因
2	考虑"空缺"的发展空间
3	明确自己能否开发"空缺"
4	判断"空缺"是否划算

图18-2 填补策略的思考要点

1. 分析"空缺"存在原因

弄清楚"空缺"为什么存在，是因为竞争对手没有发觉、无暇顾及，还是这里根本没有潜在的需求。千万不要低估了你的竞争者，你想到的他们很可能也会想到。

2. 考虑"空缺"的发展空间

考虑这一"空缺"是否有足够的发展空间，即该市场中是否存在着潜在的需求，而且这些尚未满足的需求是否具有一定规模，足以使公司有利可图。

3. 明确自己能否开发"空缺"

确定自己是否有足够的技术和生产能力开发这一"空缺"。如果公司不具备

这些条件，千万不要一意孤行，否则只能造成失败和大量的资源浪费。此外，公司的营销管理能力能否胜任，对"空缺"的开发也很重要。

4. 判断"空缺"是否划算

判断这一"空缺"在经济上是否划算，是否有利可图。如果填补战略获利不佳，就要果断放弃。

18.2.2　贝因美利用填补发展策略绝处逢生

贝因美公司主要从事婴幼儿食品的研发、生产和销售等业务，它专注于婴幼儿产品已经二十多年了。在发展初期，贝因美在被外敌重重包围的市场竞争中，通过填补发展策略努力寻找市场"缺口"，找出了利己的市场。

20世纪80年代初期，外国婴幼儿食品品牌便开始大力进攻中国婴幼儿产品市场这块巨大的处女地，并于80年代后期成功抢滩中国市场。

面对中国这个极具潜力的大市场，作为本土公司的贝因美也于1992年成立。然而公司刚建立就要面对外资品牌的压力。让大家想不到的是，在外资品牌的窒息战术下，贝因美不仅没有被"消灭"，反而以后来者的身份一跃而上，使得众多外资品牌瞠目结舌。

贝因美成功的奥妙是始终以满足目标用户的未被满足的需求为导向，通过产品填补战略积累了一定的资本，顺利渡过了处处险滩的创业期。那么，贝因美是如何利用填补发展策略绝处逢生的呢？

1. 在严峻的市场环境下，寻求市场"缺口"

在贝因美成立之初，当时市场上的许多奶粉不仅蛋白质含量低且以动物蛋白为主，它的乳糖含量很高，但中国却有相当一部分的婴幼儿有乳糖不适应症。除此之外，中国婴儿易患碘缺乏症，必须在辅食中补充。

中国婴儿的体质特性决定了中国婴幼儿需要的是含有碘的、蛋白质含量丰富且易于吸收的断奶期食品，而在中国市场上明显存在巨大缺口。因此，贝因美利用了这些市场"缺口"，推出相应的有竞争力的产品，依靠强大的产品生产力满足了竞争对手所忽略的细分市场。贝因美努力寻找市场的各种缺口，这几乎是初创时期贝因美唯一的战略选择。毫无疑问，认真的市场分析和研究是贝因美踏上征途的第一步。

2. 在成功挖掘市场"缺口"后，快速锁定目标市场

成功挖掘出市场机会后，贝因美接下来要做的就是锁定目标市场。根据影响消费者购买行为的个人因素，贝因美锁定了具有明显特征的贝因美婴幼儿奶粉用户群体，主要包括以下几类（图18-3）。

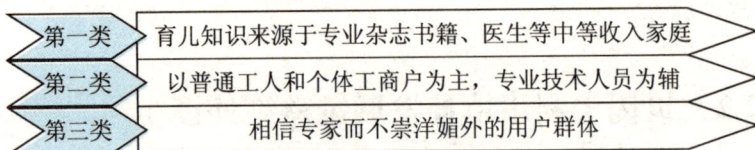

第一类	育儿知识来源于专业杂志书籍、医生等中等收入家庭
第二类	以普通工人和个体工商户为主，专业技术人员为辅
第三类	相信专家而不崇洋媚外的用户群体

图18-3　贝因美用户群体分类

贝因美的目标群体，相比外资品牌的"三高"（高收入、高学历、高地位）目标消费群体，既有一定的消费能力又有适当的选择能力，因此，贝因美可以在市场中做到游刃有余。

贝因美通过填补发展策略选择出适合公司发展的正确目标群体，为公司的实力增强和长期发展奠定了良好的基础，最终成功地从求生存的立锥之地发展为中型公司。如今，贝因美已经成为中国婴幼儿产业的领跑者之一。

对新成立的公司来说，要学习贝因美的填补发展策略，在寻找目标市场时努力寻找"空缺"。总之，公司要合理利用填补发展策略，这样不仅能帮助公司寻找市场机会，还能帮助公司快速锁定目标市场。

18.3　让实体企业走虚拟化发展之路

虚拟发展策略是指公司在结构组织上突破了传统的有形界限，虽然也有生产、营销、设计、财务等职能部门，但公司内部却没有完整地执行这些功能的组织。简单来说，在有限的资源条件下，为了取得竞争中的最大优势，公司仅保留公司中最关键的职能，而将其他的功能虚拟化——通过各种外力进行整合互补，其目的是在竞争中最大效率地利用公司有限的资源。

18.3.1　耐克的虚拟发展策略

在虚拟发展策略运营中，美国耐克公司就是一个非常成功的例子。耐克虽然

没有自己的生产车间，也没有自己的销售公司，但是却实现了年销售额上百亿美元的神话。其原因在于耐克牢牢控制着设计和营销部门，生产制造实行虚拟化运作。接下来，就对耐克公司的虚拟发展经营策略进行一一拆解。

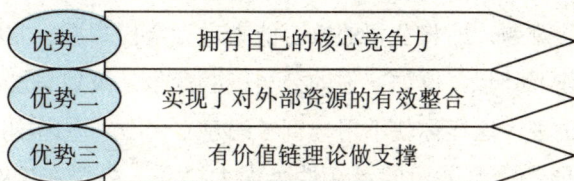

图18-4　耐克采取虚拟发展策略的优势

1. 拥有自己的核心竞争力

这一点指的就是耐克的设计能力，这也是耐克得以长期生存的根基。

2. 实现了对外部资源的有效整合

耐克在对外部资源进行有效整合的过程中，以产品经营为基础，进行多个领域的整合，最终实现效益最大化。当然，整合资源这一项，确实是一个复杂的过程。因为公司如果在非核心领域分布过多的资源，那么核心领域的资源就会减少，所以在这里必须要控制好一个"度"。

3. 有价值链理论做支撑

耐克利用迈克尔·波特提出的著名理论——价值链理论，即从价值链去分解成本的来源以及如何提升价值。这些价值链包括公司为用户提供产品过程中相互关联的基本活动和辅助活动两大类。基本活动包括内部后勤、运营、外部后勤、市场销售、售后服务。通过对耐克价值链的分析发现，耐克的经营领域已经包含了产品的生产、销售流程，从而克服了资源的限制。

虚拟发展经营模式，苹果公司用得更彻底。苹果的生产合作伙伴是由上百家手机生产厂家组成，这些厂家为苹果提供高品质的手机硬件产品，而苹果公司始终控制着产品的研发和设计工作。这样低成本运作模式，使苹果公司可以集中更多的工程师对产品进行不断的升级改进，这也是苹果公司的手机深受用户喜爱的原因。

总之，虚拟发展策略的实施，有利公司集中优势资源发展自己的核心竞争力，针对核心竞争力进行多角度的市场调研、品牌识别或视觉策划、广告以及各种传播沟通方式，同时节省了庞大的生产制造设施投资和人力、物力的消耗。

18.3.2　虚拟发展策略的要点

同行业中新成立的公司与成立十多年的公司相比，资源、资金都比较少，但是这并不证明新公司不具备与老牌公司竞争的实力。因为新公司可以通过"虚拟经营"去化解这些难题，即将公司的核心能力进行全程掌握，非核心能力的业务与第三方进行合作或外包。例如，你的公司核心竞争是策划与设计能力，那么就可以将印刷外包出去，这样你就不用一直考虑建立一个小型印刷厂了。

利用虚拟发展策略，公司的灵活性会大大提高，公司在接业务的时候受到的限制也会慢慢减少，最终达到资源利用最大化的结果。而且虚拟发展策略还能有效地将有限的资源变为无限，正如"六个人法则"：每个人与想要见的人之间只差六个人，即如果你想见美国总统，只需要通过六个人就可以找到。那么，通过虚拟发展策略，新公司也可以通过"六个人法则"让其他公司帮助自己引进资源、介绍合作伙伴，从而让有限的资源实现效益最大化。

18.4　与水平相近的公司进行联合发展

某专家曾给联合发展战略一个解释："公司经营者依靠单个公司尚不足以独立经营某一事业，为实现规模效益而采取的一种战略。它是指两个或两个以上独立的经营实体横向联合成立一个经营实体或公司集团的拓展战略，是社会经济发展到一定阶段的必然选择。实施该战略有利于实现公司资源的有效组合与合理调配，增加经营的资本规模，实现优势互补，增强集合竞争力，加快拓展速度，促进规模化经济的发展。"对联合发展策略而言，其主要有以下4种类型（图18-5）。

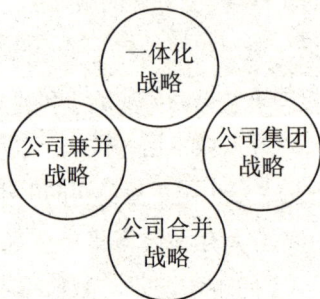

图18-5　联合发展战略的4种类型

18.4.1　联合发展策略的实施要点

　　虚拟发展策略和联合发展策略的利用前提是公司自身弱小而面临强大对手的情况，它们是通过寻求外援加大竞争实力所采取的发展策略。这两种模式都可以归类为寻找外援，然后对盈利部分进行再分配。与虚拟战略相比，联合战略的优势是合作力度更大，不是简单的代工关系，而是共同发展问题。联合发展策略的操作路径如图18-6所示。

图18-6　联合发展策略的操作路径

1. 横向联合

　　横向联合是指把一些既有区别又有联系的公司整合到一起，协调各分散经营的公司，加强这些公司的竞争优势。

2. 纵向联合

　　纵向联合是指在生产、流通领域的不同阶段，各公司在经营过程中互相衔接或互补，从而形成联合体。其联合体主要包括产、供、销联合体，同一终极产品的零配件生产公司的联合体，上游公司和下游公司的联合体，供货商、分销商和零售商的联合体等。

3. 网状布局

　　网状布局是指联合横向和纵向的策略，共同打造出网状布局。

　　联合发展策略在横向联合的基础上，再实行纵向联合，最终实现网状布局，从而将竞争对手成功包围。在这种发展策略下，双方可以共同分担风险、共同分享利益。联合战略的表现形式有很多，例如互持股份、注入资金、重新成立一家新公司等。

18.4.2　温州走联合发展战略之路

　　浙江温州是中国民营经济发展的先发地区与改革开放的前沿阵地，其发展速度让很多地区的人羡慕不已。在羡慕之余，大家要学习一些温州的发展经营模式。

仅在浙江温州柳市就有一个联合了三百多家低压电器公司组建的联合营销体系，参与公司的产品能够在全国各个省市进行销售，避免了因同行间的竞争而导致利润下降。同时也为浙江温州树立了强大的品牌，例如目前十分强大的德力西集团、正泰集团和新华集团等。当然，温州企业的合作范围远不止于此，现在温州市企业在厨卫、建材等领域也纷纷建立了自己的联合组织，这一组织实行统一宣传、互相监督、互相帮扶。

在联合发展策略中，并不仅限于温州这种合作方式，也可以采取兼并、控股、合并、参股等多种形式，组建一个力量强大的联盟。

链家地产通过控股、参股等形式实现了在上海、广州等重点城市的扩张；国美集团曾对永乐电器采取了兼并的模式，实现了国美一体化战略。类似这样的案例还有很多，它们的共性都是一样的。这些公司通过协同模式（图18-7），在资金、技术、人才上进行互补，相互间的约束力也大大增强，责任感也相应增强。

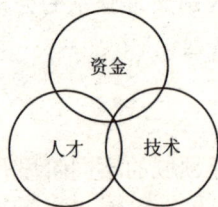

图18-7　联合发展策略的协同模式

联合发展策略有很大的竞争力，因为多方资源的整合，合作方会形成庞大的组织，相应的组织能量也会变得很大，可以轻易完成小公司无法完成的项目。在美国，联合发展策略更是随处可见。例如美国谷歌公司对数百家公司进行疯狂收购、微软收购诺基亚的手机业务、脸谱与地图公司的兼并等。所以，对创业型公司来说，如果在前期就思考并运用联合发展策略，这将让公司在发展过程中极具优势。

18.5　让公司从"搭船出海"提升到"造船出海"

上一节介绍的借势策略、填补策略、虚拟策略以及联合策略，在初期能很好地为中小型公司发展奠定根基。如今，在"经济全球化"背景下，公司国际化已是大势所趋。很多公司都梦想着有一天能走出国门，参与国际化竞争，这个目标并不是触不可及的。但是，只要选择一个好的国际化战略，这个梦想在不远的将来就一定能实现。

在国际化战略上，大型公司可以自主建设强大的海外营销网络，甚至子公司、分公司体系，以实现对产品流通渠道的控制。对中小公司而言，它们没有足够的资源和实力开拓国外市场，但是可以通过为大型公司提供配套产品与服务的"搭船出海"战略进入国际市场，而这种发展策略显然是这些公司目前最佳的选择。

18.5.1　华为的"借船出海"发展策略

华为是"搭船"战略运用最好的公司。曾在1987年，华为的员工以十数，产品以件计。如今，华为不论是作为智能手机厂商、通信设备供应商，还是信息与通信解决方案供应商，都走在了全球的前沿。

华为的国际化之路其实就是一条与一家跨国公司合作推动的"借船出海"之路。所以，创业公司或者发展中的公司都要学习华为这种搭船战略，让公司乘风破浪，走向国际化。

18.5.2　搭船发展策略的实施方法

搭船发展策略是华为公司最大的经营特色之一，下面就以华为为例，介绍一下搭船发展策略常用的一些实施方法，如图18-8所示。

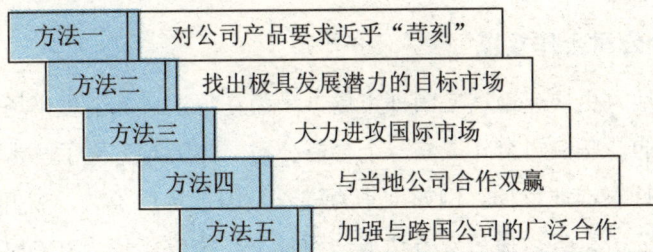

方法一	对公司产品要求近乎"苛刻"
方法二	找出极具发展潜力的目标市场
方法三	大力进攻国际市场
方法四	与当地公司合作双赢
方法五	加强与跨国公司的广泛合作

图18-8　搭船战略的实施方法

1. 对公司产品要求近乎"苛刻"

早在1995年，华为就已经意识到未来电信设备商不会仅仅依靠区域市场生存，更多的要依靠国际标准化生存。因此，华为就开始为进入国际化而努力。到了1996年，华为从提供给香港和记电讯C&C08窄带交换机为核心的"商业网"产品开始，在产品质量、服务等方面的要求近乎"苛刻"，这可谓是华为为日后进军国际市场的一次"大练兵"。

2. 找出极具发展潜力的目标市场

随着华为市场的不断开拓，它积累了充足的资金、技术和经验。不过，在此期间它还面临第二个难关——目标市场的选择，对此华为当时的决策层也展开了激烈的讨论。他们认为，如果华为选择落后的发展中国家，显然很难有收益；但如果选择经济发达的欧美国家，其竞争又过于激烈，对华为来说没有太大的优势。权衡利弊之后，华为最终决定将目标市场定在发达程度相对较弱但未来经济发展有潜力的第三世界国家，比如，俄罗斯、拉美市场等，并采取"农村包围城市"策略，把优势兵力集中在目标市场中的薄弱环节，步步为营、层层包围，最后再攻占一些发达国家。

3. 大力进攻国际市场

华为进入国际化市场并不是一帆风顺的，特别是在前期，华为遭遇到了很多挫折。在一一攻克之后，华为在国外的实力才慢慢提升。在发展中国家连战告捷后，华为便开始进攻期冀已久的发达国家，以德国为起点，通过与当地著名代理商合作，华为产品成功进入德国、法国等发达国家市场。对于门槛相当高的北美市场，华为实行的是"借船搭乘"的发展模式，频繁地以OEM（Original Equipment Manufacturer，即原始设备制造商）方式或借助合作伙伴、渠道商的力量占据了国际市场。

4. 与当地公司合作双赢

为了更好地、更快速地适应国外市场，华为在每次进入陌生市场后，都会选择尽快与当地的一些公司合作成立一个合资公司，因为对方更了解本地市场，能帮助华为快速打入本地市场。例如，华为进入美国市场后不久，就开始与3COM公司商谈合资公司事务，最后双方达成一致意见，成立了华为3COM。华为通过与友商的合作，共同创造良好的生存空间，并共享价值链的利益。

5. 加强与跨国公司的广泛合作

华为成功进入欧美市场后，除了与当地公司成立合资公司以外，还进一步加强了与跨国公司的广泛合作。初入欧美市场的华为，在一些发达国家中的知名度并不高，当时大家只知道诺基亚、西门子、微软、IBM、索尼、3COM等品牌。后来，华为凭借自己的产品和技术，借力知名品牌和渠道，通过参股或控股最终实现了全球技术版图的扩张。

目前，华为已经发展为年销售规模超过3900亿元的世界500强公司之一，也是全球领先的信息与通信解决方案供应商。未来，华为将与众多伙伴合作努力共建联接世界的全球化发展渠道。在此道路上，华为依旧采用自己独具优势的"借船出海"发展策略。

18.6　如何平衡公司稳定与扩张之间的矛盾

当创业公司发展到一定阶段时，创业者就开始思考，是让公司稳定发展，还是让公司快速扩张？因为如果让公司稳定发展，创业者害怕跟不上市场快速发展的节奏；如果让公司快速扩张，创业者又害怕人才、资金和物质资源跟不上，扩张不成功反而损失财力，降低士气。那么，在这时候，创业者该如何抉择呢？下面我们来看一下华为是如何从小作坊发展成一个国际化大公司的。

1987年，华为从一个小作坊起家，当时的主要业务是为香港一家公司代销HAX交换机。但华为的创始人任正非并不甘心做一个代销商，他试图迈入充满风险的高科技领域，把华为打造成通信行业的知名品牌。当时，尚在襁褓中的华为面临的是摩托罗拉、爱立信、西门子等国际电信巨头的压力。无论是从技术上还是从资本上来看，华为与这些电信巨头都不是一个级别。但任正非认为，"当前世界，任何电信公司不是发展，就是灭亡，没有第三条路可走。其他电信公司和华为一样，同样没有退路——要生存就得发展。"

华为从销售做起，为打通销路，不计代价，不惜血本。直到2003年冬季，华为才以高速发展、快速扩张的姿态出现在人们的视野中。而且从那时开始，华为便一直处于凶猛无比的快速扩张之中。任正非自比为"狼"，媒体则把华为与跨国公司的竞争比作"土狼与狮子的战斗"。到目前为止，华为依然是人才济济，资金充裕，资源丰富。

从华为的发展布局来看，它不是一个均衡的公司，正如俗话所说"歼敌一千，自伤七百"，华为处于这样一种状态。对此，任正非也承认，他采用"压强战术"，公司的耗费是惊人的。因为如果公司在市场上采取不计成本的投入，这在相当程度上削弱了华为的利润率。但是，华为对利润目标有专门的表述："我们将按照我们的事业可持续发展的要求，设立每个时期的合理利润率和利润目标，而不是单纯追求利润的最大化。"

对公司来说，在市场条件好时，不需要特意放慢扩张的脚步，反而要快速扩张，否则就会失去市场份额，以后再想赶上非常困难，甚至可以说是不可能的。当然，快速扩张的前提是公司必须已经做好了能有效开拓市场的人、资金和物质资源等各方面的准备，还要能合理地控制公司的现金流、利润和预算。总之，是稳定发展还是快速扩张，这根本不是取舍问题，而是公司内部建设问题。

18.7 选择什么时间引入投资比较合适

对创业型公司来说，在创业初期或产品研发阶段，公司资本流较少，资产规模也很小。在这种情况下，这类公司为了加快公司的发展脚步，开始通过私募引入必要的战略性投资伙伴，吸引一部分风险资本加入到公司之中。

公司在创业初期或产品研究开发阶段选择引入战略性投资伙伴，其好处主要体现在两个方面：一方面能吸引新的股东注资入股，成为公司的战略投资者，从而提高公司的知名度；另一方面也能解决公司上市前的资金需求。那么，创业公司如何引入战略投资者呢？其引入战略投资者流程如图18-9所示。

寻求意向投资者

↓

选择钟情投资者

↓

与战略投资者面谈

↓

举行正式谈判

↓

签定合作协议

图18-9　引入战略投资者流程

第19章

筹集资金：如何解决初期突发的财务困境

硅谷资深创业者本·霍洛维茨曾用这样一句话总结他的创业时光："在担任CEO的8年多时间里，只有3天是顺境，剩下的8年几乎全是举步维艰。"可见，创业之路可谓是举步维艰，特别是在公司遇到财务问题时。大部分创业公司最后倒闭都是因为缺少资金。那么，当你的公司陷入财务困境后，你应该怎么办呢？本章将通过几个技巧，帮助你解决公司发展初期突发的财务困境。

19.1 预知3个月后的现金流问题

有一个创业朋友，她对公司的现金流做了一个很形象的比喻：现金不仅是王牌，它更像空气，离了它没人能够生存下去。她曾给我讲过她之前的经历，在一年年底时，她去找公司的会计，并对她说："我们公司今年效益不错，应该赚了一大笔钱，但是现在公司的现金都在哪儿呢？"会计递给她一份财务报告，里面记录了公司过去一年的动态，报告上显示公司账面上确实没有现金。而且会计还告诉她："本周五我们还需要10万元。"最后她说："正是因为我不太在意公司的现金流问题，导致它以六位数的形式出现来报复我对它的忽视。"

创业初期，企业很容易出现现金流失控现象。从上述案例中看出，创业者千万不能忽视你的现金流。创业如果没有资本支持，现金流又不好，商业模式再好也无济于事。因为现金流是维持公司正常运营的前提条件，也是衡量一个公司是否健康发展的动态标准和监视器，还决定着公司下一步能否正常运转，甚至决定着公司的命运。

对创业者来说，你永远都要清楚自己账户里有多少现金，即使你能开出支票也并不意味着花钱能够大手大脚。这里所说的让你清楚账户里面有多少现金，并不是说你查查公司账户里有多少现金就可以，而是要你预知在3个月之后你的现金流还有多少。那么，如何预知3个月之后你的现金流有多少呢？

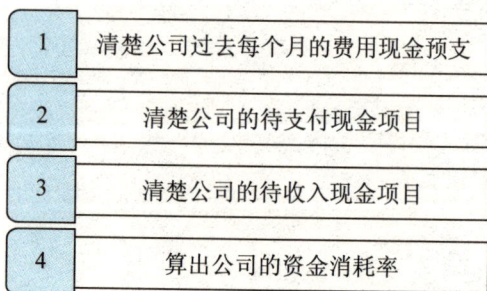

1	清楚公司过去每个月的费用现金预支
2	清楚公司的待支付现金项目
3	清楚公司的待收入现金项目
4	算出公司的资金消耗率

图19-1 预知3个月后现金流的方法

1. 清楚公司过去每个月的费用现金预支

根据公司过去每个月的费用发生情况和未来管理要求制定费用预算，按照以往经验制作按月分配的费用现金支出的现金流。

2. 清楚公司的待支付现金项目

用你现金账户中的额度减去待支付现金项目的额度，计算出公司每个月现金的剩余额度。

3. 清楚公司的待收入现金项目

当客户的支付期要到时，你千万不要天真地以为客户一定会按规定时间把钱打到你的账户，因为按期支付的客户很少，所以你在计算待收入现金时，要至少要留出为期两周的缓冲期。

4. 算出公司的资金消耗率

资金消耗率是你每个月维持公司运转所支出的费用，你要尽你所能将这些金额降到最低，并在日历上对这些数字进行标示。

19.2　在收益不变的情况下，将经营成本降低20%

公司的经营成本由生产成本、销售成本、管理费用及财务费用组成。为了降低经营成本，你可以从以下4个方面节省开支（图19-2）。

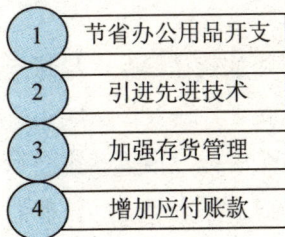

1	节省办公用品开支
2	引进先进技术
3	加强存货管理
4	增加应付账款

图19-2　降低经营成本的方法

1. 节省办公用品开支

节省办公用品的日常开支是降低经营成本最简单的方法，比如，在耗材选购方面尽量货比三家，在同等货源的情况下采购价格较低的材料；在办公费用方面，有些公司浪费现象比较严重，你可以采用减少复印和打印次数、A4纸双面打印等方法，减少一些不必要的资源消耗与费用支出。

2. 引进先进技术

俗话说："工欲善其事必先利其器。"对公司来说，先进的技术是加强管理的必备工具，也是降低经营成本的有效手段。有些公司就非常注重先进的技术管理供应链，利用计算机系统来控制。比如，一些大型超市利用大数据技术对每天的销售数据进行分析，研究商品之间的关联关系。根据超市的数据来看，当婴儿尿布卖得多的时候，啤酒的销量也会相应上升。经过观察发现，原来是爸爸们给婴儿买尿布的时候会顺带着买啤酒，这种大数据分析对提高管理非常重要。

3. 加强存货管理

减少库存是降低公司经营成本的一个很好的方法。那么如何减少公司的库存呢？答案就是根据市场销售情况来安排生产。下面以卖鞋公司为例：

该公司某款鞋很受欢迎，各零售店均出现了供不应求的情况。假设某零售店第一个月向总部报100双鞋，但是实际上可以卖出200双鞋，于是有100双鞋的缺口。而第二个月向总部报200双，而市场需求又变成了300双鞋。这时零售店就会很着急，店里不能总因为缺货而少赚钱呀，于是，它们就会向总部多报数量。本来一个月只能卖出200双鞋，它们就报400双鞋。这样公司就会出现产能过剩的情况。相应地，公司的经营成本也随之提升。因此，公司应做好市场需求量的分析，加强存货管理。

4. 增加应付账款

用通俗的话讲，增加应付账款就是赊账，尽量延长你的钱的使用时间。因为一件商品从生产到零售卖给消费者，需要经历购买原材料、工厂加工、批发商经销、商家零售等多个环节。这个时候，很多商家会利用自身的优势地位，延迟一个月或者几个月与上游环节的商家结账。这样，他们就将运营成本转移到别家去了。当然，这种方法是不值得提倡的，只有在资金链非常紧急的情况下，你才可以采用这种方法降低经营成本。

除了从以上四个方面降低经营成本以外，你还可以在创办公司时选择免息投资，在有可能的情况下，努力使其实现有机增长。而且你还要在日常经营时，请求客户支付预付款和定金，然后用这笔钱来打造你的公司。

19.3 从竞争对手那里解决资金短缺问题

在商业社会，除了与竞争对手"死嗑"以外，企业还可以通过合作实现双赢。特别是在"互联网+"时代下，很多公司都把以往的竞争对手发展为合作伙伴，抱团取暖成为现代的主流商业模式。

对创业型公司来说，最容易出现的问题就是资金短缺。很多时候，初创公司可能无力独自承担某些项目的成本，但是如果与其他公司合作，就可以由大家共同分担成本。那么，如何向竞争对手寻求合作呢？其方法如图19-3所示。

方法一	与竞争对手合作或是利益一致，或是各取所需
方法二	从资源共享中获利、选择合作途径、讲究合作策略
方法三	在合作中竞争、在竞争中合作，把"竞合"作为竞争的高级阶段，以双赢为出发点
方法四	与其竞争，不如联手，双方互补资源和能力，以"战略联盟"实现双赢
方法五	合作之上竞争，把对方当作既是针锋相对的竞争对手，又是亲密的合作伙伴

图19-3 向竞争对手寻求合作的方法

与竞争对手合作，无论是为了追求利益一致还是为了各取所需，总之，合作之利必大于弊。特别是在当今市场，全球化的压力越来越大，市场要求公司不断加快创新速度，这时短兵相接的竞争对手也可以在不损害各自竞争优势的前提下结成战略联盟。在合作中，竞争双方不仅可以共同分担产品开发的成本与风险，获取规模经济效益，还能共享资源与人才。这样双方就可以以更快的速度向市场推出具有竞争力的产品，或可以与更大的竞争对手抗争。

19.4 说服亲朋好友给你投钱

我有一个朋友是做内衣批发的，前期压货需要大批资金。由于他的人缘和诚信度比较高，他的生意又做得有声有色，因此很多人都愿意借钱给他。但是你跟亲朋好友借钱也是要给一定的利息，这样下次你借钱时他们还会把钱借给你。毕竟，别说他们把钱存在支付宝里了，就是存在银行里，也是有一定的利息的。且不说银行贷款有一定的时间，而且银行也不会轻易贷款给你的。

向亲朋好友借钱是一个比较方便的筹资方法。那么如何说服亲朋好友把钱借给你呢？你要做到以下几点（图19-4）。

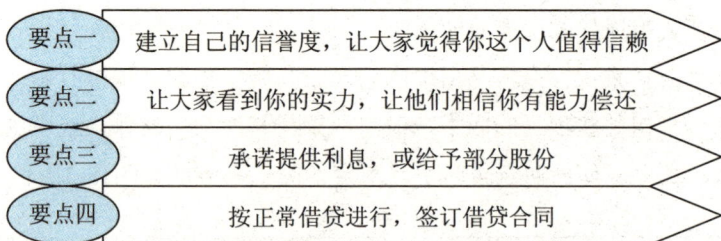

要点一	建立自己的信誉度，让大家觉得你这个人值得信赖
要点二	让大家看到你的实力，让他们相信你有能力偿还
要点三	承诺提供利息，或给予部分股份
要点四	按正常借贷进行，签订借贷合同

图19-4　说服亲朋好友借钱给自己的方法

俗话说："有借有还，再借不难。"你在向亲朋好友钱时，一定要按照合同或者口头协议执行，在约定期限内把钱还给他们。你有了信誉之后，他们才愿意把钱再借给你，而且你的做法大家都会看在眼里。"好事不出门，坏事传千里"，倘若你的信誉不好，其他亲朋好友就会找各种理由搪塞你，这样你就断了这一条最便捷的筹资渠道。

19.5　去融资平台路演筹集资金

你是CEO，开门要做三件事：找人、找钱、找方向。现在咱们聊"路演"，也就是找钱。公司出现现金流问题时再去找钱，其实已经处于被动阶段了，不过别无他法。当然现金流出现问题，也不必大惊小怪。据金融机构调查数据显示，创业初期出现现金流不足问题的公司占90%，因为这时公司需要生存、扩张。

"路演"这个词，直白地讲，就是在一个融资平台上，你在台上、投资人在台下，你将你的项目和想法讲给台下的投资人听，投资人可以现场提问题，如果投资人觉得项目有潜力，于是就开始与你商量投钱入股的事情了。

常言说："遍地黄金，能捡多得看本事。"市场上从来不缺少投资人，投资机构之间竞争激烈，往往为了一个好项目不惜投入巨资，甚至一个稍好一些的项目的股权出让，也是一天一个价。所以，创业者不必担心自己的好项目没有人愿意投钱。当然，吸引投资也需要采用一些行之有效的路演方式进行推广。

路演会遇到的三大问题，其内容如图19-5所示。

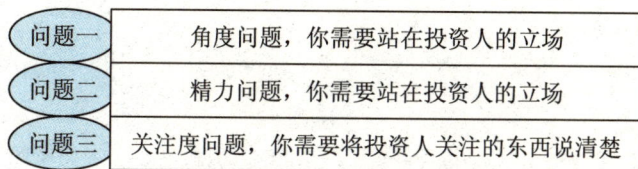

问题一	角度问题，你需要站在投资人的立场
问题二	精力问题，你需要站在投资人的立场
问题三	关注度问题，你需要将投资人关注的东西说清楚

图19-5　路演遇到的三大问题

问题一：角度问题，你需要站在投资人的立场。

A. 少用专业术语，让投资人能听懂、能理解。

B. 关键概念不超过3个。

C. 尽可能简洁。

问题二：精力问题，你需要站在投资人的立场。

投资人只有碎片化时间，投资人的时间是宝贵的，投资人的精力也是有限的，所以他们需要为结果而行动。中关村创业大街的路演时间一般为7分钟，不能太刻板，要先把好货拿出来，注意效率。

A. 简单——直奔主题，直截了当。

B. 直接——直击用户刚需问题。

问题三：关注度问题，你需要将投资人关注的东西说清楚。

投资人多会关注两点。

A. 你未来的可实现目标是什么？

错误1：做一家最有情怀的公司。（注意：投资人是来赚钱的）

错误2：三年上市，五年超过阿里巴巴。（注意：投资人会以为你在做梦）

基本正确：半年内实现增长20%，区域性用户突破10万人。（注意：可操作，接地气）

B. 你具备什么优势？

在路演时，递进式的结构设计比平行结构更有优势。所以需要将自己的优势有逻辑地说出来。

优势1：因为自己的优势，所以把握住了这个市场机会。

优势2：自己的优势具有可持续性。

优势3：自己的优势具有无限可能性，不只是概率更高，而且不是随机的。

明白了上面的三个问题之后，你就可以按部就班地路演了，下面4个方面是必须向投资人介绍的。

图19-6　投资介绍四大方面

上面这些是必备项，下面这些才是加分项，多那么一点，就会多一份成功的概率。阿里巴巴CEO马云曾用6分钟路演，让软银集团孙正义投资了4000万元。我们分析了马云当时的路演过程，总结出五大加分项（图19-7）。

图19-7　五大加分项

1. 有故事

6分钟时间虽然不长，但中间讲一些小故事还是可以的。因为投资人也喜欢听一些与创始人有关的故事，这些故事能够让投资人更容易了解对他来说很陌生的团队和项目。当然，故事还是要围绕着产品，要不就等于跑题。

百度CEO李彦宏有一次在清华大学讲了百度上市之前去最后一站纽约路演的故事，下面是李彦宏说的原话：

投资者最后向我提了一个问题：Google出多少钱你会愿意卖？到最后一站的时候，我们基本上知道百度如果上市的话，市值大概是8亿美金，我也知道我们董事会的成员和VC（Venture Capital，即风险投资）都清楚这一点。但这个问题我不能不回答，不能说出多少钱都不卖，这样说是对投资者不负责任。因为投资者的钱也是从其他地方融资来的，他们得对他们自己的投资人负责，所以他们必须要能够说服他们自己的投资人。我最后说出了一个：他们出20亿美金我就卖。一边是8亿美金，一边是20亿美金，我为什么说出这样的价钱？因为我也在盘算，我要出一个什么价钱Google会放弃买，20亿美金。投资者听后表示他们不想买。这样才会有后来2005年8月5日百度上市，创造了美国股市纪录当天的最大涨幅。

看完这段话，是不是感觉这次演讲很有料，也有味。演讲中的故事与路演时要讲的故事有相通之处，就是前面说得有味、有料。

2. 有优势

这一点在前面已经说过，在此重复是为了加深记忆，因为具有优势的公司才值得投资人投资。

分享你的产品独一无二的地方和为什么它能解决你所提到的问题。这一部分最好简约而不简单，要做到投资人听过以后，可以轻松地向另一个人介绍你到底在做什么。尽量少使用行业里的生僻词汇。

3. 有数据

创业初期，我们可能没有太多成果性收获，不过我们可以去讲：我们做了什么、做了多少、怎么做的。越具体越好，尽量用数据去表达。

投资人投资前关注的核心也是数据。移动社交软件陌陌，在路演时公布了一组数据："拥有1.8亿的注册用户量，拥有2500万的评价DAUs，还有450万个群组。"一般的创业公司远达不到这个数据，但是我们一样可以通过数据让投资人看到公司的潜力。

4. 有竞争对手分析

在"大众创业，万众创新"的大形势下，想做一款与竞争对手相似的产品，显然成功概率很小，因为我们的竞争对手早已先行一步。当一个市场处于红海时，投资人不太会感兴趣，因为这时风险已经很高。

所以在做竞争对手分析时，要强调差异化，但是不要无视竞争对手，更不要贬低对手。因为商业竞争与市场占有率有关，而与竞争对手的规模无关。

5. 有退出机制

不少投资人经历过"被套"的感觉，资金投放之后，有些创业者不明确退出机制，投资人很难在想退出的时候退出。如果你将退出机制提前说出来，投资人会感觉更踏实。

19.6　做房产抵押借贷

假如你现在在北京昌平区有一套自有的房子，建筑面积是108平方米，市场价格每平方米价值2.1万元，总价约226.8万元。你现在准备创业，打算用这套房子办理抵押贷款，你知道你最多可以获得多少贷款吗？这些贷款你应在多少年内还清，利息总共是多少，每个月需要还多少钱吗？

对上述问题，肯定有很多人都回答不出来。下面进行统一回答，房屋抵押贷款最高可贷房屋评估值（记住是评估值，而不是房子的市场价。评估值是由银行指定的评估公司给出的房子估价）的80%，可贷款10～20年，利率是人民银行规定的房产抵押基准利率或适当浮动，计算利息最简单的方法就是下载一个专门计算利息的计算器。

房产抵押贷款是借款人将自己或他人（如亲属、朋友、同事）拥有所有权的房产做抵押，向银行申请款项用于各种消费，也可用于各种资金周转和经营性用途。抵押后的房产仍然可以正常使用或出租。

房产抵押贷款是一款比较常见的银行贷款产品，但很多借款人都有一个认知误区：只要是房子都能做抵押贷款。其实，这种想法是不正确的，因为银行对借款人所抵押房产的产权性质是有严格要求的。以下10种房子不能用作抵押贷款（图19-8），看看你的房子是否在这个范围内。

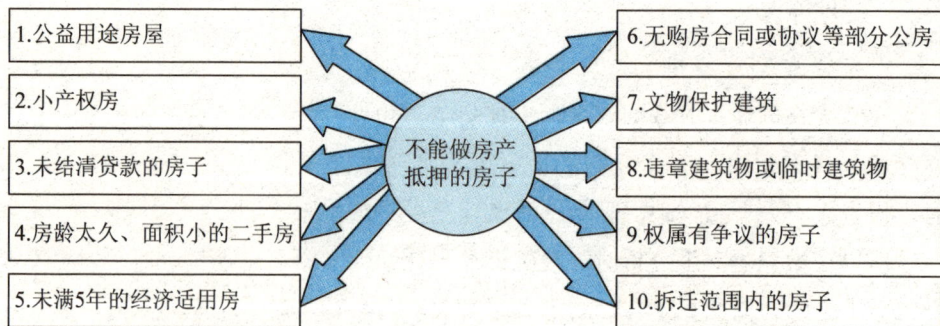

1.公益用途房屋
2.小产权房
3.未结清贷款的房子
4.房龄太久、面积小的二手房
5.未满5年的经济适用房

不能做房产抵押的房子

6.无购房合同或协议等部分公房
7.文物保护建筑
8.违章建筑物或临时建筑物
9.权属有争议的房子
10.拆迁范围内的房子

图19-8　不能做房产抵押贷款的房子

房产抵押贷款不仅对房子有要求，对借款人也是有要求的。抵押贷款借款人所需条件如图19-9所示。

一	具有身份证，年龄在18~60岁的自然人
二	具有稳定职业、收入，按期偿付抵押款本息的能力
三	拥有产权的商品房、别墅、公寓、底商、写字楼、按揭房、央产房等
四	手续齐备，能够办理抵押登记手续及上市流通

图19-9　抵押贷款借款人所需条件

此外，抵押贷款借款人在做房屋抵押贷款时应提供以下材料：

1.房产证原件；

2.户口本；

3.夫妻双方身份证、结婚证（借款人为单身只需提供身份证即可）；

4.个人收入证明或个人资产状况等还款能力证明。

19.7　避开高利贷陷阱

小张是80后，前些年在门窗厂跑业务，小伙子机灵又勤快，很快便成为老板的得力助手。但小张并不满足于这样的现状，想自己创业，开一个玻璃制品厂。

前期，小张向亲朋好友借了50万元，在开发区租了个简易的厂房，购买了设备，当起了老板兼业务员。但由于小张是外地户口，无法取得银行贷款，前两年他做得非常艰难，资金流常常中断，后来多亏了原来的老板帮他渡过了难关。

经过几年的发展，小张的生意越做越好，厂里不仅添置了新设备，员工也发展到60多人，年产值超过1000万元。有一天，小张接到一个大订单，对方需要尽快交货。于是，他去银行申请贷款500万元，并按照合同约定的时间交了货。但当小张向客户催要货款时，对方却告诉小张自己的公司因为担保问题被法院查封了。

小张本以为会大赚一笔，没想到却摊上了"大事"。后来，经济形势越来越差，外面的欠账也要不回来了，银行也不再贷款给他。但工厂不能停，为了维持工厂的正常运转，小张不得不借起了高利贷。没想到，小张的资金黑洞越来越大，银行、法院、黑社会，要账的人如影随形，特别是高利贷，当时小张向放贷者借了100万元，没想到利滚利竟然达到200万元。

小张根本拿不出那么多钱，放贷者就找人经常到家里去闹腾，把孩子吓得直哭。小张不停地跟放贷者说好话，旁边有个纹身的年轻人破口大骂：杀人偿命、欠债还钱，你有本事从这16楼跳下去，老子就不要你还钱了。第二天，小张趁妻子送孩子上学，打开客厅的窗户跳了下去。

　　小张的悲剧告诫创业者，切忌借用高利贷创业。高利贷可以说是"吸血鬼"的代名词，古今中外，多少人因高利贷弄得家破人亡，潦倒一生。有时候，即使你没有去借高利贷，也有可能不慎掉入高利贷的陷阱中。那么，你如何才能避开高利贷的陷阱呢？

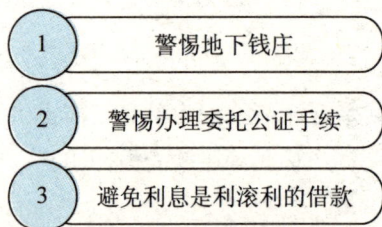

1	警惕地下钱庄
2	警惕办理委托公证手续
3	避免利息是利滚利的借款

图19-10　避开高利贷陷阱的方法

1. 警惕地下钱庄

　　很多时候，地下钱庄打着咨询公司的旗号，通过"信用贷款""快借"等欺骗手段招揽客户，实则是违规放高利贷。然而有些借款人不明就里，还严重缺乏清晰的私人借贷规则意识，在急需用钱的情况下，很容易一步一步跌入无止境的高利贷陷阱，任人盘剥。从这个意义上说，地下钱庄比高利贷更可怕，他们靠着超高利息和各种强制性的超高收费，收获滚滚财源，而为及时收回欠款更是无所不用其极。因此，创业者要认清地下钱庄的本质，不要抱有侥幸心理找其借钱，以免惹火烧身。

2. 警惕办理委托公证手续

　　借款人在借款时如涉及房产、汽车等私人财产时，在办理委托公证手续时要时刻保持警惕的状态，同时在整个往来过程中应当仔细阅读、慎重签署相关法律文书。不论是借款还是还本、还息，最好都以银行转账的方式进行，这样能够记录下实际发生的金额，为自己保留好证据。

3. 避免利息是利滚利的借款

　　正常借贷的利息一般不高，而高利贷利息一般都是利滚利，其计算公式如下所示：

$$高利贷终值=本金×（1+利率）^n$$

其中，n是利率获取时间的整数倍。高利贷利息是利滚利的，其过高的利息对正规金融机构的业务开展造成了影响，损害了公众的合法利益，也造成市场利率的混乱。

创业者一定要了解利率政策和利率知识，搞清楚"高利贷"和普通借贷之间的关系，远离高利贷，避开高利贷陷阱，从而让自己的创业少些不必要的麻烦。

第20章

融资计划：如何在短期内完成 A、B 轮融资

现在融资已经成为初创公司转型升级的必经之路，但很多人在融资前都没有一个正确的融资姿态。他们不知道公司现在需要多少钱，不知道所需资金是选择银行贷款还是融资，不知道自己是否可以出让公司的股份，也不知道该出让多少股份，而且还会混淆融资各轮次之间的联系与区别。本章主要讲述的是融资中一些常见问题，不仅为创立者提供了明确的融资路径，也为投资人提出了一些投资建议，以帮助大家避免在融资时走弯路。

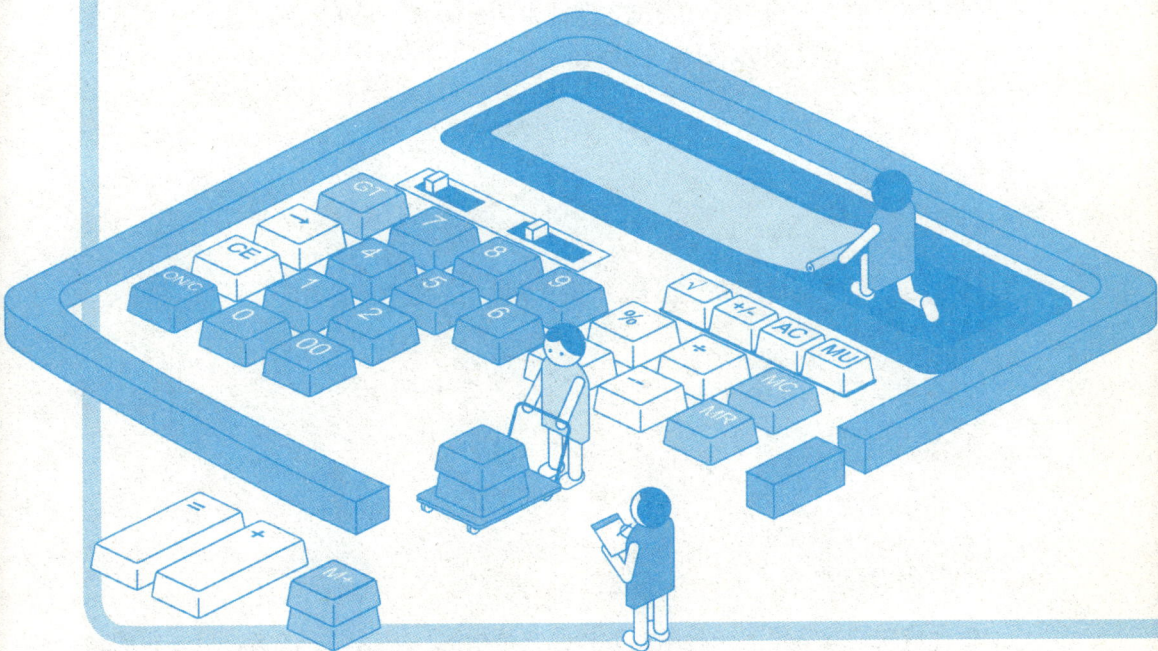

20.1 了解融资渠道有哪些

融资是公司根据自身的生产经营状况、资金拥有情况以及公司未来的经营发展需要，通过科学的预测和决策，并采用一定的方式从一定的渠道向公司的投资人和债权人去筹集资金，以保证公司的正常生产需要以及经营管理活动需要的筹集资金的行为。

融资渠道是指协助公司取得资金的来源。随着技术的进步和生产规模的扩大，从外部协助公司融资成为公司获取资金的重要方式。公司的外部资金来源主要包括两类方式：直接融资和间接融资。直接融资是指公司进行的首次上市募集资金（IPO）、配股和增发等股权融资活动，所以也称为股权融资；间接融资是指公司资金来自于银行、非银行金融机构的贷款等债权融资活动，所以也称为债务融资。对创业型公司来说，前期主要涉及债务融资。目前，融资渠道主要有哪些呢？其类型主要包括以下4类（图20-1）。

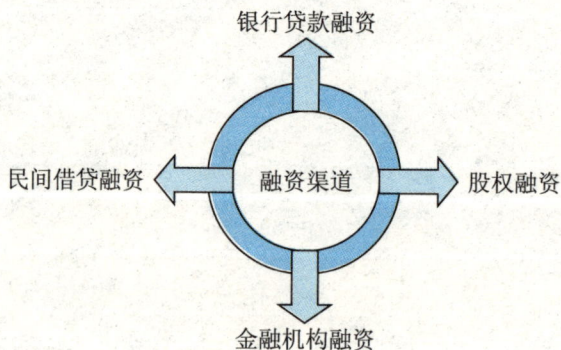

图20-1　融资渠道

1. 银行贷款融资

银行贷款是最常用的一种融资方式，它是指银行根据国家政策，以一定的利率将资金贷放给资金需求者，并约定期限归还的一种经济行为。

2. 股权融资

股权融资的渠道主要有公开发售和私募发售两类。其中，公开发售是通过股票市场向公众投资者发行企业的股票来募集资金，包括我们常说的企业的上市、上市企业的增发和配股都是利用公开市场进行股权融资的具体形式；私募发售是指企业自行寻找特定的投资人，吸引其增资入股企业的融资方式。

3. 金融机构融资

金融机构融资是指通过除银行以外的其他金融机构来取得融资的方式，其他金融机构包括金融租赁公司、证券公司、信托公司、保险公司、资产管理公司等。

4. 民间借贷融资

民间借贷融资渠道包括小贷公司、担保公司、典当行、金融服务公司、P2P众筹平台等公开渠道，还有很多灵活多变的方式，如没有牌照的民间资金渠道。

总之，创业者在融资前一定要做好规划，分析一下公司适合采取哪些融资渠道，从而使公司实现巧发展。

20.2　融资前，你要明确公司的控制权

融资虽然能使公司快速获得创业资金，但是其成本也是很高的，创始人很容易失去对公司的控制权。例如，乔布斯被自己亲手创建的公司"赶"出去，俏江南的创始人张兰也被"踢"出董事会。

很多人对创始人被踢出公司管理层很不理解，这是因为创始人失去了对公司的控制权。而创始人往往是在公司发展的中后期容易失去公司的控制权，而这种隐患往往是在公司前几轮融资时埋下的。所以，创始人为了确保自己在公司发展的中后期，尤其在经过多轮融资后还能拥有对公司的实际控制权，就要在公司发展早期，特别是前几轮融资时做好制度上的设计与安排，否则在中后期再想巩固自己在公司的控制权，那简直是不可能的。

创始人为了在数轮融资后仍拥有公司的控制权，其在创业前期应如何设计自己的股权呢？其实，最简单直接的方法就是在可行的情况下，让核心创始人持有公司50%或者50%以上的股权，以拥有股东会上过半数的表决权。这样，即使在数轮融资后股权被摊薄或稀释到50%以下甚至更低，核心创始人也能确保自

己在股东会上有较强的控制力与影响力。在此过程中，你要做到以下4点（图20-2）。

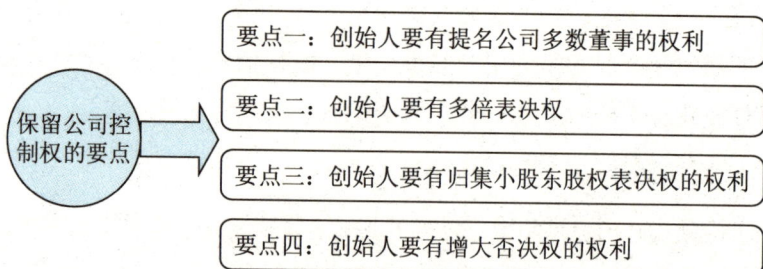

图20-2

要点一：创始人要有提名公司多数董事的权利

要点二：创始人要有多倍表决权

保留公司控制权的要点

要点三：创始人要有归集小股东股权表决权的权利

要点四：创始人要有增大否决权的权利

图20-2　保留公司控制权的要点

1. 创始人要有提名公司多数董事的权利

很多公司的公司章程中都明文规定：董事会一定数量的董事（一般过半数）由创始股东团队或核心创始人委派，这是创始人为了稳固自己对公司的控制权而采取的有效措施。以阿里巴巴公司为例，马云为了巩固创始人的地位，在公司实施了"合伙人制度"，即由公司的创始团队及现有的核心高管组成合伙人，由合伙人会议提名公司多数董事，而不是按照各股东持有股份比例分配董事提名权，这样即使创始团队或核心创始人拥有再少的股权，他们仍能控制董事会，从而拥有公司的运营决策权。

2. 创始人要有多倍表决权

创始人为了加大自己在重大事件中的表决权，在融资前要有多倍表决权的相关规定，即通过增大核心创始人所持股份表决权数量来增大核心创始人在股东会表决时的权重。多倍表决权的实施方法：其他股东所持股份仍为"一股一票"，但创始股东所持股份为"一股数票"（如一股十票）。

多倍表决权的实施要分情况而定：一是当公司为境外公司时，若当地法律在该问题上坚持开放与灵活的政策，比较容易直接实现；二是当公司为境内公司时，则需要根据实际情况做些特殊的设计与安排。不少在美国上市的境内公司，比如大家所熟悉的京东，它就是通过多倍表决权的规定实现创始人对公司的实际控制。

3. 创始人要有归集小股东股权表决权的权利

归集其他小股东股权上的表决权就是将其他小股东的表决权拿过来由核心创始人统一表决，这样可以增大核心创始人在股东会上实际控制表决权的股权数量。

归集小股东表决权主要有两种方式。一种是有表决权委托，即小股东签署授权委托书将其所持股权的表决权排他性地授予核心创始人行使。这种归集方式操作起来比较简单，但是不够可靠。另一种是小股东通过一家持股实体（有限责任公司或有限合伙）间接持有公司的股权，核心创始人通过成为该持股实体的法定代表人、唯一的董事、唯一的普通合伙人或执行事务合伙人的方式实际控制并行使持股实体所持有的公司股权的表决权。这种归集方式虽然复杂，但更为稳定、可靠。

4. 创始人要有增大否决权的权利

以上三种方式是通过增加核心创始人的股权控制力的进攻性策略，除此之外，公司创始人还可以通过增大核心创始人在股东大会的否决权来加大对公司的控制力。这是一种防御性的策略，它能很好地弥补上述方式的漏洞。签订了核心创始人否决权的协议之后，公司如果发生解散、清算、分立、合并、出售控制权或大部分资产、主营业务变更、重大对外并购、股权激励、重大人事任免、变更董事会组成规则或人员、上市等重大事件时，必须得到核心创始人的同意或赞成方可通过并实施。

总之，创始人一定要注意，你融资的目的是为了公司的发展，如果在公司发展之后，这个公司的控制权已经不在你手上了，那么融资对你个人来说也就没有任何意义了。因此，在融资过程中，你一定要掌握主动权，不能让自己到最后"竹篮打水一场空"。

20.3　你需要掌握的4点融资技巧

了解了融资渠道后，创业者要想在某种融资渠道中获得创业致富的投资资金，除了公司的项目和自身素质让投资人满意以外，还需要掌握以下4点融资技巧（图20-3）。

1. 提前思考投资人会提问哪些问题

机遇都是留给有准备的人的，很多人在融资之前都会做很多工作，不仅要对所从事的投资项目和内容给予高度重视和充分准备，还要对项目的各个环节了如指掌。因为创始人在融资平台进行路演时，很多投资人都会提很多问题，以便了解他将要投资的公司怎么样、投资的项目如何进行等。所以，创业者要准备好应对投资

1	提前思考投资人会进行哪些提问
2	让投资人能看到你的管理才能
3	提前准备好做出妥协的心理
4	把公司的发展潜力放在桌面上

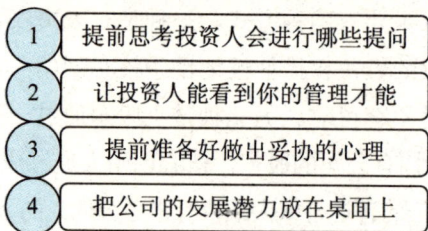

图20-3　融资的4点技巧

人的各种提问。如果有条件的话，最好请一些融资的专业顾问和敢于讲真话的行家来模拟融资的提问过程，从而使自己考虑得更周全、更细致，回答得更到位。

2. 让投资人能看到你的管理才能

投资人对项目的关心程度是毋庸置疑的，除此之外，管理者的管理才能也是投资人很关心的一部分。因为再好的项目，如果没有一个有能力的管理者，最后也会变得一塌糊涂，毕竟优秀的公司由于管理不善而面临倒闭的例子已有很多。所以，投资者还会格外关注公司管理者的管理才能。在路演时，投资人很有可能会问："你凭什么可以将投资项目做到设想的目标呢？"大多数创业者对这样的问题很敏感，但是在融资过程中却是经常碰到，也是投资人对公司考察的一部分，因此，创业者要正确对待该类问题。

3. 提前准备好作出妥协的心理

要想成功获得融资，有时你要适当作出妥协。比如，有些公司的业务种类繁多，但是投资人为了让自己所投资的公司能在有限的资源内提升竞争力，这时他们就会要求公司放弃一部分原有的业务，集中资源发展某些强势业务。这时你可能就要忍痛割爱，放弃部分业务。有时候你不妥协，就会失去一次获得投资机会。因此，在正式谈判之前，你要做的一项最重要的决策就是：为了满足投资人的要求，公司自身能作出多大的妥协。

在创业者中，好想法、好项目是不缺的，缺的是资金。而投资人手里有资金，也就不愁找不到项目来投资，如果你寄希望于投资人来作出种种妥协，那是不大现实的。因此，创业者要提前想好自己在哪些方面能妥协、哪些方面不能妥协，这样才不至于在融资谈判中手忙脚乱。

4. 把公司的发展潜力放在桌面上

最后一点也是最主要的一点。因为投资人对你投资的最终目的就是获利，所以要想吸引到投资人，就让他们看到公司的发展潜力，让他们觉得自己有利可图，他们才会毫不犹豫地把钱投进去。所以，创业者要努力提高公司的经营能力，规范公司治理结构和财务管理，维护好公司信用，甚至研究宏观经济形势变动和经济发展新常态，做好公司发展规划，让投资人看到公司的发展前景，这才是吸引投资人的根本。

20.4　高效管理融资交易流程的4个关键点

当有投资人愿意向你的公司融资，并签署融资意向书后，融资才算真正进入实质交易流程。之后，你就要快速推进融资交易流程，因为交易流程耗时过长，就会影响公司"补充弹药"的速度，也会牵扯创始人更多的精力。所以，你要提高重视程度与执行力，迅速推进交易流程、尽快完成融资交割。

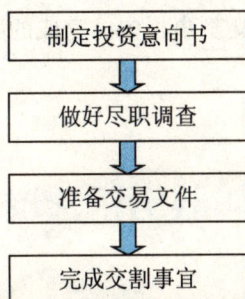

图20-4　融资交易流程

然而在融资交易流程中，你还要注意以下4个关键点（图20-5）。

图20-5　融资交易流程实施的4个关键点

1. 聘用合适的外部律师

融资过程中会牵涉到很多法律问题，所以，你最好聘用融资领域深耕多年的专业律师，这样可以有效帮助公司快速推进交易。可以说，你找对了律师，融资谈判就成功了一半。如果A轮融资的律师表现出色且令各方满意，可以让他继续参与到B轮和C轮融资中。

2. 制定可行的交割时间表

融资律师选定后，你应要求律师立即召开项目启动会，明确各方的分工和执行人，并让律师制定出可行的交割时间表以供各方执行。

3. 安排得力的内部对接人

在与投资人签署投资意向书后，为了更好地推进融资交易流程，你最好指定一位内部对接人负责外部对接和内部协调，与律师一起把控、推进交易流程。所选择的内部对接人需要有极强的责任心、沟通能力和执行力，同时你与他之间的信任纽带也必须非常强。

4. 尽早准备交割事项

尽职调查和交易文件是交易流程中最耗时的两个环节，因为它们在执行过程中会涉及大量的材料准备和沟通工作。为了缩短交割时间，你应要求律师尽早准备交割事项和交易文件，凡是交割事项中能完成的应尽早准备，耗时过长的应提前商量，争取改成交割后事项。

20.5 A、B、C轮股份稀释过程是如何发生的

对第一次创业的创业者来说，当你了解马化腾在腾讯的股份为14.43%，马云在阿里巴巴的股份只有7.8%时，你一定很疑惑他们的股份为什么会那么少呢？

原因一：某创业公司从一个想法到上市要进行三轮融资：

A轮：证实模式。

B轮：发展、复制模式。

C轮：形成规模，成为行业龙头，达到上市要求。

其中，每一轮VC的资本进来，公司每个人的股份大约要稀释25%～40%。如果公司业绩发展好，每一轮融资后的估值都在前一轮价格的基础上翻番，这在VC术语中叫作Up round，就是"溢价"的意思。但是创业公司难免会遇到坎坷，有时候公司的钱烧光了，业绩还没有起来，这时急需投资人的加入，这样公司在谈判桌上就处于劣势，公司此时的估值也会很低，甚至还会低于前一轮融资

的价格。然而在这种情况下，公司创始人别无选择，只好以这种打折价让新的投资人进来，这种情况在VC术语中叫作Down round，有点"贱卖"股权的意思。

　　原因二：公司发展需要不断有精兵强将加入，公司要不断拿出股份给团队成员。

　　创始人的股权被稀释主要发生在融资过程中，那么其股权是如何一步步被稀释掉的呢？在A、B、C三轮融资时，优先稀释谁的股份呢？对股权架构又有什么要求呢？下面通过一个小例子向大家说明。

1. 种子轮

　　某创业公司估值30万元，引来一个种子投资人向公司投资15000元，种子轮的股权分配情况如表20-1所示。

表20-1　种子轮股权分配

资金来源	占股比例	股数
三个创始人	25%，25%，25%	750股
种子投资人	5%	50股
预留期权池给员工	20%	200股
总计	100%	1000股

2. 天使轮

　　融资20万元，按照融资前的估值100万元计算，增发200股给天使投资人，这轮融资之后股权分配情况如表20-2所示。

表20-2　天使轮股权分配

资金来源	占股比例	股数
天使投资人	16.7%	200股
三个创始人	20.8%，20.8%，20.8%	750股
种子投资人	4.2%	50股
预留期权池给员工	16.7%	200股
总计	100%	1200股

　　公司融资后的估值变成120万元。在这轮融资之后，假设公司雇了第一个全职员工，给他36股，3%的RSU（The restricted stock units，即受限制股票），所以期权池现在还有164股，13.7%。

273

3. A轮融资

A轮投资人要求投资前增发100股到期权池，这时候期权池变为264股，公司的总股数达到1300股。此次A轮融资200万元，按照融资前公司估值400万元计算，增发650股给A轮投资人。这轮融资之后公司的股权分配情况如表20-3所示：

表20-3　A轮融资的股权分配

资金来源	占股比例	股数
A轮投资人	33.3%	650股
天使投资人	10.3%	200股
三个创始人	12.8%，12.8%，12.8%	750股
种子投资人	2.6%	50股
员工	1.8%	36股
预留期权池给员工	13.5%	264股
总计	100%	1950股

公司在A轮融资后其估值达到600万元。

4. B轮融资

B轮融资跟A轮类似，创始人股份继续被稀释。

5. C轮融资

C轮融资跟A轮也类似，创始人股份继续被稀释。

从以上数据可见，公司创始人的股份在一轮一轮融资后，一点一点地被稀释掉了。对于发展前景良好的公司来说，创始人的股份虽然被稀释了，但是其价值却是远高于前一轮。不过，在融资时创始人一定要抓住公司的控制权，这在本章的最后一节会做详细介绍。

20.6　抓住融资签约中的核心原则和条款

公司成功融资后，融资交易文件可能会有几十页甚至上百页。但是，再长的文件也不外乎是那些在融资意向书中见过的条款。对创始人而言，在这个环节重要的是抓住核心原则和条款，其他细节可以交给靠谱的外部律师解决。

融资交易文件中主要包括以下三项条款（图20-6）。

图20-6　融资交易文件中的条款

1. 关键条款

融资交易文件中的关键条款主要包括以下几项内容：

（1）董事会投票条款；

（2）股东会与保护性条款；

（3）公司清算/并购分配条款；

（4）回购条款；

（5）创始人持股安排条款。

2. 一般条款

融资交易文件中的一般条款主要包括以下几项内容：

（1）估值调整条款；

（2）认股权证条款；

（3）一致行动条款/领售条款；

（4）争议解决条款。

3. 其他标准条款

融资交易文件中的其他标准条款主要包括以下几项内容：

（1）优先认购、优先购买及共同出售条款；

（2）信息权和检查权条款；

（3）反稀释条款；

（4）分红条款；

（5）登记权条款；

（6）最优惠条款，即"针对现有股东最优惠"和"针对未来股东最优惠"。

对处于早期融资阶段的公司，建议创始人要抓住保护性条款。创始人要关注投资人享有一票否决权的重要事项清单，避免投资人过多干涉公司基础运营的事情。关注几个数字：清算优先倍数、回购款倍数、触发拖售权的估值。公司就每一轮投资人所能享有的优先权利在投资时要尽可能明确，对于未来不确定的事情轻易不承诺。

总之，你想通过融资筹集资金时，一定要制定一套切实可行的融资计划，既要保证自己的利益，又要保证投资人的利益，这样你才不会"竹篮打水一场空"，投资人也愿意给你投资。

常见文件格式

F1　有限责任公司常用资料

F1.1　内资企业登记申请书

内资公司设立登记申请书

公司名称：＿＿＿＿＿＿＿＿＿＿＿＿

郑 重 承 诺

本人＿＿＿＿＿＿拟任＿＿＿＿＿＿＿＿＿＿（公司名称）的法定代表人，现向登记机关提出公司设立申请，并就如下内容郑重承诺：

1. 如实向登记机关提交有关材料，反映真实情况，并对申请材料实质内容的真实性负责。

2. 本人出任公司法定代表人，具有完全民事行为能力，且不存在以下情况：

（1）无民事行为能力或者限制民事行为能力。

（2）正在被执行刑罚或者正在被执行刑事强制措施。

（3）正在被公安机关或者国家安全机关通缉。

（4）因犯有贪污贿赂罪、侵犯财产罪或者破坏社会主义市场经济秩序罪被判处刑罚，执行期满未逾五年；因犯有其他罪被判处刑罚，执行期满未逾三年，或者因犯罪被判处剥夺政治权利，执行期满未逾五年。

（5）担任因经营不善破产清算的企业的法定代表人或者董事、经理，并对该企业的破产负有个人责任，企业破产清算完结后未逾三年。

（6）担任因违法被吊销营业执照的企业的法定代表人，并对该企业违法行为负有个人责任，企业被吊销营业执照后未逾三年。

（7）个人负债数额较大，到期未清偿。

（8）法律和国务院规定不得担任法定代表人的其他情形。

法定代表人签字：

年　月　日

登记基本信息表

公司名称			
住所①	北京市　　　区（县）		（门牌号）
法定代表人②		注册资本③	万元
公司类型			
经营范围			
营业期限	长期/____年	申请副本数④	_____份

注：①填写住所时请列明详细地址，精确到门牌号或房间号，如"北京市××区××路（街）××号××室"。

②公司"法定代表人"指依据章程确定的董事长（执行董事或经理）。

③"注册资本"有限责任公司为在公司登记机关登记的全体股东认缴的出资额；发起设立的股份有限公司为在公司登记机关登记的全体发起人认购的股本总额；募集设立的股份有限公司为在公司登记机关登记的实收股本总额。

④企业根据需要可以向登记机关申请核发若干执照副本，请注明申领份数。

自然人股东（发起人）名录

姓名	性别	民族	户籍登记住址	证件名称及号码	是否为发起人

非自然人股东（发起人）名录①

名称	住所②	法定代表人③（投资人、执行事务合伙人或委派代表）	营业执照注册号④	是否为发起人

注：①本表不够填的，可复印续填。

②"住所"栏只需填写省、市（县）名称即可。

③"法定代表人姓名（投资人、执行事务合伙人）"栏，投资者为全民所有制、集体所有制、集体所有制（股份合作）、公司制企业法人的，填写其法定代表人；投资者为合伙企业的，填写其执行事务合伙人（或委派代表）；投资者为个人独资企业的，填写其投资人。

④股东为企业的，请在"营业执照注册号"栏填写其注册号，非企业股东不必填写。

法定代表人、董事、经理、监事信息表①

　　股东在本表的盖章或签字视为对下列人员职务的确认。如可另行提交下列人员的任职文件，则无须股东在本表盖章或签字。

姓名	民族	现居所②	职务信息		任职期限	产生方式⑤
			职务③	是否为法定代表人④		

全体股东盖章（签字）⑥：

　　注：①本页不够填的，可复印续填。

　　②"现居所"栏，中国公民填写户籍登记住址，非中国公民填写居住地址。

　　③"职务"指董事长（执行董事）、副董事长、董事、经理、监事会主席、监事。上市股份有限公司设置独立董事的应在"职务"栏内注明。

　　④担任公司法定代表人的人员，请在对应的"是否为法定代表人"栏内填"√"，其他人员勿填此栏。

　　⑤"产生方式"按照章程规定填写，董事、监事一般应为"选举"或"委派"；经理一般应为"聘任"。

　　⑥"全体股东盖章（签字）"处，股东为自然人的，由股东签字；股东为非自然人的，加盖股东单位公章。不能在此页盖章（签字）的，应另行提交有关选举、聘用的证明文件。

请将董事、经理、监事人员的身份证件复印件粘贴在本页，本页如不够粘贴可复印使用。

姓名：_____身份证件类型：_____ 身份证件号码：_____ 职务：_____

董事、经理、监事身份证件复印件粘贴处

（请正反面粘贴）

姓名：_____身份证件类型：_____ 身份证件号码：_____ 职务：_____

董事、经理、监事身份证件复印件粘贴处

（请正反面粘贴）

姓名：_____身份证件类型：_____ 身份证件号码：_____ 职务：_____

董事、经理、监事身份证件复印件粘贴处

（请正反面粘贴）

住所证明

公司名称	
住所①	北京市　　　　区（县）　　　　　　　（门牌号）
产权人证明②	同意将上述地址房屋提供给该公司使用。 　　　　　　　　　　　　产权人盖章（签字）： 　　　　　　　　　　　　　　　　　　　　年　月　日
需要证明情况③	上述住所产权人为_____，房屋用途为_____。 特此证明。 　　　　　　　　　　　　证明单位公章： 　　　　　　　　　　　　证明单位负责人签字： 　　　　　　　　　　　　　　　　　　　　年　月　日

注：①请在"住所"一栏写清详细地址，精确到门牌号或房间号，如"北京市××区××路（街）××号××室"。

②产权人为单位的，应在"产权人证明"一栏内加盖公章；产权人为自然人的，由产权人亲笔签字。同时需提交由产权人盖章或签字的《房屋所有权证》复印件。

③若住所暂未取得《房屋所有权证》，可由有关部门在"需要证明情况"一栏盖章，视为对该房屋权属、用途合法性的确认。具体可出证明的情况请参见《投资办照通用指南及风险提示》。

核发营业执照情况

发照人员签字		发照日期	年 月 日
领执照情况	本人领取了执照正本一份，副本_____份。 签字：　　　　　　　　　　　　　　　　　　年　月　日		
备注			

一次性告知记录

　　您提交的文件、证件还需要进一步修改或补充，请您按照第_____号一次性告知单中的提示部分准备相应文件，此外，还应提交下列文件：

被委托人：　　　　　　受理人：　　　　　　　　　　　　　　年　月　日

285

一次性告知记录

　　您提交的文件、证件还需要进一步修改或补充，请您按照第＿＿＿＿号一次性告知单中的提示部分准备相应文件，此外，还应提交下列文件：

被委托人：　　　　　　　受理人：　　　　　　　　　　　　年　月　日

　　您提交的文件、证件还需要进一步修改或补充，请您按照第＿＿＿＿号一次性告知单中的提示部分准备相应文件，此外，还应提交下列文件：

被委托人：　　　　　　　受理人：　　　　　　　　　　　　年　月　日

F1.2　公司章程

制定有限责任公司章程须知

一、为方便投资人，北京市工商行政管理局制作了有限责任公司（包括一人有限公司）章程参考格式。股东可以参照章程参考格式制定章程，也可以根据实际情况自行制定，但章程中必须记载本须知第二条所列事项。

二、根据《中华人民共和国公司法》第二十五条规定，有限责任公司章程应当载明下列事项：

（一）公司名称和住所；

（二）公司经营范围；

（三）公司注册资本；

（四）股东的姓名或者名称；

（五）股东的出资方式、出资额和出资时间；

（六）公司的机构及其产生办法、职权、议事规则；

（七）公司法定代表人；

（八）股东会会议认为需要规定的其他事项。

三、章程中应当载明"本章程与法律、法规不符的，以法律、法规的规定为准"。经营范围条款中应当注明"以工商行政管理机关核定的经营范围为准"。

四、股东应当在公司章程上签名、盖章。

五、公司章程应提交原件，并应使用A4规格纸张打印。

_____有限（责任）公司章程

（参考格式）

第一章　总　则

第一条　依据《中华人民共和国公司法》（以下简称《公司法》）及有关法律、法规的规定，由_____等_____方共同出资，设立_____有限（责任）公司（以下简称公司），特制定本章程。

第二条　本章程中的各项条款与法律、法规、规章不符的，以法律、法规、规章的规定为准。

第二章　公司名称和住所

第三条　公司名称：_____。

第四条　住所：_____。

第三章　公司经营范围

第五条　公司经营范围：_____。（注：根据实际情况具体填写，最后应注明"以工商行政管理机关核定的经营范围为准"。）

第四章　公司注册资本及股东的姓名（名称）、出资额、出资时间、出资方式

第六条　公司注册资本：_____万元人民币。

第七条　股东的姓名（名称）、认缴的出资额、出资时间、出资方式如下：

股东姓名或名称	认缴情况		
	认缴出资额	出资时间	出资方式
合计			

第五章　公司的机构及其产生办法、职权、议事规则

第八条　股东会由全体股东组成，是公司的权力机构，行使下列职权：

（一）决定公司的经营方针和投资计划；

（二）选举和更换非由职工代表担任的董事、监事，决定有关董事、监事的报酬事项；

（三）审议批准董事会（或执行董事）的报告；

（四）审议批准监事会（或监事）的报告；

（五）审议批准公司的年度财务预算方案、决算方案；

（六）审议批准公司的利润分配方案和弥补亏损的方案；

（七）对公司增加或者减少注册资本作出决议；

（八）对发行公司债券作出决议；

（九）对公司合并、分立、解散、清算或者变更公司形式作出决议；

（十）修改公司章程；

（十一）其他职权。（注：由股东自行确定，如股东不作具体规定应将此条删除）

第九条 股东会的首次会议由出资最多的股东召集和主持。

第十条 股东会会议由股东按照出资比例行使表决权。（注：此条可由股东自行确定按照何种方式行使表决权）

第十一条 股东会会议分为定期会议和临时会议。

召开股东会会议，应当于会议召开十五日以前通知全体股东。（注：此条可由股东自行确定时间）

定期会议按日期（注：由股东自行确定）定时召开。代表十分之一以上表决权的股东、三分之一以上的董事、监事会或者监事（不设监事会时）提议召开临时会议的，应当召开临时会议。

第十二条 股东会会议由董事会召集，董事长主持；董事长不能履行职务或者不履行职务的，由副董事长主持；副董事长不能履行职务或者不履行职务的，由半数以上董事共同推举一名董事主持。

（注：有限责任公司不设董事会的，股东会会议由执行董事召集和主持。）

董事会或者执行董事不能履行或者不履行召集股东会会议职责的，由监事会或者不设监事会的公司的监事召集和主持；监事会或者监事不召集和主持的，代表十分之一以上表决权的股东可以自行召集和主持。

第十三条 股东会会议作出修改公司章程、增加或者减少注册资本的决议，以及公司合并、分立、解散或者变更公司形式的决议，必须经代表三分之二以上表决权的股东通过。（注：股东会的其他议事方式和表决程序可由股东自行确定）

第十四条 公司设董事会，成员为_____人，由_____产生。董事任期_____年（注：每届不得超过三年），任期届满，可连选连任。

董事会设董事长一人，副董事长_____人，由_____产生。（注：股东自行确定董事长、副董事长的产生方式）

（注：有限公司不设董事会的，此条应改为：公司不设董事会，设执行董事一人，由股东会选举产生。执行董事任期 年，任期届满，可连选连任。）

第十五条 董事会行使下列职权：

（一）负责召集股东会，并向股东会议报告工作；

（二）执行股东会的决议；

（三）审定公司的经营计划和投资方案；

（四）制订公司的年度财务预算方案、决算方案；

（五）制订公司的利润分配方案和弥补亏损方案；

（六）制订公司增加或者减少注册资本以及发行公司债券的方案；

（七）制订公司合并、分立、变更公司形式、解散的方案；

（八）决定公司内部管理机构的设置；

（九）决定聘任或者解聘公司经理及其报酬事项，并根据经理的提名决定聘任或者解聘公司副经理、财务负责人及其报酬事项；

（十）制定公司的基本管理制度；

（十一）其他职权。（注：由股东自行确定，如股东不作具体规定应将此条删除）

（注：股东人数较少或者规模较小的有限责任公司，可以设一名执行董事，不设董事会。执行董事的职权由股东自行确定。）

第十六条　董事会会议由董事长召集和主持；董事长不能履行职务或者不履行职务的，由副董事长召集和主持；副董事长不能履行职务或者不履行职务的，由半数以上董事共同推举一名董事召集和主持。

第十七条　董事会决议的表决，实行一人一票。

董事会的议事方式和表决程序。（注：由股东自行确定）

第十八条　公司设经理，由董事会决定聘任或者解聘。经理对董事会负责，行使下列职权：

（一）主持公司的生产经营管理工作，组织实施董事会决议；

（二）组织实施公司年度经营计划和投资方案；

（三）拟订公司内部管理机构设置方案；

（四）拟订公司的基本管理制度；

（五）制定公司的具体规章；

（六）提请聘任或者解聘公司副经理、财务负责人；

（七）决定聘任或者解聘除应由董事会决定聘任或者解聘以外的负责管理人员；

（八）董事会授予的其他职权。

（注：以上内容也可由股东自行确定）

经理列席董事会会议。

第十九条　公司设监事会，成员_____人，监事会设主席一人，由全体监事过半数选举产生。监事会中股东代表监事与职工代表监事的比例为_____：_____。（注：由股东自行确定，但其中职工代表的比例不得低于三分之一）

监事的任期每届为三年，任期届满，可连选连任。

（注：股东人数较少规格较小的公司可以设一至两名监事，此条应改为：公司不设监事会，设监事_____人，由股东会选举产生。监事的任期每届为三年，任期届满，可连选连任。）

第二十条　监事会或者监事行使下列职权：

（一）检查公司财务；

（二）对董事、高级管理人员执行公司职务的行为进行监督，对违反法律、行政法规、公司章程或者股东会决议的董事、高级管理人员提出罢免的建议；

（三）当董事、高级管理人员的行为损害公司的利益时，要求董事、高级管理人员予以纠正；

（四）提议召开临时股东会会议，在董事会不履行本法规定的召集和主持股东会会议职责时召集和主持股东会会议；

（五）向股东会会议提出提案；

（六）依照《公司法》第一百五十二条的规定，对董事、高级管理人员提起诉讼；

（七）其他职权。（注：由股东自行确定，如股东不作具体规定应将此条删除）

监事可以列席董事会会议。

第二十一条　监事会每年度至少召开一次会议，监事可以提议召开临时监事会会议。

第二十二条　监事会决议应当经半数以上监事通过。

监事会的议事方式和表决程序。（注：由股东自行确定）

第六章　公司的法定代表人

第二十三条　董事长为公司的法定代表人（注：也可是执行董事或经理，由股东自行确定）

第七章　股东会会议认为需要规定的其他事项

第二十四条　股东之间可以相互转让其部分或全部出资。

第二十五条　股东向股东以外的人转让股权，应当经其他股东过半数同意。股东应就其股权转让事项书面通知其他股东征求同意，其他股东自接到书面通知之日起满三十日未答复的，视为同意转让。其他股东半数以上不同意转让的，不同意的股东应当购买该转让的股权；不购买的，视为同意转让。

经股东同意转让的股权，在同等条件下，其他股东有优先购买权。两个以上股东主张行使优先购买权的，协商确定各自的购买比例；协商不成的，按照转让时各自的出资比例行使优先购买权。

（注：以上内容亦可由股东另行确定股权转让的办法。）

第二十六条　公司的营业期限＿＿＿＿＿＿年，自公司营业执照签发之日起计算。

第二十七条　有下列情形之一的，公司清算组应当自公司清算结束之日起三十日内向原公司登记机关申请注销登记：

（一）公司被依法宣告破产；

（二）公司章程规定的营业期限届满或者公司章程规定的其他解散事由出现，但公司通过修改公司章程而存续的除外；

（三）股东会决议解散或者一人有限责任公司的股东决议解散；

（四）依法被吊销营业执照、责令关闭或者被撤销；

（五）人民法院依法予以解散；

（六）法律、行政法规规定的其他解散情形。

（注：本章节内容除上述条款外，股东可根据《公司法》的有关规定，将认为需要记载的其他内容一并列明。）

第八章　附　则

第二十八条　公司登记事项以公司登记机关核定的为准。

第二十九条　本章程一式＿＿＿＿＿份，并报公司登记机关一份。

全体股东亲笔签字、盖公章：

年　　月　　日

F1.3　名称预先核准申请书

名称预先核准申请书

本人_____，接受投资人（合伙人）委托，现向登记机关申请名称预先核准，并郑重承诺：如实向登记机关提交有关材料，反映真实情况，并对申请材料实质内容的真实性负责。

委托人（投资人或合伙人之一）① 　　　　申请人（被委托人）②

　（签字或盖章）　　　　　　　　　　　　　（签字）

申请人身份证明复印件粘贴处

（身份证明包括：中华人民共和国公民身份证（正反面）、护照（限外籍人士）、长期居留证明（限外籍人士）、港澳永久性居民身份证或特别行政区护照、台湾地区永久性居民身份证或护照、台胞证、军官退休证等）

联系电话：_____　　　邮政编码：_____

通信地址：_____

　　　　　　　　　　　　　　　　申请日期：　　年　月　日

注：①委托人可以是本申请书第3页"投资人（合伙人）名录"表中载明的任一投资人（合伙人）。委托人是自然人的，由本人亲笔签字；委托人为非自然人的，加盖其公章；委托人为外方非自然人的，由其法定代表人签字。

　②申请人（被委托人）是指受投资人委托到登记机关办理名称预先核准的自然人，也可以是投资人（合伙人）中的自然人，由后者亲自办理的，无须委托人签字。

名称预先核准申请表

申请名称				
备选字号	1		4	
	2		5	
	3		6	
主营业务①				
企业类型②	内资： 公司制：□有限责任公司　　□股份有限公司 非公司制：□全民所有制企业　□集体所有制企业 　　　　　□股份合作 □合伙企业（□普通合伙　□有限合伙　□特殊普通合伙） □个人独资企业　□农民专业合作组织　□个体工商户			
	外资：□外资企业（全部由外国投资者投资）□合资经营企业 □合作经营企业　□股份有限公司 □合伙企业（□普通合伙　□有限合伙　□特殊普通合伙） □港澳台个体工商户			
	□分支机构			
字号许可方式 （无此项可不填写）	□投资人字号/姓名许可 □商标授权许可 □非投资人字号许可		许可方名称（姓名） 及证照或证件号码	
注册资本（金）或资金数额 或出资额（营运资金）	（小写）_____万元（如为外币请注明币种）			
备注说明				

注：①"主营业务"是指企业所从事的主要经营项目。例如：信息咨询、科技开发等。企业名称中的行业用语表述应当与其"主营业务"一致。主营业务包括两项及以上的，以第一项主营业务确定行业用语。

②填写"企业类型"栏目时，请在相应选项对应的"□"内打"√"。

"√"选"分支机构"类型的，请对其所从属企业的类型也进行"√"选。例如：北京华达贸易有限公司分公司的"企业类型"请选择有限责任公司和分支机构两种类型。

③本申请表中所称企业均包括个体工商户。

④本页填写不下的可另复印填写。

投资人（合伙人）名录①

序号	投资人②③（合伙人）名称或姓名	投资人（合伙人）证照或身份证件号码	投资人④（合伙人）类型	拟投资额（出资额）（万元）	国别⑤（地区）或省市（县）
1					
2					
3					
4					
5					
6					
7					
8					
9					
10					
11					
12					

注：①请您认真阅读《投资办照通用指南及风险提示》中有关投资人资格的说明，避免后期更换投资人给您带来不便。

②投资人（合伙人）名称或姓名应当与资格证明文件上的名称或身份证明文件的姓名一致，境外投资人（合伙人）名称或姓名应翻译成中文，填写准确无误。

③申请设立分支机构，请在"投资人（合伙人）名称或姓名"栏目中填写所隶属企业名称。

④"投资人（合伙人）类型"栏，填写自然人、企业法人、事业法人、社团法人或其他经济组织。

⑤"国别（地区）或省市（县）"栏内，外资企业的投资人（合伙人）填写其所在国别（地区），内资企业投资人（合伙人）填写证照核发机关所在省、市（县）。

⑥本页填写不下的可另复印填写。

一次性告知记录

附页1

请您认真阅读第＿＿＿＿号《一次性告知单》《投资办照通用指南及风险提示》的相关内容，按照规定办理登记手续。

申请人：　　　　　　　受理人：　　　　　　　　　　　　　年　月　日

您提交的文件、证件还需要进一步修改或补充，请您按照第＿＿＿＿号《一次性告知单》中"应提交文件、证件"部分的＿＿＿＿项内容准备相应文件，此外，还应提交下列文件：

申请人：　　　　　　　受理人：　　　　　　　　　　　　　年　月　日

F1.4 指定（委托）书

指定（委托）书

兹指定（委托）_____（代表或代理人姓名①②③）向工商行政管理机关办理_____（单位名称）的登记注册（备案）手续。

委托期限自_____年____月____日至_____年____月____日。

委托事项：（请在以下选项□内划"√"）

□报送登记文件　□领取营业执照和有关文书　□其他事项：_____

请确认代表或代理人更正下列内容的权限：（请在以下选项□内划"√"）

1. 修改文件材料中的文字错误：　　　同意□　不同意□

2. 修改表格的填写错误：　　　　　　同意□　不同意□

指定（委托）人签字或加盖公章④：＿＿＿＿＿＿＿＿＿＿＿＿＿＿＿＿＿＿＿

＿＿＿＿＿＿＿＿＿＿＿＿＿＿＿＿＿＿＿＿＿＿＿＿＿＿＿＿＿＿＿＿＿＿＿

＿＿＿＿＿＿＿＿＿＿＿＿＿＿＿＿＿＿＿＿＿＿＿＿＿＿＿＿＿＿＿＿＿＿＿

代表或代理人郑重承诺：本人了解办理工商登记的相关法律、政策及规定，确认本次申请中所提交申请材料真实，有关证件、签字、盖章属实，不存在协助申请人伪造或出具虚假文件、证件，提供非法垫资等违法行为，否则将依法承担相应责任。

代表或代理人签字：＿＿＿＿＿＿＿＿＿

年　月　日

代表或代理人身份证复印件（正反面）粘贴处
（外国企业常驻代表机构登记注册手续的代表或代理人应粘贴本人代表证或在有效期内的雇员证复印件）

注意事项：

（1）代表或代理人是指受企业委托或者投资人指定（委托）到工商机关办理企业登记注册手续的自然人。

（2）办理设立登记时，代表或代理人应属以下人员之一：

①自然人股东（自然人投资人、合伙人）；

②非自然人股东（或投资单位）的职工；

③拟任董事、经理、监事；

④设立分支机构的，应是分支机构或所从属企业的职工；

⑤设立外国企业常驻代表机构的，应是机构代表。

（3）办理变更、注销登记或备案时，代表或代理人应是本企业的职工，外国企业常驻代表机构应是机构代表或雇员。

（4）"指定（委托）人签字或加盖公章"处，按以下要求填写：

①办理内资企业（股份有限公司除外）设立登记的，由全体股东（投资人、合伙人）签字或盖章，其中自然人股东（自然人投资者、合伙人）由本人签字，法人股东（法人投资者）加盖本单位公章。

②办理股份有限公司设立登记的，由董事会成员签字。

③办理外商投资企业设立的，自然人投资者由本人签字，中方法人投资者加盖单位公章，外方法人投资者由其法定代表人签字。

④办理外国企业常驻代表机构设立的，由首席代表签字。

⑤办理各类企业分支机构设立的，加盖所从属企业公章。

⑥办理变更登记、注销登记或申请备案的，可加盖本企业公章或由法定代表人（投资人、执行事务合伙人或委派代表）亲笔签字。

（5）委托登记注册代理机构办理登记注册的，不使用本委托书，应提交代理机构专用委托书。

F1.5 企业联系人登记表

企业联系人登记表

企业名称			
联系人姓名		身份证件类型	
身份证件号码			
联系人地址		邮政编码	
固定电话		移动电话	
电子邮件		传真电话	

联系人身份证件复印件（正反面）粘贴处

本人担任企业联系人，对所填写内容予以确认，并承诺认真履行联系人职责。

签字：

年 月 日

敬请留意：

1. 联系人职责：及时转达工商行政管理部门对企业主要负责人传达的信息及相关的法律、法规、规章及政策性意见；向工商行政管理部门反映企业的需求或意见；保证工商行政管理部门与企业联系的及时畅通；接受工商行政管理部门的约见。

2. 担任企业联系人的人员应是：A本企业正式工作人员；B企业聘请的常年法律顾问；C本企业的法定代表人（负责人、执行合伙企业事务的合伙人、投资人）或代表机构首席代表。（外国地区企业常驻代表机构的联系人应由首席代表或本机构聘用的雇员担任；合伙企业执行事务合伙人是法人或其他组织的，联系人应是其委派的代表。）

3. 以上栏目敬请如实填写。企业联系人一经确认应当保持相对稳定。发生变化的，可以在企业年度检验时向所在地工商所提交。特殊情况有变化的，应当在决定之日起20个工作日内向所在地工商所提交《企业联系人登记表》。

4. 请据实填写联系方式所列内容，其中"固定电话""移动电话""邮政编码"为必填项。

5. 此表格需提交一式两份，可以复印。

F1.6 补充信息登记表

补充信息登记表

尊敬的申请人，请您如实填写本登记表相关内容，并对本表所填写内容的真实性负责。

企业（个体工商户）名称：

名称预核准号或营业执照注册号：

一、联系方式：

联系电话＿＿＿＿＿＿　　邮政编码＿＿＿＿＿＿

传真电话＿＿＿＿＿＿　　电子邮件地址＿＿＿＿＿＿

住所使用面积＿＿＿＿m^2，提供方式＿＿＿＿，使用期限＿＿＿＿年

二、党员（预备党员）人数＿＿＿＿人

法定代表人（负责人、执行合伙事务人、投资人）是否是党员：□是　□否

（注："法定代表人"指代表企业法人行使职权的主要负责人，公司为依据章程确定的董事长（执行董事或经理）；全民、集体企业的厂长（经理）；集体所有制（股份合作）企业的董（理）事长（执行董事）。"负责人"指各类企业分支机构的负责人；"执行事务合伙人"指合伙企业的执行事务合伙人；"投资人"指个人独资企业的投资人）

是否建立党组织：□是　□否　（选择"是"请继续填写下列党建情况）

党组织建制：□党委　□党总支　□党支部　□其他

党组织组建方式：□单独组建　□联合组建　□挂靠　□其他

党组织是否本年度组建：□是　□否

法定代表人（负责人、执行合伙事务人、投资人、经营者）是否担任党组织书记：□是　□否

三、是否建立团组织：□是　□否　团员人数：＿＿＿＿人

是否建立工会组织：□是　□否　工会会员人数：＿＿＿＿人

四、从业人数：＿＿＿＿人

其中，本市人数：＿＿＿＿人　外地人数：＿＿＿＿人

安置下岗失业人数：＿＿＿＿人　女性从业人数：＿＿＿＿人

五、投资人中是否有本年度应届高校毕业生：

□否　□是（选择"是"请继续填写：该毕业生是否为北京生源：□是　□否）

六、企业是否实施股权激励：

□否　□是（选择"是"请继续填写：

股权激励方式：□科技成果入股　□科技成果折股　□股权奖励

□股权出售　□股票期权

股权激励金额：_____万元）

七、仅外商投资企业填写：

项目类型：□研发中心　□地区总部

□投资人为上一年度世界500强企业　□其他

八、外国（地区）企业在中国境内从事生产经营活动企业填写：

境外住所：_____

境外注册资本：_____万美元（折合）

境外经营范围：_____

九、投资人中是否有中央在京单位或驻京部队：□否　□是（选择"是"

请继续填写：该投资人性质：□中央企业　□中央在京事业单位

□驻京部队　□其他）

十、个体工商户填写：

城乡标志：□城镇　□农村　□其他

开业类别：□本辖区内人员　□市内其他辖区人员

□外省市人员　□其他

F2　股份有限公司常用资料

F2.1　内资企业登记申请书

内资公司设立登记申请书

公司名称：_____

郑 重 承 诺

本人_____拟任_____（公司名称）的法定代表人，现向登记机关提出公司设立申请，并就如下内容郑重承诺：

1. 如实向登记机关提交有关材料，反映真实情况，并对申请材料实质内容的真实性负责。

2. 本人出任公司法定代表人，具有完全民事行为能力，且不存在以下情况：

（1）无民事行为能力或者限制民事行为能力。

（2）正在被执行刑罚或者正在被执行刑事强制措施。

（3）正在被公安机关或者国家安全机关通缉。

（4）因犯有贪污贿赂罪、侵犯财产罪或者破坏社会主义市场经济秩序罪被判处刑罚，执行期满未逾五年；因犯有其他罪被判处刑罚，执行期满未逾三年，或者因犯罪被判处剥夺政治权利，执行期满未逾五年。

（5）担任因经营不善破产清算的企业的法定代表人或者董事、经理，并对该企业的破产负有个人责任，企业破产清算完结后未逾三年。

（6）担任因违法被吊销营业执照的企业的法定代表人，并对该企业违法行为负有个人责任，企业被吊销营业执照后未逾三年。

（7）个人负债数额较大，到期未清偿。

（8）法律和国务院规定不得担任法定代表人的其他情形。

法定代表人签字：

年　月　日

登记基本信息表

公司名称			
住所①	北京市　　　　区（县）		（门牌号）
法定代表人②		注册资本③	万元
公司类型			
经营范围			
营业期限	长期/____年	申请副本数④	_____份

注：①填写住所时请列明详细地址，精确到门牌号或房间号，如"北京市××区××路（街）××号××室"。

②公司"法定代表人"指依据章程确定的董事长（执行董事或经理）。

③"注册资本"有限责任公司为在公司登记机关登记的全体股东认缴的出资额；发起设立的股份有限公司为在公司登记机关登记的全体发起人认购的股本总额；募集设立的股份有限公司为在公司登记机关登记的实收股本总额。

④企业根据需要可以向登记机关申请核发若干执照副本，请注明申领份数。

自然人股东（发起人）名录

姓名	性别	民族	户籍登记住址	证件名称及号码	是否为发起人

非自然人股东（发起人）名录①

名称	住所②	法定代表人③（投资人、执行事务合伙人或委派代表）	营业执照注册号④	是否为发起人

注：①本表不够填的，可复印续填。

②"住所"栏只需填写省、市（县）名称即可。

③"法定代表人姓名（投资人、执行事务合伙人）"栏，投资者为全民所有制、集体所有制、集体所有制（股份合作）、公司制企业法人的，填写其法定代表人；投资者为合伙企业的，填写其执行事务合伙人（或委派代表）；投资者为个人独资企业的，填写其投资人。

④股东为企业的，请在"营业执照注册号"栏填写其注册号，非企业股东不必填写。

法定代表人、董事、经理、监事信息表①

股东在本表的盖章或签字视为对下列人员职务的确认。如可另行提交下列人员的任职文件，则无须股东在本表盖章或签字。

姓 名	民族	现居所②	职务信息		任职期限	产生方式⑤
			职务③	是否为法定代表人④		

全体股东盖章（签字）⑥：

注：①本页不够填的，可复印续填。

②"现居所"栏，中国公民填写户籍登记住址，非中国公民填写居住地址。

③"职务"指董事长（执行董事）、副董事长、董事、经理、监事会主席、监事。上市股份有限公司设置独立董事的应在"职务"栏内注明。

④担任公司法定代表人的人员，请在对应的"是否为法定代表人"栏内填"√"，其他人员勿填此栏。

⑤"产生方式"按照章程规定填写，董事、监事一般应为"选举"或"委派"；经理一般应为"聘任"。

⑥"全体股东盖章（签字）"处，股东为自然人的，由股东签字；股东为非自然人的，加盖股东单位公章。不能在此页盖章（签字）的，应另行提交有关选举、聘用的证明文件。

请将董事、经理、监事人员的身份证件复印件粘贴在本页，本页如不够粘贴可复印使用。

姓名：_____身份证件类型：_____ 身份证件号码：_____ 职务：_____

董事、经理、监事身份证件复印件粘贴处

（请正反面粘贴）

姓名：_____身份证件类型：_____ 身份证件号码：_____ 职务：_____

董事、经理、监事身份证件复印件粘贴处

（请正反面粘贴）

姓名：_____身份证件类型：_____ 身份证件号码：_____ 职务：_____

董事、经理、监事身份证件复印件粘贴处

（请正反面粘贴）

住所证明

公司名称	
住所①	北京市　　　区（县）　　　（门牌号）
产权人证明②	同意将上述地址房屋提供给该公司使用。 　　　　　　　　　　产权人盖章（签字）： 　　　　　　　　　　　　　　　年　月　日
需要证明情况③	上述住所产权人为＿＿＿＿＿＿＿＿，房屋用途为＿＿＿＿＿＿＿＿。 特此证明。 　　　　　　　　　　证明单位公章： 　　　　　　　　　　证明单位负责人签字： 　　　　　　　　　　　　　　　年　月　日

　　注：①请在"住所"一栏写清详细地址，精确到门牌号或房间号，如"北京市××区××路（街）××号××室"。

　　②产权人为单位的，应在"产权人证明"一栏内加盖公章；产权人为自然人的，由产权人亲笔签字。同时需提交由产权人盖章或签字的《房屋所有权证》复印件。

　　③若住所暂未取得《房屋所有权证》，可由有关部门在"需要证明情况"一栏盖章，视为对该房屋权属、用途合法性的确认。具体可出证明的情况请参见《投资办照通用指南及风险提示》。

核发营业执照情况

发照人员签字			发照日期	年 月 日
领执照情况	本人领取了执照正本一份，副本_____份。 签字： 年 月 日			
备注				

一次性告知记录

您提交的文件、证件还需要进一步修改或补充，请您按照第_____号一次性告知单中的提示部分准备相应文件，此外，还应提交下列文件：

被委托人：　　　　　受理人：　　　　　　　　　　　　　　　年 月 日

一次性告知记录

　　您提交的文件、证件还需要进一步修改或补充，请您按照第_____号一次性告知单中的提示部分准备相应文件，此外，还应提交下列文件：

被委托人：　　　　　　　受理人：　　　　　　　　　　　　　　年　月　日

　　您提交的文件、证件还需要进一步修改或补充，请您按照第_____号一次性告知单中的提示部分准备相应文件，此外，还应提交下列文件：

被委托人：　　　　　　　受理人：　　　　　　　　　　　　　　年　月　日

F2.2　公司章程

制定有限责任公司章程须知

一、为方便投资人，北京市工商行政管理局制作了有限责任公司（包括一人有限公司）章程参考格式。股东可以参照章程参考格式制定章程，也可以根据实际情况自行制定，但章程中必须记载本须知第二条所列事项。

二、根据《中华人民共和国公司法》第二十五条规定，有限责任公司章程应当载明下列事项：

（一）公司名称和住所；

（二）公司经营范围；

（三）公司注册资本；

（四）股东的姓名或者名称；

（五）股东的出资方式、出资额和出资时间；

（六）公司的机构及其产生办法、职权、议事规则；

（七）公司法定代表人；

（八）股东会会议认为需要规定的其他事项。

三、章程中应当载明"本章程与法律、法规不符的，以法律、法规的规定为准"。经营范围条款中应当注明"以工商行政管理机关核定的经营范围为准"。

四、股东应当在公司章程上签名、盖章。

五、公司章程应提交原件，并应使用A4规格纸张打印。

_____有限（责任）公司章程

（参考格式）

第一章　总　则

第一条　依据《中华人民共和国公司法》（以下简称《公司法》）及有关法律、法规的规定，由_____等_____方共同出资，设立_____有限（责任）公司（以下简称公司），特制定本章程。

第二条　本章程中的各项条款与法律、法规、规章不符的，以法律、法规、规章的规定为准。

第二章　公司名称和住所

第三条　公司名称：_____。

第四条　住所：_____。

第三章　公司经营范围

第五条　公司经营范围：_____。（注：根据实际情况具体填写，最后应注明"以工商行政管理机关核定的经营范围为准"。）

第四章　公司注册资本及股东的姓名（名称）、出资额、出资时间、出资方式

第六条　公司注册资本：_____万元人民币。

第七条　股东的姓名（名称）、认缴的出资额、出资时间、出资方式如下：

股东姓名或名称	认缴情况		
	认缴出资额	出资时间	出资方式
合计			

第五章　公司的机构及其产生办法、职权、议事规则

第八条　股东会由全体股东组成，是公司的权力机构，行使下列职权：

（一）决定公司的经营方针和投资计划；

（二）选举和更换非由职工代表担任的董事、监事，决定有关董事、监事的报酬事项；

（三）审议批准董事会（或执行董事）的报告；

（四）审议批准监事会（或监事）的报告；

（五）审议批准公司的年度财务预算方案、决算方案；

（六）审议批准公司的利润分配方案和弥补亏损的方案；

（七）对公司增加或者减少注册资本作出决议；

（八）对发行公司债券作出决议；

（九）对公司合并、分立、解散、清算或者变更公司形式作出决议；

（十）修改公司章程；

（十一）其他职权。（注：由股东自行确定，如股东不作具体规定应将此条删除）

第九条 股东会的首次会议由出资最多的股东召集和主持。

第十条 股东会会议由股东按照出资比例行使表决权。（注：此条可由股东自行确定按照何种方式行使表决权）

第十一条 股东会会议分为定期会议和临时会议。

召开股东会会议，应当于会议召开十五日以前通知全体股东。（注：此条可由股东自行确定时间）

定期会议按日期（注：由股东自行确定）定时召开。代表十分之一以上表决权的股东、三分之一以上的董事、监事会或者监事（不设监事会时）提议召开临时会议的，应当召开临时会议。

第十二条 股东会会议由董事会召集，董事长主持；董事长不能履行职务或者不履行职务的，由副董事长主持；副董事长不能履行职务或者不履行职务的，由半数以上董事共同推举一名董事主持。

（注：有限责任公司不设董事会的，股东会会议由执行董事召集和主持。）

董事会或者执行董事不能履行或者不履行召集股东会会议职责的，由监事会或者不设监事会的公司的监事召集和主持；监事会或者监事不召集和主持的，代表十分之一以上表决权的股东可以自行召集和主持。

第十三条 股东会会议作出修改公司章程、增加或者减少注册资本的决议，以及公司合并、分立、解散或者变更公司形式的决议，必须经代表三分之二以上表决权的股东通过。（注：股东会的其他议事方式和表决程序可由股东自行确定）

第十四条 公司设董事会，成员为_____人，由_____产生。董事任期_____年（注：每届不得超过三年），任期届满，可连选连任。

董事会设董事长一人，副董事长_____人，由_____产生。（注：股东自行确定董事长、副董事长的产生方式）

（注：有限公司不设董事会的，此条应改为：公司不设董事会，设执行董事一人，由股东会选举产生。执行董事任期_____年，任期届满，可连选连任。）

第十五条 董事会行使下列职权：

（一）负责召集股东会，并向股东会议报告工作；

（二）执行股东会的决议；

（三）审定公司的经营计划和投资方案；

（四）制订公司的年度财务预算方案、决算方案；

（五）制订公司的利润分配方案和弥补亏损方案；

（六）制订公司增加或者减少注册资本以及发行公司债券的方案；

（七）制订公司合并、分立、变更公司形式、解散的方案；

（八）决定公司内部管理机构的设置；

（九）决定聘任或者解聘公司经理及其报酬事项，并根据经理的提名决定聘任或者解聘公司副经理、财务负责人及其报酬事项；

（十）制定公司的基本管理制度；

（十一）其他职权。（注：由股东自行确定，如股东不作具体规定应将此条删除）

（注：股东人数较少或者规模较小的有限责任公司，可以设一名执行董事，不设董事会。执行董事的职权由股东自行确定。）

第十六条　董事会会议由董事长召集和主持；董事长不能履行职务或者不履行职务的，由副董事长召集和主持；副董事长不能履行职务或者不履行职务的，由半数以上董事共同推举一名董事召集和主持。

第十七条　董事会决议的表决，实行一人一票。

董事会的议事方式和表决程序。（注：由股东自行确定）

第十八条　公司设经理，由董事会决定聘任或者解聘。经理对董事会负责，行使下列职权：

（一）主持公司的生产经营管理工作，组织实施董事会决议；

（二）组织实施公司年度经营计划和投资方案；

（三）拟订公司内部管理机构设置方案；

（四）拟订公司的基本管理制度；

（五）制定公司的具体规章；

（六）提请聘任或者解聘公司副经理、财务负责人；

（七）决定聘任或者解聘除应由董事会决定聘任或者解聘以外的负责管理人员；

（八）董事会授予的其他职权。

（注：以上内容也可由股东自行确定）

经理列席董事会会议。

第十九条 公司设监事会，成员_____人，监事会设主席一人，由全体监事过半数选举产生。监事会中股东代表监事与职工代表监事的比例为_____：_____。（注：由股东自行确定，但其中职工代表的比例不得低于三分之一）

监事的任期每届为三年，任期届满，可连选连任。

（注：股东人数较少规格较小的公司可以设一至两名监事，此条应改为：公司不设监事会，设监事_____人，由股东会选举产生。监事的任期每届为三年，任期届满，可连选连任。）

第二十条 监事会或者监事行使下列职权：

（一）检查公司财务；

（二）对董事、高级管理人员执行公司职务的行为进行监督，对违反法律、行政法规、公司章程或者股东会决议的董事、高级管理人员提出罢免的建议；

（三）当董事、高级管理人员的行为损害公司的利益时，要求董事、高级管理人员予以纠正；

（四）提议召开临时股东会会议，在董事会不履行本法规定的召集和主持股东会会议职责时召集和主持股东会会议；

（五）向股东会会议提出提案；

（六）依照《公司法》第一百五十二条的规定，对董事、高级管理人员提起诉讼；

（七）其他职权。（注：由股东自行确定，如股东不作具体规定应将此条删除）

监事可以列席董事会会议。

第二十一条 监事会每年度至少召开一次会议，监事可以提议召开临时监事会会议。

第二十二条 监事会决议应当经半数以上监事通过。

监事会的议事方式和表决程序。（注：由股东自行确定）

第六章 公司的法定代表人

第二十三条 董事长为公司的法定代表人（注：也可是执行董事或经理，由股东自行确定）

315

第七章　股东会会议认为需要规定的其他事项

第二十四条　股东之间可以相互转让其部分或全部出资。

第二十五条　股东向股东以外的人转让股权，应当经其他股东过半数同意。股东应就其股权转让事项书面通知其他股东征求同意，其他股东自接到书面通知之日起满三十日未答复的，视为同意转让。其他股东半数以上不同意转让的，不同意的股东应当购买该转让的股权；不购买的，视为同意转让。

经股东同意转让的股权，在同等条件下，其他股东有优先购买权。两个以上股东主张行使优先购买权的，协商确定各自的购买比例；协商不成的，按照转让时各自的出资比例行使优先购买权。

（注：以上内容亦可由股东另行确定股权转让的办法。）

第二十六条　公司的营业期限_____年，自公司营业执照签发之日起计算。

第二十七条　有下列情形之一的，公司清算组应当自公司清算结束之日起三十日内向原公司登记机关申请注销登记：

（一）公司被依法宣告破产；

（二）公司章程规定的营业期限届满或者公司章程规定的其他解散事由出现，但公司通过修改公司章程而存续的除外；

（三）股东会决议解散或者一人有限责任公司的股东决议解散；

（四）依法被吊销营业执照、责令关闭或者被撤销；

（五）人民法院依法予以解散；

（六）法律、行政法规规定的其他解散情形。

（注：本章节内容除上述条款外，股东可根据《公司法》的有关规定，将认为需要记载的其他内容一并列明。）

第八章　附　则

第二十八条　公司登记事项以公司登记机关核定的为准。

第二十九条　本章程一式_____份，并报公司登记机关一份。

全体股东亲笔签字、盖公章：

　　　　　　　　　　　　　　　　　年　月　日

F2.3 名称预先核准申请书

名称预先核准申请书

本人_____，接受投资人（合伙人）委托，现向登记机关申请名称预先核准，并郑重承诺：如实向登记机关提交有关材料，反映真实情况，并对申请材料实质内容的真实性负责。

委托人（投资人或合伙人之一）①　　　　申请人（被委托人）②
（签字或盖章）　　　　　　　　　　　（签字）

申请人身份证明复印件粘贴处
（身份证明包括：中华人民共和国公民身份证（正反面）、护照（限外籍人士）、长期居留证明（限外籍人士）、港澳永久性居民身份证或特别行政区护照、台湾地区永久性居民身份证或护照、台胞证、军官退休证等）

联系电话：_____　　邮政编码：_____

通信地址：_____

申请日期：　年 月 日

注：①委托人可以是本申请书第3页"投资人（合伙人）名录"表中载明的任一投资人（合伙人）。委托人是自然人的，由本人亲笔签字；委托人为非自然人的，加盖其公章；委托人为外方非自然人的，由其法定代表人签字。
②申请人（被委托人）是指受投资人委托到登记机关办理名称预先核准的自然人，也可以是投资人（合伙人）中的自然人，由后者亲自办理的，无须委托人签字。

名称预先核准申请表

申请名称					
备选字号	1		4		
	2		5		
	3		6		
主营业务①					
企业类型②	内资： 公司制：□有限责任公司　　□股份有限公司 非公司制：□全民所有制企业　□集体所有制企业 　　　　　□股份合作 □合伙企业（□普通合伙　□有限合伙　□特殊普通合伙） □个人独资企业　□农民专业合作组织　□个体工商户				
	外资：□外资企业（全部由外国投资者投资）□合资经营企业 □合作经营企业　□股份有限公司 □合伙企业（□普通合伙　□有限合伙　□特殊普通合伙） □港澳台个体工商户				
	□分支机构				
字号许可方式 （无此项可不填写）	□投资人字号/姓名许可 □商标授权许可 □非投资人字号许可		许可方名称（姓名） 及证照或证件号码		
注册资本（金）或资金数额 或出资额（营运资金）	（小写）＿＿＿＿＿＿万元（如为外币请注明币种）				
备注说明					

注：①"主营业务"是指企业所从事的主要经营项目。例如：信息咨询、科技开发等。企业名称中的行业用语表述应当与其"主营业务"一致。主营业务包括两项及以上的，以第一项主营业务确定行业用语。

②填写"企业类型"栏目时，请在相应选项对应的"□"内打"√"。

"√"选"分支机构"类型的，请对其所从属企业的类型也进行"√"选。例如：北京华达贸易有限公司分公司的"企业类型"请选择有限责任公司和分支机构两种类型。

③本申请表中所称企业均包括个体工商户。

④本页填写不下的可另复印填写。

投资人（合伙人）名录①

序号	投资人②③（合伙人）名称或姓名	投资人（合伙人）证照或身份证件号码	投资人④（合伙人）类型	拟投资额（出资额）（万元）	国别⑤（地区）或省市（县）
1					
2					
3					
4					
5					
6					
7					
8					
9					
10					
11					
12					

注：①请您认真阅读《投资办照通用指南及风险提示》中有关投资人资格的说明，避免后期更换投资人给您带来不便。

②投资人（合伙人）名称或姓名应当与资格证明文件上的名称或身份证明文件的姓名一致，境外投资人（合伙人）名称或姓名应翻译成中文，填写准确无误。

③申请设立分支机构，请在"投资人（合伙人）名称或姓名"栏目中填写所隶属企业名称。

④"投资人（合伙人）类型"栏，填写自然人、企业法人、事业法人、社团法人或其他经济组织。

⑤"国别（地区）或省市（县）"栏内，外资企业的投资人（合伙人）填写其所在国别（地区），内资企业投资人（合伙人）填写证照核发机关所在省、市（县）。

⑥本页填写不下的可另复印填写。

一次性告知记录

附页1

请您认真阅读第_____号《一次性告知单》《投资办照通用指南及风险提示》的相关内容，按照规定办理登记手续。

申请人：　　　　　　　受理人：　　　　　　　　　　　　年　月　日

您提交的文件、证件还需要进一步修改或补充，请您按照第_____号《一次性告知单》中"应提交文件、证件"部分的_____项内容准备相应文件，此外，还应提交下列文件：

申请人：　　　　　　　受理人：　　　　　　　　　　　　年　月　日

F2.4 指定（委托）书

指定（委 托）书

兹指定（委托）_____（代表或代理人姓名①②③）向工商行政管理机关

办理_____（单位名称）的登记注册（备案）手续。

委托期限自_____年____月____日至_____年____月____日。

委托事项：（请在以下选项□内划"√"）

□报送登记文件 □领取营业执照和有关文书 □其他事项：_____

请确认代表或代理人更正下列内容的权限：（请在以下选项□内划"√"）

1. 修改文件材料中的文字错误：   同意□ 不同意□

2. 修改表格的填写错误：   同意□ 不同意□

指定（委托）人签字或加盖公章④：_____

_____

_____

代表或代理人郑重承诺：本人了解办理工商登记的相关法律、政策及规定，确认本次申请中所提交申请材料真实，有关证件、签字、盖章属实，不存在协助申请人伪造或出具虚假文件、证件，提供非法垫资等违法行为，否则将依法承担相应责任。

代表或代理人签字：_____

年 月 日

代表或代理人身份证复印件（正反面）粘贴处

（外国企业常驻代表机构登记注册手续的代表或代理人应粘贴本人代表证或在有效期内的雇员证复印件）

注意事项：

（1）代表或代理人是指受企业委托或者投资人指定（委托）到工商机关办理企业登记注册手续的自然人。

（2）办理设立登记时，代表或代理人应属以下人员之一：

① 自然人股东（自然人投资人、合伙人）；

② 非自然人股东（或投资单位）的职工；

③ 拟任董事、经理、监事；

④ 设立分支机构的，应是分支机构或所从属企业的职工；

⑤ 设立外国企业常驻代表机构的，应是机构代表。

（3）办理变更、注销登记或备案时，代表或代理人应是本企业的职工，外国企业常驻代表机构应是机构代表或雇员。

（4）"指定（委托）人签字或加盖公章"处，按以下要求填写：

① 办理内资企业（股份有限公司除外）设立登记的，由全体股东（投资人、合伙人）签字或盖章，其中自然人股东（自然人投资者、合伙人）由本人签字，法人股东（法人投资者）加盖本单位公章。

② 办理股份有限公司设立登记的，由董事会成员签字。

③ 办理外商投资企业设立的，自然人投资者由本人签字，中方法人投资者加盖单位公章，外方法人投资者由其法定代表人签字。

④ 办理外国企业常驻代表机构设立的，由首席代表签字。

⑤ 办理各类企业分支机构设立的，加盖所从属企业公章。

⑥ 办理变更登记、注销登记或申请备案的，可加盖本企业公章或由法定代表人（投资人、执行事务合伙人或委派代表）亲笔签字。

（5）委托登记注册代理机构办理登记注册的，不使用本委托书，应提交代理机构专用委托书。

F2.5　企业联系人登记表

企业联系人登记表

企业名称			
联系人姓名		身份证件类型	
身份证件号码			
联系人地址		邮政编码	
固定电话		移动电话	
电子邮件		传真电话	

联系人身份证件复印件（正反面）粘贴处	本人担任企业联系人，对所填写内容予以确认，并承诺认真履行联系人职责。 签字： 　　　　　年　月　日

敬请留意：

1. 联系人职责：及时转达工商行政管理部门对企业主要负责人传达的信息及相关的法律、法规、规章及政策性意见；向工商行政管理部门反映企业的需求或意见；保证工商行政管理部门与企业联系的及时畅通；接受工商行政管理部门的约见。

2. 担任企业联系人的人员应是：A本企业正式工作人员；B企业聘请的常年法律顾问；C本企业的法定代表人（负责人、执行合伙企业事务的合伙人、投资人）或代表机构首席代表。（外国地区企业常驻代表机构的联系人应由首席代表或本机构聘用的雇员担任；合伙企业执行事务合伙人是法人或其他组织的，联系人应是其委派的代表。）

3. 以上栏目敬请如实填写。企业联系人一经确认应当保持相对稳定。发生变化的，可以在企业年度检验时向所在地工商所提交。特殊情况有变化的，应当在决定之日起20个工作日内向所在地工商所提交《企业联系人登记表》。

4. 请据实填写联系方式所列内容，其中"固定电话""移动电话""邮政编码"为必填项。

5. 此表格需提交一式两份，可以复印。

F2.6 补充信息登记表

补充信息登记表

尊敬的申请人，请您如实填写本登记表相关内容，并对本表所填写内容的真实性负责。

企业（个体工商户）名称：

名称预核准号或营业执照注册号：

一、联系方式：

联系电话_____   邮政编码_____

传真电话_____   电子邮件地址_____

住所使用面积_____m^2，提供方式_____，使用期限_____年

二、党员（预备党员）人数_____人

法定代表人（负责人、执行合伙事务人、投资人）是否是党员：□是 □否

（注："法定代表人"指代表企业法人行使职权的主要负责人，公司为依据章程确定的董事长（执行董事或经理）；全民、集体企业的厂长（经理）；集体所有制（股份合作）企业的董（理）事长（执行董事）。"负责人"指各类企业分支机构的负责人；"执行事务合伙人"指合伙企业的执行事务合伙人；"投资人"指个人独资企业的投资人）

是否建立党组织：□是　□否 （选择"是"请继续填写下列党建情况）

党组织建制：□党委　□党总支　□党支部　□其他

党组织组建方式：□单独组建　□联合组建　□挂靠　□其他

党组织是否本年度组建：□是　□否

法定代表人（负责人、执行合伙事务人、投资人、经营者）是否担任党组织书记：□是　□否

三、是否建立团组织：□是　□否　团员人数：_____人

是否建立工会组织：□是　□否　工会会员人数：_____人

四、从业人数：_____人：

其中，本市人数：_____人　外地人数：_____人

安置下岗失业人数：_____人　女性从业人数：_____人

五、投资人中是否有本年度应届高校毕业生：

□否　□是（选择"是"请继续填写：该毕业生是否为北京生源：□是　□否）

六、企业是否实施股权激励：

□否　□是（选择"是"请继续填写：

股权激励方式：□科技成果入股　□科技成果折股　□股权奖励

□股权出售　□股票期权

股权激励金额：_____万元）

七、仅外商投资企业填写：

项目类型：□研发中心　□地区总部

□投资人为上一年度世界500强企业　□其他

八、外国（地区）企业在中国境内从事生产经营活动企业填写：

境外住所：_____

境外注册资本：_____万美元（折合）

境外经营范围：_____

九、投资人中是否有中央在京单位或驻京部队：□否　□是（选择"是"

请继续填写：该投资人性质：□中央企业　□中央在京事业单位

□驻京部队　□其他）

十、个体工商户填写：

城乡标志：□城镇　□农村　□其他

开业类别：□本辖区内人员　□市内其他辖区人员

□外省市人员　□其他

F2.7　股东大会会议记录

_____股份有限公司创立大会的会议记录

会议时间：_____年_____月_____日

会议地点：在_____市_____区_____路_____号（　会议室）

参加会议人员：

1.发起人（或者代理人）_____、_____、_____、_____。

2.认股人（或者代理人）_____、_____、_____、_____。

备注：也可再补充说明会议通知情况及出席本次创立大会的发起人、认股人（及其代理人）共_____名（其中代理人_____名），代表公司股份_____万股，占全部股份总额的_____%，本次创立大会的举行符合法定要求。

会议议题：协商表决本股份有限公司_____事宜。

会议由发起人（或全体与会人员）选举_____作为创立大会的主持人。主持人宣布大会开始，并宣读了会议议程。会议依次讨论并（一致）通过了如下决议：

一、审议通过了发起人关于公司筹办情况的报告

发起人代表_____向大会作了公司筹办情况的报告，经与会人员审议，大会通过了该筹办情况的报告。其中，_____名赞成，代表股份_____万股；_____名反对，代表股份_____万股；_____名弃权，代表股份_____万股。（或者经全体与会人员表决，一致同意通过该筹办报告。）

二、表决通过公司章程

发起人代表_____向与会人员介绍了公司章程的起草经过和主要内容，经与会人员认真讨论，一致表决通过该公司章程（或者：与会人员提议将章程第_____条_____修改为_____后，一致表决通过了该公司章程。或者：经与会人员的表决，赞成人数符合法定比例，通过了公司章程，其中，_____名赞成，代表股份_____万股；_____名反对，代表股份_____万股；_____名弃权，代表股份_____万股。（公司章程如未获得通过亦应注明表决结果））。

三、选举董事会成员

发起人代表_____向大会介绍了董事候选人名单。经与会人员讨论后，以无记名投票（或举手）方式选举下列人员为公司董事：

1. 选举_____为公司董事，任期_____年。其中，_____名赞成，代表股份_____万股；_____名反对，代表股份_____万股；_____名弃权，代表股份_____万股，赞成人数符合法定比例。

2. 选举_____为公司董事，任期_____年。其中，_____名赞成，代表股份_____万股；_____名反对，代表股份_____万股；_____名弃权，代表股份_____万股，赞成人数符合法定比例。

3. 选举为_____公司董事，任期_____年。其中，_____名赞成，代表股份_____万股；_____名反对，代表股份_____万股；_____名弃权，代表股份_____万股，赞成人数符合法定比例。

（注：如上述当选董事的得票率不同应具体注明）同意上述人员_____、

_____、_____、_____、_____等组成公司第一届董事会。

四、选举监事会成员 发起人代表

1. 选举_____为公司监事,任期三年。其中,_____名赞成,代表股份_____万股;_____名反对,代表股份_____万股;_____名弃权,代表股份_____万股,赞成人数符合法定比例。

2. 选举_____为公司监事,任期三年。其中,_____名赞成,代表股份_____万股;_____名反对,代表股份_____万股;_____名弃权,代表股份_____万股,赞成人数符合法定比例。

3. 选举为_____公司监事,任期三年。其中,_____名赞成,代表股份_____万股;_____名反对,代表股份_____万股;_____名弃权,代表股份_____万股,赞成人数符合法定比例。

(注:如上述当选董事的得票率不同应具体注明)同意上述人员_____、_____、_____、_____、_____与职工(代表)大会选举产生的职工代表监事_____、_____共同组成公司第一届监事会。

五、审核公司设立费用

发起人代表_____向大会介绍公司设立费用预算及设立费用计算书,设立费用预算_____元人民币,实际支出____元人民币(实际支出比预算超出_____元人民币)。经与会人员讨论后,一致同意(或者_____票赞成、_____票反对、_____票弃权,赞成名额符合法定人数,同意)对实际支出费用_____元人民币计入公司创办费(或者将实际费用_____元人民币计入公司创办费,_____元人民币由发起人自己负担),在公司成立后_____月内如数偿还。

六、审核发起人非货币出资情况

发起人代表____向大会介绍了发起人非货币出资情况,非货币出资者____名,出资标的为实物(或者知识产权、土地使用权),折价为_____元人民币,折合普通股_____股。与会人员经讨论,一致同意(或者_____票同意、_____票反对、_____票弃权,赞成名额符合法定人数,通过)上述非货币出资事项(或者有_____票不同意上述折价,认为折价应为_____元人民币,差价由发起人连带补足)。(大会通过其他决议及表决结果应逐项列明)

会议主持人:_____(签字)

出席会议人员:_____

(签字)

记录人：_____、_____、_____、_____、_____（签字）
_____年_____月_____日

F2.8　财产转移手续证明

财产转移协议书

甲方（转让方）：若是自然人，填写身份证信息。

若是法人，填写公司名称、地址和法定代表人及职务

乙方（受让方）：《企业名称预先核准通知书》中预先核准的企业名称。

鉴于甲方是拟成立的公司乙方的股东，甲方在公司注册时以价值为_____元_____出资（非货币出资），该出资经____评估机构进行评估，价值为____元，现甲乙双方根据《中华人民共和国公司法》及其有关法律、行政法规的规定，就_____财产转移达成如下协议：

一、甲方将其在公司注册登记时认缴的_____（非货币出资）_____元（其中，_____元作为实收资本，_____元为资本公积）转移乙方，自本协议生效时转移。

二、乙方同意接受甲方将其在公司注册登记时认缴的_____（非货币出资）价值_____元（其中，_____元作为实收资本，_____元为资本公积）转移乙方，自本协议生效时转移。

三、双方确认：该_____财产转移后，该财产的所有权转移给乙方；甲方以其出资额为限拥有公司股东权利和义务；乙方以其全部资产对公司债务承担责任。

四、本协议自双方签字或盖章后生效。

甲方签字：　　　　　　　　　　　乙方签字：

日期：　　　　　　　　　　　　　日期：

F2.9　房屋租赁合同

出租方（以下简称甲方）：

承租方（以下简称乙方）：

根据《中华人民共和国合同法》规定，为明确甲方与乙方的权利义务关系，经双方协商一致，签订本合同：

第一条：租赁房屋

甲方将坐落于_____市的合计面积为_____平方米的建筑物_____间租予乙方作为_____使用。

第二条：租赁期限

租赁期共为____年____个月，甲方从 201__年__月2__日起将出租房屋交付乙方使用，至20____年__月2__日收回。

乙方有下列情形之一的，甲方可以终止合同，收回房屋：

1. 乙方擅自将房屋转租，转让或转借他人使用的；

2. 乙方利用承租房屋进行非法活动，损害公共利益的；

3. 乙方拖欠租金累积达_____个月的；

租赁期届满时，租赁关系自然终止，甲方无须另行通知乙方，若双方均有意续租，可在届满前三个月提出续租意向，并议定合理租金和续租合同。

第三条：租金

每月租金为人民币_____元整，付款方式为_____付。

第四条：协议事项

1. 房屋内外水电费、煤气费、电话费自乙方入住之日起至租约期满迁出之日至均由_____方负担。

2. 甲方应承担所出租房屋的修缮义务，乙方应对修缮工作予以配合。

乙方应妥善使用，管理出租房屋的内外设备，未征得甲方同意，乙方不能擅自变更，损坏房屋结构和设备。

3. 乙方不得利用出租房屋进行非法活动或存放危险物品，影响公共安全。

4. 租赁期满之日，在不续租情况下，乙方应无条件退租，并将房屋设备清点后归还甲方，不得向甲方请求退还租金、移转费及一切权利金。乙方应将自用家具物品搬迁清楚，不得故意留存占据，如逾期不搬视为乙方抛弃其所有权，由甲方自行处理。对逾期不迁出者，甲方可向人民法院提请诉讼，一切损失由乙方承担赔偿。

5. 租赁期间双方均不得无故解除合同，但乙方因特殊情况需退房时，必须提前十五天通知甲方，并支付一个月租金作为赔偿。如甲方确需收回房屋自用，也须提前十五天通知乙方，支付一个月租金作为乙方搬迁的补偿，并退还乙方未满租期的租金。

6. 甲方需对上述房产提供全部法律文件，如因房产产权等问题影响乙方在租期内对房屋的居住使用，造成的全部损失由甲方承担。

第五条：甲方与乙方的变更

1. 若甲方将房产所有权转移给第三方时，合同对新的房产所有者继续有效。

2. 甲方出卖房屋，须在三个月前通知乙方，在同等条件下乙方有优先购买权。

3. 乙方需与第三人互换住房时，应事先征得甲方同意。

第六条：违约责任

1. 甲方未按前述合同条款向乙方交付合乎要求的出租房屋的，甲方应对此向乙方予以赔偿。

2. 甲方未按时按要求对房屋进行必要的修缮的，对乙方造成财务损失和人员伤害，应承担赔偿义务。

3. 乙方非正常管理使用房屋及设施给甲方造成损失的，乙方应负赔偿责任。

4. 乙方故意逾期未交付租金的，除应及时如数补交外，还应支付一个月租金作为赔偿。如遇特殊情况暂时未交租金的，甲、乙双方可协商解决。

5. 乙方违反合同擅自将房屋转租他人使用的，甲方有权收回所租的房屋，有权将乙方交付的期满前租金扣留作为乙方的违约金赔偿。如因此对出租房屋造成损坏的，乙方还应负担赔偿责任。

第七条：免责条件

房屋如因不可抗力的原因导致损坏和造成损失的，双方互不承担责任。

第八条：争议的解决方式

1. 本合同在履行中如发生争议，双方协商解决，协商调解不成时，双方均可：

1）向约定的仲裁委员会申请调解或仲裁；

2）向房屋所在地人民法院提起诉讼。

第九条：本合同未尽事宜一律按《中华人民共和国合同法》的有关规定，经合同双方共同协商作出补充规定，补充规定与本合同具有同等法律效力。

第十条：本合同正本一式两份，甲，乙双方各执一份，合同签字盖章后生效。

甲方：

签章：

日期：

身份证号码：

乙方：

签章：

日期：

身份证号码：

F3 合伙企业常用资料

F3.1 合伙企业设立登记申请书

合伙企业设立登记申请书

（分支机构设立登记申请书）

企业名称：_____

郑 重 承 诺

经全体合伙人一致决定，向登记机关提出合伙企业（分支机构）的设立申请，并就如下内容郑重承诺：

1. 如实向登记机关提交有关材料，反映真实情况，并对申请材料实质内容的真实性负责。

2. 本申请书所列全部内容均为全体合伙人的共同决定和真实意思表示。

全体合伙人签字：

年 月 日

企业登记基本信息表

企业名称				
主要经营场所① （经营场所）	北京市　　　　区（县）			（门牌号）
执行事务合伙人② （负责人）		委派代表 （中文）		
企业类型③		认缴出资额		万元
		实缴出资额		万元
		币种④		
经营范围				
合伙期限	长期/＿＿年	申请副本数④		＿＿＿＿份

注：① 填写经营场所时请列明详细地址，精确到门牌号或房间号，如"北京市××区××路（街）××号××室"。

② "执行事务合伙人（负责人）"栏填写依据合伙协议确定的执行事务合伙人。执行事务合伙人是法人或其他组织的，还应当填写其委派代表的中文姓名。如申请合伙企业分支机构设立的，应在此栏填写负责人的中文姓名。

③ "企业类型"根据合伙企业的实际情况，填写为"普通合伙企业"或"有限合伙企业"。

④ "币种"一栏仅外资合伙企业填写。

⑤ 企业根据需要可以向登记机关申请核发若干执照副本，请注明申领份数。

⑥ 合伙企业分支机构无须填写"委派代表""企业类型""认缴出资额""实缴出资额"以及"合伙期限"。

自然人合伙人名录①

姓名② （中文）	国籍	性别	民族③	住所④	证件名称及号码	承担责任方式⑤

注：①合伙企业分支机构无须填写此页。本表不够填的，可复印续填。

②外籍人员需在"姓名（中文）"栏内填写经本人确认的中文姓名或中文译名。

③外籍人员无须填写"民族"一栏。

④"住所"为自然人合伙人身份证件上载明的户籍所在地的详细地址，外籍人员填写其在中国居住地址。

⑤"承担责任方式"栏内有限合伙人应填写"有限责任"，普通合伙人应填写"无限责任"。

非自然人合伙人名录①

	名称	住所②	法定代表人姓名③ （投资人、执行事务 合伙人或委派代表）	营业执照注册号④	承担责任方式⑤
中方					
外方					

注：①合伙企业分支机构无须填写此页。本表不够填的，可复印续填。

②"住所"栏只需填写省、市（县）名称即可。

③"法定代表人姓名（投资人、执行事务合伙人）"栏，投资者为全民所有制、集体所有制、集体所有制（股份合作）、公司制企业法人的，填写其法定代表人；投资者为合伙企业的，填写其执行事务合伙人（或委派代表）；投资者为个人独资企业的，填写其投资人。

④合伙人为企业的，请在"营业执照注册号"栏填写其注册号；非企业合伙人不必填写。

⑤"承担责任方式"栏内有限合伙人应填写"有限责任"，普通合伙人应填写"无限责任"。

执行事务合伙人（委派代表）信息登记表①
分支机构负责人信息登记表②

姓名 （中文）		性别		民族③	
政治面貌③		联系电话		国籍	
身份证件 类型		身份证件 号码			

身份证件复印件粘贴处（请正反面粘贴）

注：①申请合伙企业设立的，如执行事务合伙人为自然人，本页填写执行事务合伙人的信息；如执行事务合伙人为法人或其他组织，本页填写该法人或组织所委派代表的信息。

②申请合伙企业分支机构设立的，本页填写分支机构负责人信息。

③委派代表为外籍人员的，无须填写政治面貌、民族。

主要经营场所证明

公司名称	
主要经营场所① （经营场所）	北京市　　　区（县）　　　　　（门牌号）
产权人证明②	同意将上述地址房屋提供给该企业使用。 　　　　　　　　　产权人盖章（签字）： 　　　　　　　　　　　　　　　　年　月　日
需要证明情况③	上述经营场所产权人为＿＿＿＿＿＿，房屋用途为＿＿＿＿＿＿。 特此证明。 　　　　　　　　　证明单位公章： 　　　　　　　　　证明单位负责人签字： 　　　　　　　　　　　　　　　　年　月　日

注：①请在"主要经营场所（经营场所）"一栏写清详细地址，精确到门牌号或房间号，如"北京市××区××路（街）××号××室"。

②产权人为单位的，应在"产权人证明"一栏内加盖公章；产权人为自然人的，由产权人亲笔签字。同时需提交由产权人盖章或签字的《房屋所有权证》复印件。

③若住所暂未取得《房屋所有权证》，可由有关部门在"需要证明情况"一栏盖章，视为对该房屋权属、用途合法性的确认。具体可出证明的情况请参见《投资办照通用指南及风险提示》。

核发营业执照情况

发照人员签字		发照日期	年 月 日
领执照情况	本人领取了执照正本一份，副本_____份。 签字：		年 月 日
备注			

一次性告知记录

您提交的文件、证件还需要进一步修改或补充，请您按照第_____号一次性告知单中的提示部分准备相应文件，此外，还应提交下列文件：

被委托人：　　　　　受理人：　　　　　　　　　　年 月 日

一次性告知记录

　　　您提交的文件、证件还需要进一步修改或补充，请您按照第＿＿＿＿号一次性告知单中的提示部分准备相应文件，此外，还应提交下列文件：

被委托人：　　　　　　　受理人：　　　　　　　　　　　　　年　月　日

　　　您提交的文件、证件还需要进一步修改或补充，请您按照第＿＿＿＿号一次性告知单中的提示部分准备相应文件，此外，还应提交下列文件：

被委托人：　　　　　　　受理人：　　　　　　　　　　　　　年　月　日

F3.2　合伙协议

合伙协议书

甲方：_____　　身份证号码：_____
乙方：_____　　身份证号码：_____
甲、乙双方经友好协商，就共同经营_____宜达成如下合伙协议：

第一条　合伙宗旨

第二条　合伙经营项目和范围

第三条　合伙期限

合伙期限为____年，自____年__月__日起，至____年__月__日止。

第四条　出资额、方式、期限

1. 合伙人____（姓名）以____方式出资，计人民币____元。

（其他合伙人同上顺序列出）

2. 各合伙人的出资，于____年__月__日以前交齐，逾期不交或未交齐的，应对应交未交金额数计付银行利息并赔偿由此造成的损失。

3. 本合伙出资共计人民币____元。合伙期间各合伙人的出资____为共有财产，不得随意请求分割，合伙终止后，各合伙人的出资仍为个人所有，至时予以返还。

第五条　盈余分配与债务承担

1. 盈余分配，以____为依据，按比例分配。

2. 债务承担：合伙债务先由合伙财产偿还，合伙财产不足清偿时，以各合伙人的____为据，按比例承担。

第六条　入伙、退伙，出资的转让

1. 入伙：①需承认本合同；②需经全体合伙人同意；③执行合同规定的权利义务。

2. 退伙：①需有正当理由方可退伙；②不得在合伙不利时退伙；③退伙需提前____月告知其他合伙人并经全体合伙人同意；④退伙后以退伙时的财产状况进行结算，不论何种方式出资，均以金钱结算；⑤未经合同人同意而自行退伙给合伙造成损失的，应进行赔偿。

3. 出资的转让：允许合伙人转让自己的出资。转让时合伙人有优先受让权，如转让合伙人以外的第三人，第三人按入伙对待，否则以退伙对待转让人。

第七条 合伙负责人及其他合伙人的权利

1. _____为合伙负责人。其权限是：①对外开展业务，订立合同；②对合伙事业进行日常管理；③出售合伙的产品（货物），购进常用货物；④支付合伙债务；⑤_____。

2. 其他合伙人的权利：①参与合伙事业的管理；②听取合伙负责人开展业务情况的报告；检查合伙账册及经营情况；④共同决定合伙重大事项。

第八条 禁止行为

1. 未经全体合伙人同意，禁止任何合伙人私自以合伙名义进行业务活动；如其业务获得利益归合伙，造成损失按实际损失赔偿。

2. 禁止合伙人经营与合伙竞争的业务。

3. 禁止合伙人再加入其他合伙。

4. 禁止合伙人与本合伙签订合同。

5. 如合伙人违反上述各条，应按合伙实际损失赔偿。劝阻不听者可由全体合伙人决定除名。

第九条 合伙的终止及终止后的事项

1. 合伙因以下事由之一的终止：①合伙期届满；②全体合伙人同意终止合伙关系；③合伙事业完成或不能完成；④合伙事业违反法律被撤销；⑤法院根据有关当事人请求判决解散。

2. 合伙终止后的事项：①即行推举清算人，并邀请_____中间人（或公证员）参与清算；②清算后如有盈余，则按收取债权、清偿债务、返还出资、按比例分配剩余财产的顺序进行。固定资产和不可分物，可作价卖给合伙人或第三人，其价款参与分配；③清算后如有亏损，不论合伙人出资多少，先以合伙共同财产偿还，合伙财产不足清偿的部分，由合伙人按出资比例承担。

第十条 纠纷的解决

合伙人之间如发生纠纷，应共同协商，本着有利于合伙事业发展的原则予以解决。如协商不成，可以诉诸法院。

第十一条 本合同自订立并报经工商行政管理机关批准之日起生效并开始营业。

第十二条 本合同如有未尽事宜，应由合伙人集体讨论补充或修改。补充和修改的内容与本合同具有同等效力。

第十三条 其他

第十四条 本合同正本一式____份，合伙人各执一份，送____各存一份。

合伙人：＿＿＿＿＿＿

合伙人：＿＿＿＿＿＿

＿＿＿＿＿＿年＿＿月＿＿日

F3.3 名称预先核准申请书

名称预先核准申请书

本人＿＿＿＿＿＿，接受投资人（合伙人）委托，现向登记机关申请名称预先核准，并郑重承诺：如实向登记机关提交有关材料，反映真实情况，并对申请材料实质内容的真实性负责。

委托人（投资人或合伙人之一）①   申请人（被委托人）②

（签字或盖章）   （签字）

申请人身份证明复印件粘贴处

（身份证明包括：中华人民共和国公民身份证（正反面）、护照（限外籍人士）、长期居留证明（限外籍人士）、港澳永久性居民身份证或特别行政区护照、台湾地区永久性居民身份证或护照、台胞证、军官退休证等）

联系电话：＿＿＿＿＿＿＿＿＿＿ 邮政编码：＿＿＿＿＿＿

通信地址：＿＿＿＿＿＿＿＿＿＿＿＿＿＿＿＿＿＿

申请日期：   年 月 日

注：①委托人可以是本申请书第3页"投资人（合伙人）名录"表中载明的任一投资人（合伙人）。委托人是自然人的，由本人亲笔签字；委托人为非自然人的，加盖其公章；委托人为外方非自然人的，由其法定代表人签字。

②申请人（被委托人）是指受投资人委托到登记机关办理名称预先核准的自然人，也可以是投资人（合伙人）中的自然人，由后者亲自办理的，无须委托人签字。

名称预先核准申请表

申请名称					
备选字号	1		4		
	2		5		
	3		6		
主营业务①					
企业类型②	内资： 公司制：□有限责任公司　　　□股份有限公司 非公司制：□全民所有制企业　□集体所有制企业 　　　　　　□股份合作 □合伙企业（□普通合伙　□有限合伙　□特殊普通合伙） □个人独资企业　□农民专业合作组织　□个体工商户				
	外资： □外资企业（全部由外国投资者投资）□合资经营企业 □合作经营企业　□股份有限公司 □合伙企业（□普通合伙　□有限合伙　□特殊普通合伙） □港澳台个体工商户				
	□分支机构				
字号许可方式 （无此项可不填写）	□投资人字号/姓名许可 □商标授权许可 □非投资人字号许可		许可方名称（姓名） 及证照或证件号码		
注册资本（金）或资金数额 或出资额（营运资金）	（小写）＿＿＿＿＿＿＿万元（如为外币请注明币种）				
备注说明					

注：①"主营业务"是指企业所从事的主要经营项目。例如：信息咨询、科技开发等。企业名称中的行业用语表述应当与其"主营业务"一致。主营业务包括两项及以上的，以第一项主营业务确定行业用语。

②填写"企业类型"栏目时，请在相应选项对应的"□"内打"√"。

"√"选"分支机构"类型的，请对其所从属企业的类型也进行"√"选。例如：北京华达贸易有限公司分公司的"企业类型"请选择有限责任公司和分支机构两种类型。

③本申请表中所称企业均包括个体工商户。

④本页填写不下的可另复印填写。

投资人（合伙人）名录①

序号	投资人②③（合伙人）名称或姓名	投资人（合伙人）证照或身份证件号码	投资人④（合伙人）类型	拟投资额（出资额）（万元）	国别⑤（地区）或省市（县）
1					
2					
3					
4					
5					
6					
7					
8					
9					
10					
11					
12					

注：①请您认真阅读《投资办照通用指南及风险提示》中有关投资人资格的说明，避免后期更换投资人给您带来不便。

②投资人（合伙人）名称或姓名应当与资格证明文件上的名称或身份证明文件的姓名一致，境外投资人（合伙人）名称或姓名应翻译成中文，填写准确无误。

③申请设立分支机构，请在"投资人（合伙人）名称或姓名"栏目中填写所隶属企业名称。

④"投资人（合伙人）类型"栏，填写自然人、企业法人、事业法人、社团法人或其他经济组织。

⑤"国别（地区）或省市（县）"栏内，外资企业的投资人（合伙人）填写其所在国别（地区），内资企业投资人（合伙人）填写证照核发机关所在省、市（县）。

⑥本页填写不下的可另复印填写。

一次性告知记录

附页1

请您认真阅读第_____号《一次性告知单》《投资办照通用指南及风险提示》的相关内容，按照规定办理登记手续。

申请人：　　　　　　　受理人：　　　　　　　　　　　　　　年　月　日

您提交的文件、证件还需要进一步修改或补充，请您按照第_____号《一次性告知单》中"应提交文件、证件"部分的_____项内容准备相应文件，此外，还应提交下列文件：

申请人：　　　　　　　受理人：　　　　　　　　　　　　　　年　月　日

F3.4 指定（委托）书

指定（委托）书

兹指定（委托）_____（代表或代理人姓名①②③）向工商行政管理机关办理_____（单位名称）的登记注册（备案）手续。

委托期限自_____年____月____日至_____年____月____日。

委托事项：（请在以下选项□内划"√"）

□报送登记文件　□领取营业执照和有关文书　□其他事项：_____

请确认代表或代理人更正下列内容的权限：（请在以下选项□内划"√"）

1. 修改文件材料中的文字错误：　　　同意□　不同意□

2. 修改表格的填写错误：　　　　　　同意□　不同意□

指定（委托）人签字或加盖公章④：_____

_____

_____

代表或代理人郑重承诺：本人了解办理工商登记的相关法律、政策及规定，确认本次申请中所提交申请材料真实，有关证件、签字、盖章属实，不存在协助申请人伪造或出具虚假文件、证件，提供非法垫资等违法行为，否则将依法承担相应责任。

代表或代理人签字：_____

年　月　日

代表或代理人身份证复印件（正反面）粘贴处

（外国企业常驻代表机构登记注册手续的代表或代理人应粘贴本人代表证或在有效期内的雇员证复印件）

注意事项：

（1）代表或代理人是指受企业委托或者投资人指定（委托）到工商机关办理企业登记注册手续的自然人。

（2）办理设立登记时，代表或代理人应属以下人员之一：

①自然人股东（自然人投资人、合伙人）；

②非自然人股东（或投资单位）的职工；

③拟任董事、经理、监事；

④设立分支机构的，应是分支机构或所从属企业的职工；

⑤设立外国企业常驻代表机构的，应是机构代表。

（3）办理变更、注销登记或备案时，代表或代理人应是本企业的职工，外国企业常驻代表机构应是机构代表或雇员。

（4）"指定（委托）人签字或加盖公章"处，按以下要求填写：

①办理内资企业（股份有限公司除外）设立登记的，由全体股东（投资人、合伙人）签字或盖章，其中自然人股东（自然人投资者、合伙人）由本人签字，法人股东（法人投资者）加盖本单位公章。

②办理股份有限公司设立登记的，由董事会成员签字。

③办理外商投资企业设立的，自然人投资者由本人签字，中方法人投资者加盖单位公章，外方法人投资者由其法定代表人签字。

④办理外国企业常驻代表机构设立的，由首席代表签字。

⑤办理各类企业分支机构设立的，加盖所从属企业公章。

⑥办理变更登记、注销登记或申请备案的，可加盖本企业公章或由法定代表人（投资人、执行事务合伙人或委派代表）亲笔签字。

（5）委托登记注册代理机构办理登记注册的，不使用本委托书，应提交代理机构专用委托书。

F3.5 企业联系人登记表

企业联系人登记表

企业名称			
联系人姓名		身份证件类型	
身份证件号码			
联系人地址		邮政编码	
固定电话		移动电话	
电子邮件		传真电话	

联系人身份证件复印件（正反面）粘贴处	本人担任企业联系人，对所填写内容予以确认，并承诺认真履行联系人职责。 签字： 　　　　　　　年　月　日

敬请留意：

1. 联系人职责：及时转达工商行政管理部门对企业主要负责人传达的信息及相关的法律、法规、规章及政策性意见；向工商行政管理部门反映企业的需求或意见；保证工商行政管理部门与企业联系的及时畅通；接受工商行政管理部门的约见。

2. 担任企业联系人的人员应是：A本企业正式工作人员；B企业聘请的常年法律顾问；C本企业的法定代表人（负责人、执行合伙企业事务的合伙人、投资人）或代表机构首席代表。（外国地区企业常驻代表机构的联系人应由首席代表或本机构聘用的雇员担任；合伙企业执行事务合伙人是法人或其他组织的，联系人应是其委派的代表。）

3. 以上栏目敬请如实填写。企业联系人一经确认应当保持相对稳定。发生变化的，可以在企业年度检验时向所在地工商所提交。特殊情况有变化的，应当在决定之日起20个工作日内向所在地工商所提交《企业联系人登记表》。

4. 请据实填写联系方式所列内容，其中"固定电话""移动电话""邮政编码"为必填项。

5. 此表格需提交一式两份，可以复印。

F3.6 补充信息登记表

补充信息登记表

尊敬的申请人，请您如实填写本登记表相关内容，并对本表所填写内容的真实性负责。

企业（个体工商户）名称：

名称预核准号或营业执照注册号：

一、联系方式：

联系电话_____   邮政编码_____

传真电话_____   电子邮件地址_____

住所使用面积_____m^2，提供方式_____，使用期限_____年

二、党员（预备党员）人数_____人

法定代表人（负责人、执行合伙事务人、投资人）是否是党员：□是 □否

（注："法定代表人"指代表企业法人行使职权的主要负责人，公司为依据章程确定的董事长（执行董事或经理）；全民、集体企业的厂长（经理）；集体所有制（股份合作）企业的董（理）事长（执行董事）。"负责人"指各类企业分支机构的负责人；"执行事务合伙人"指合伙企业的执行事务合伙人；"投资人"指个人独资企业的投资人）

是否建立党组织：□是　□否（选择"是"请继续填写下列党建情况）

党组织建制：□党委　□党总支　□党支部　□其他

党组织组建方式：□单独组建　□联合组建　□挂靠　□其他

党组织是否本年度组建：□是　□否

法定代表人（负责人、执行合伙事务人、投资人、经营者）是否担任党组织书记：□是　□否

三、是否建立团组织：□是　□否　团员人数：_____人

是否建立工会组织：□是　□否　工会会员人数：_____人

四、从业人数：_____人：

其中，本市人数：_____人　外地人数：_____人

安置下岗失业人数：_____人　女性从业人数：_____人

五、投资人中是否有本年度应届高校毕业生：

□否　□是（选择"是"请继续填写：该毕业生是否为北京生源：□是　□否）

六、企业是否实施股权激励：

□否　□是（选择"是"请继续填写：

股权激励方式：□科技成果入股　□科技成果折股　□股权奖励

□股权出售　□股票期权

股权激励金额：＿＿＿＿万元）

七、仅外商投资企业填写：

项目类型：□研发中心　□地区总部

□投资人为上一年度世界500强企业　□其他

八、外国（地区）企业在中国境内从事生产经营活动企业填写：

境外住所：＿＿＿＿＿＿＿＿＿

境外注册资本：＿＿＿＿万美元（折合）

境外经营范围：＿＿＿＿＿＿＿＿

九、投资人中是否有中央在京单位或驻京部队：□否　□是（选择"是"

请继续填写：该投资人性质：□中央企业　□中央在京事业单位

□驻京部队　□其他）

十、个体工商户填写：

城乡标志：□城镇　□农村　□其他

开业类别：□本辖区内人员　□市内其他辖区人员

□外省市人员　□其他

F4 个人独资企业常用资料

F4.1 个人独资企业设立登记表

内资公司设立登记申请书

公司名称：_____

郑 重 承 诺

本人_____拟任_____（公司名称）的法定代表人，现向登记机关提出公司设立申请，并就如下内容郑重承诺：

1. 如实向登记机关提交有关材料，反映真实情况，并对申请材料实质内容的真实性负责。

2. 本人出任公司法定代表人，具有完全民事行为能力，且不存在以下情况：

（1）无民事行为能力或者限制民事行为能力。

（2）正在被执行刑罚或者正在被执行刑事强制措施。

（3）正在被公安机关或者国家安全机关通缉。

（4）因犯有贪污贿赂罪、侵犯财产罪或者破坏社会主义市场经济秩序罪被判处刑罚，执行期满未逾五年；因犯有其他罪被判处刑罚，执行期满未逾三年，或者因犯罪被判处剥夺政治权利，执行期满未逾五年。

（5）担任因经营不善破产清算的企业的法定代表人或者董事、经理，并对该企业的破产负有个人责任，企业破产清算完结后未逾三年。

（6）担任因违法被吊销营业执照的企业的法定代表人，并对该企业违法行为负有个人责任，企业被吊销营业执照后未逾三年。

（7）个人负债数额较大，到期未清偿。

（8）法律和国务院规定不得担任法定代表人的其他情形。

法定代表人签字：

年 月 日

登记基本信息表

公司名称		
住所①	北京市　　　区（县）	（门牌号）
法定代表人②	注册资本③	万元
公司类型		
经营范围		
营业期限	长期/＿＿＿年	申请副本数④　　　＿＿＿＿＿份

注：①填写住所时请列明详细地址，精确到门牌号或房间号，如"北京市××区××路（街）××号××室"。

②公司"法定代表人"指依据章程确定的董事长（执行董事或经理）。

③"注册资本"有限责任公司为在公司登记机关登记的全体股东认缴的出资额；发起设立的股份有限公司为在公司登记机关登记的全体发起人认购的股本总额；募集设立的股份有限公司为在公司登记机关登记的实收股本总额。

④企业根据需要可以向登记机关申请核发若干执照副本，请注明申领份数。

自然人股东（发起人）名录

姓名	性别	民族	户籍登记住址	证件名称及号码	是否为发起人

非自然人股东（发起人）名录[①]

名称	住所[②]	法定代表人[③]（投资人、执行事务合伙人或委派代表）	营业执照注册号[④]	是否为发起人

注：①本表不够填的，可复印续填。

②"住所"栏只需填写省、市（县）名称即可。

③"法定代表人姓名（投资人、执行事务合伙人）"栏，投资者为全民所有制、集体所有制、集体所有制（股份合作）、公司制企业法人的，填写其法定代表人；投资者为合伙企业的，填写其执行事务合伙人（或委派代表）；投资者为个人独资企业的，填写其投资人。

④股东为企业的，请在"营业执照注册号"栏填写其注册号，非企业股东不必填写。

法定代表人、董事、经理、监事信息表①

股东在本表的盖章或签字视为对下列人员职务的确认。如可另行提交下列人员的任职文件，则无须股东在本表盖章或签字。

姓名	民族	现居所②	职务信息		任职期限	产生方式⑤
			职务③	是否为法定代表人④		
全体股东盖章（签字）⑥：						

注：①本页不够填的，可复印续填。

②"现居所"栏，中国公民填写户籍登记住址，非中国公民填写居住地址。

③"职务"指董事长（执行董事）、副董事长、董事、经理、监事会主席、监事。上市股份有限公司设置独立董事的应在"职务"栏内注明。

④担任公司法定代表人的人员，请在对应的"是否为法定代表人"栏内填"√"，其他人员勿填此栏。

⑤"产生方式"按照章程规定填写，董事、监事一般应为"选举"或"委派"；经理一般应为"聘任"。

⑥"全体股东盖章（签字）"处，股东为自然人的，由股东签字；股东为非自然人的，加盖股东单位公章。不能在此页盖章（签字）的，应另行提交有关选举、聘用的证明文件。

　　请将董事、经理、监事人员的身份证件复印件粘贴在本页，本页如不够粘贴可复印使用。

姓名：＿＿＿＿＿身份证件类型：＿＿＿＿＿＿＿　　　身份证件号码：＿＿＿＿＿＿＿＿＿职务：＿＿＿＿

董事、经理、监事身份证件复印件粘贴处

（请正反面粘贴）

姓名：＿＿＿＿＿身份证件类型：＿＿＿＿＿＿＿　　　身份证件号码：＿＿＿＿＿＿＿＿＿职务：＿＿＿＿

董事、经理、监事身份证件复印件粘贴处

（请正反面粘贴）

姓名：＿＿＿＿＿身份证件类型：＿＿＿＿＿＿＿　　　身份证件号码：＿＿＿＿＿＿＿＿＿职务：＿＿＿＿

董事、经理、监事身份证件复印件粘贴处

（请正反面粘贴）

住所证明

公司名称	
住所①	北京市 区（县） （门牌号）
产权人证明②	同意将上述地址房屋提供给该公司使用。 产权人盖章（签字）： 年 月 日
需要证明情况③	上述住所产权人为＿＿＿＿＿＿＿，房屋用途为＿＿＿＿＿＿＿。 特此证明。 证明单位公章： 证明单位负责人签字： 年 月 日

注：①请在"住所"一栏写清详细地址，精确到门牌号或房间号，如"北京市××区××路（街）××号××室"。

②产权人为单位的，应在"产权人证明"一栏内加盖公章；产权人为自然人的，由产权人亲笔签字。同时需提交由产权人盖章或签字的《房屋所有权证》复印件。

③若住所暂未取得《房屋所有权证》，可由有关部门在"需要证明情况"一栏盖章，视为对该房屋权属、用途合法性的确认。具体可出证明的情况请参见《投资办照通用指南及风险提示》。

核发营业执照情况

发照人员签字		发照日期	年　月　日
领执照情况	本人领取了执照正本一份，副本＿＿＿＿份。 签字：　　　　　　　　　　　　　　　　　　年　月　日		
备注			

一次性告知记录

　　您提交的文件、证件还需要进一步修改或补充，请您按照第＿＿＿＿号一次性告知单中的提示部分准备相应文件，此外，还应提交下列文件：

被委托人：　　　　　　受理人：　　　　　　　　　　　　　　年　月　日

一次性告知记录

　　您提交的文件、证件还需要进一步修改或补充，请您按照第＿＿号一次性告知单中的提示部分准备相应文件，此外，还应提交下列文件：

被委托人：　　　　　　　受理人：　　　　　　　　　　　　　年　月　日

　　您提交的文件、证件还需要进一步修改或补充，请您按照第＿＿号一次性告知单中的提示部分准备相应文件，此外，还应提交下列文件：

被委托人：　　　　　　　受理人：　　　　　　　　　　　　　年　月　日

F4.2　名称预先核准申请书

名称预先核准申请书

　　本人＿＿＿＿＿＿，接受投资人（合伙人）委托，现向登记机关申请名称预先核准，并郑重承诺：如实向登记机关提交有关材料，反映真实情况，并对申请材料实质内容的真实性负责。

委托人（投资人或合伙人之一）①　　　　申请人（被委托人）②
（签字或盖章）　　　　　　　　　　　　（签字）

```
┌─────────────────────────────────────────────┐
│                                             │
│                                             │
│                                             │
│                                             │
│  申请人身份证明复印件粘贴处                    │
│   （身份证明包括：中华人民共和国公民身份证（正反面）、护照（限外籍人士）、长期│
│  居留证明（限外籍人士）、港澳永久性居民身份证或特别行政区护照、台湾地区永久性居民│
│  身份证或护照、台胞证、军官退休证等）          │
│                                             │
│                                             │
│                                             │
│                                             │
│                                             │
└─────────────────────────────────────────────┘
```

联系电话：＿＿＿＿＿＿＿＿＿＿　　　　邮政编码：＿＿＿＿＿＿＿

通信地址：＿＿＿＿＿＿＿＿＿＿＿＿＿＿＿＿＿＿＿＿＿＿

申请日期：　　年 月 日

　　注：①委托人可以是本申请书第3页"投资人（合伙人）名录"表中载明的任一投资人（合伙人）。委托人是自然人的，由本人亲笔签字；委托人为非自然人的，加盖其公章；委托人为外方非自然人的，由其法定代表人签字。
　　②申请人（被委托人）是指受投资人委托到登记机关办理名称预先核准的自然人，也可以是投资人（合伙人）中的自然人，由后者亲自办理的，无须委托人签字。

名称预先核准申请表

申请名称					
备选字号	1		4		
	2		5		
	3		6		
主营业务①					

企业类型②	内资： 公司制：□有限责任公司　　　　□股份有限公司 非公司制：□全民所有制企业　□集体所有制企业 　　　　　　□股份合作 □合伙企业（□普通合伙　□有限合伙　□特殊普通合伙） □个人独资企业　□农民专业合作组织　□个体工商户
	外资： □外资企业（全部由外国投资者投资）□合资经营企业 □合作经营企业　□股份有限公司 □合伙企业（□普通合伙　□有限合伙　□特殊普通合伙） □港澳台个体工商户
	□分支机构

字号许可方式 （无此项可不填写）	□投资人字号/姓名许可 □商标授权许可 □非投资人字号许可	许可方名称（姓名） 及证照或证件号码	
注册资本（金）或资金数额 或出资额（营运资金）	（小写）＿＿＿＿＿＿＿万元（如为外币请注明币种）		
备注说明			

注：①"主营业务"是指企业所从事的主要经营项目。例如：信息咨询、科技开发等。企业名称中的行业用语表述应当与其"主营业务"一致。主营业务包括两项及以上的，以第一项主营业务确定行业用语。

②填写"企业类型"栏目时，请在相应选项对应的"□"内打"√"。

"√"选"分支机构"类型的，请对其所从属企业的类型也进行"√"选。例如：北京华达贸易有限公司分公司的"企业类型"请选择有限责任公司和分支机构两种类型。

③本申请表中所称企业均包括个体工商户。

④本页填写不下的可另复印填写。

投资人（合伙人）名录①

序号	投资人②③（合伙人）名称或姓名	投资人（合伙人）证照或身份证件号码	投资人④（合伙人）类型	拟投资额（出资额）（万元）	国别⑤（地区）或省市（县）
1					
2					
3					
4					
5					
6					
7					
8					
9					
10					
11					
12					

注：①请您认真阅读《投资办照通用指南及风险提示》中有关投资人资格的说明，避免后期更换投资人给您带来不便。

②投资人（合伙人）名称或姓名应当与资格证明文件上的名称或身份证明文件的姓名一致，境外投资人（合伙人）名称或姓名应翻译成中文，填写准确无误。

③申请设立分支机构，请在"投资人（合伙人）名称或姓名"栏目中填写所隶属企业名称。

④"投资人（合伙人）类型"栏，填写自然人、企业法人、事业法人、社团法人或其他经济组织。

⑤"国别（地区）或省市（县）"栏内，外资企业的投资人（合伙人）填写其所在国别（地区），内资企业投资人（合伙人）填写证照核发机关所在省、市（县）。

⑥本页填写不下的可另复印填写。

一次性告知记录

附页1

请您认真阅读第_____号《一次性告知单》《投资办照通用指南及风险提示》的相关内容，按照规定办理登记手续。

申请人：　　　　　　受理人：　　　　　　　　　　　　年　月　日

您提交的文件、证件还需要进一步修改或补充，请您按照第_____号《一次性告知单》中"应提交文件、证件"部分的_____项内容准备相应文件，此外，还应提交下列文件：

申请人：　　　　　　受理人：　　　　　　　　　　　　年　月　日

F4.3　指定（委托）书

指定（委托）书

　　兹指定（委托）＿＿＿＿＿＿＿（代表或代理人姓名①②③）向工商行政管理机关办理＿＿＿＿＿＿＿＿＿＿＿＿＿＿＿（单位名称）的登记注册（备案）手续。

　　委托期限自＿＿＿＿＿＿年＿＿＿月＿＿＿日至＿＿＿＿＿＿＿年＿＿＿月＿＿＿日。

　　委托事项：（请在以下选项□内划"√"）

　　□报送登记文件　□领取营业执照和有关文书　□其他事项：＿＿＿＿＿＿＿

　　请确认代表或代理人更正下列内容的权限：（请在以下选项□内划"√"）

　　1. 修改文件材料中的文字错误：　　　同意□　不同意□

　　2. 修改表格的填写错误：　　　　　　同意□　不同意□

　　指定（委托）人签字或加盖公章④：＿＿＿＿＿＿＿＿＿＿＿＿＿＿＿＿＿＿＿＿＿

＿＿

＿＿

　　代表或代理人郑重承诺：本人了解办理工商登记的相关法律、政策及规定，确认本次申请中所提交申请材料真实，有关证件、签字、盖章属实，不存在协助申请人伪造或出具虚假文件、证件，提供非法垫资等违法行为，否则将依法承担相应责任。

　　代表或代理人签字：＿＿＿＿＿＿＿＿＿

年　月　日

代表或代理人身份证复印件（正反面）粘贴处

（外国企业常驻代表机构登记注册手续的代表或代理人应粘贴本人代表证或在有效期内的雇员证复印件）

注意事项：

（1）代表或代理人是指受企业委托或者投资人指定（委托）到工商机关办理企业登记注册手续的自然人。

（2）办理设立登记时，代表或代理人应属以下人员之一：

① 自然人股东（自然人投资人、合伙人）；

② 非自然人股东（或投资单位）的职工；

③ 拟任董事、经理、监事；

④ 设立分支机构的，应是分支机构或所从属企业的职工；

⑤ 设立外国企业常驻代表机构的，应是机构代表。

（3）办理变更、注销登记或备案时，代表或代理人应是本企业的职工，外国企业常驻代表机构应是机构代表或雇员。

（4）"指定（委托）人签字或加盖公章"处，按以下要求填写：

① 办理内资企业（股份有限公司除外）设立登记的，由全体股东（投资人、合伙人）签字或盖章，其中自然人股东（自然人投资者、合伙人）由本人签字，法人股东（法人投资者）加盖本单位公章。

② 办理股份有限公司设立登记的，由董事会成员签字。

③ 办理外商投资企业设立的，自然人投资者由本人签字，中方法人投资者加盖单位公章，外方法人投资者由其法定代表人签字。

④ 办理外国企业常驻代表机构设立的，由首席代表签字。

⑤ 办理各类企业分支机构设立的，加盖所从属企业公章。

⑥ 办理变更登记、注销登记或申请备案的，可加盖本企业公章或由法定代表人（投资人、执行事务合伙人或委派代表）亲笔签字。

（5）委托登记注册代理机构办理登记注册的，不使用本委托书，应提交代理机构专用委托书。

F5 个体工商户常用资料

F5.1 个体工商户开业登记申请书

个体工商户开业登记申请书

个体工商户名称：_____

开业登记申请表

名称①	
经营场所②	北京市　　　　区（县）　　　　　　　　　　　　（门牌号）

经营者（主持经营者）姓名	
经营范围	

组成形式	个人经营（　　）	
	家庭经营（　　）	参加经营的家庭成员姓名及身份证件号码

申请副本数③	_____份

经营者承诺

1. 如实向登记机关提交有关材料，反映真实情况，并对申请材料实质内容的真实性负责。

2. 本个体工商户的经营者（主持经营者）具有完全民事行为能力，且不存在国家法律法规规定的不得作为个体工商户经营者的各种情形。

经营者签字：

（如家庭经营的请全体经营者签字）

年　　月　　日

注：① 个体工商户未申请名称的，"名称"栏无须填写。

② 请列明详细地址，精确到门牌号或房间号，如"北京市××区××路（街）××号××室"。

③ 个体工商户根据需要可以向登记机关申请核发若干执照副本，请注明申领份数。

经营者信息登记表①

姓名		出生日期		政治面貌	
文化程度		民族		人员类型②	
住所③				联系电话	
身份证件类型及号码				健康状况④	

身份证件复印件粘贴处
（请分别粘贴正反面）

外地来京人员居住证明复印件粘贴处⑤

注：①家庭经营的，本页应填写主持经营者的情况。

②人员类型可填写：外地来京人员、待业人员、农村村民、下岗人员、退休或退职人员、高校毕业生、退伍军人、刑事解教人员或其他人员（请具体注明）。

③"住所"应填写经营者身份证件载明的户籍所在地的详细地址。

④健康状况可填写：健康、残疾或其他（请具体注明）。

⑤经营者为外地来京人员的，粘贴外地来京人员居住证明复印件。

经营场所证明

名称①	
经营场所②	北京市　　　区（县）　　　　（门牌号）
产权人证明③	同意将上述地址房屋提供给该个体工商户使用。 产权人盖章（签字）： 年　月　日
需要证明情况③	上述经营场所产权人为＿＿＿＿＿＿，房屋用途为＿＿＿＿＿＿。特此证明。 证明单位公章： 证明单位负责人签字： 年　月　日

注：①个体工商户未申请名称的，"名称"栏无须填写。

②请在"经营场所"一栏写清详细地址，精确到门牌号或房间号，如"北京市××区××路（街）××号××室"。

③产权人为单位的，应在"产权人证明"一栏内加盖公章；产权人为自然人的，由产权人亲笔签字。同时需提交由产权人盖章或签字的《房屋所有权证》复印件。

④若住所暂未取得《房屋所有权证》，可由有关部门在"需要证明情况"一栏盖章，视为对该房屋权属、用途合法性的确认。具体可出证明的情况请参见《投资办照通用指南及风险提示》。

核发营业执照情况

发照人员签字		发照日期	年　月　日
领执照情况	本人领取了执照正本一份，副本_____份。 签字：		年　月　日
备注			

一次性告知记录

　　您提交的文件、证件还需要进一步修改或补充，请您按照第_____号一次性告知单中的提示部分准备相应文件，此外，还应提交下列文件：

被委托人：　　　　　受理人：　　　　　　　　　　年　月　日

一次性告知记录

　　您提交的文件、证件还需要进一步修改或补充，请您按照第＿＿号一次性告知单中的提示部分准备相应文件，此外，还应提交下列文件：

被委托人：　　　　　　受理人：　　　　　　　　　　　　年　月　日

　　您提交的文件、证件还需要进一步修改或补充，请您按照第＿＿号一次性告知单中的提示部分准备相应文件，此外，还应提交下列文件：

被委托人：　　　　　　受理人：　　　　　　　　　　　　年　月　日

F5.2　名称预先核准申请书

名称预先核准申请书

本人_____，接受投资人（合伙人）委托，现向登记机关申请名称预先核准，并郑重承诺：如实向登记机关提交有关材料，反映真实情况，并对申请材料实质内容的真实性负责。

委托人（投资人或合伙人之一）①　　　　申请人（被委托人）②
（签字或盖章）　　　　　　　　　　　　（签字）

申请人身份证明复印件粘贴处
（身份证明包括：中华人民共和国公民身份证（正反面）、护照（限外籍人士）、长期居留证明（限外籍人士）、港澳永久性居民身份证或特别行政区护照、台湾地区永久性居民身份证或护照、台胞证、军官退休证等）

联系电话：_____　邮政编码：_____

通信地址：_____

申请日期：　　年　月　日

注：①委托人可以是本申请书第3页"投资人（合伙人）名录"表中载明的任一投资人（合伙人）。委托人是自然人的，由本人亲笔签字；委托人为非自然人的，加盖其公章；委托人为外方非自然人的，由其法定代表人签字。

②申请人（被委托人）是指受投资人委托到登记机关办理名称预先核准的自然人，也可以是投资人（合伙人）中的自然人，由后者亲自办理的，无须委托人签字。

名称预先核准申请表

申请名称				
备选字号	1		4	
	2		5	
	3		6	
主营业务①				
企业类型②	内资： 公司制：□有限责任公司　　□股份有限公司 非公司制：□全民所有制企业　□集体所有制企业 　　　　　□股份合作 □合伙企业（□普通合伙　□有限合伙　□特殊普通合伙） □个人独资企业　□农民专业合作组织　□个体工商户			
	外资： □外资企业（全部由外国投资者投资）□合资经营企业 □合作经营企业　□股份有限公司 □合伙企业（□普通合伙　□有限合伙　□特殊普通合伙） □港澳台个体工商户			
	□分支机构			
字号许可方式 （无此项可不填写）	□投资人字号/姓名许可 □商标授权许可 □非投资人字号许可		许可方名称（姓名） 及证照或证件号码	
注册资本（金）或资金数额 或出资额（营运资金）	（小写）＿＿＿＿＿＿＿万元（如为外币请注明币种）			
备注说明				

注：①"主营业务"是指企业所从事的主要经营项目。例如：信息咨询、科技开发等。企业名称中的行业用语表述应当与其"主营业务"一致。主营业务包括两项及以上的，以第一项主营业务确定行业用语。

②填写"企业类型"栏目时，请在相应选项对应的"□"内打"√"。

"√"选"分支机构"类型的，请对其所从属企业的类型也进行"√"选。例如：北京华达贸易有限公司分公司的"企业类型"请选择有限责任公司和分支机构两种类型。

③本申请表中所称企业均包括个体工商户。

④本页填写不下的可另复印填写。

投资人（合伙人）名录①

序号	投资人②③（合伙人）名称或姓名	投资人（合伙人）证照或身份证件号码	投资人④（合伙人）类型	拟投资额（出资额）（万元）	国别⑤（地区）或省市（县）
1					
2					
3					
4					
5					
6					
7					
8					
9					
10					
11					
12					

注：①请您认真阅读《投资办照通用指南及风险提示》中有关投资人资格的说明，避免后期更换投资人给您带来不便。

②投资人（合伙人）名称或姓名应当与资格证明文件上的名称或身份证明文件的姓名一致，境外投资人（合伙人）名称或姓名应翻译成中文，填写准确无误。

③申请设立分支机构，请在"投资人（合伙人）名称或姓名"栏目中填写所隶属企业名称。

④"投资人（合伙人）类型"栏，填写自然人、企业法人、事业法人、社团法人或其他经济组织。

⑤"国别（地区）或省市（县）"栏内，外资企业的投资人（合伙人）填写其所在国别（地区），内资企业投资人（合伙人）填写证照核发机关所在的省、市（县）。

⑥本页填写不下的可另复印填写。

一次性告知记录

附页1

请您认真阅读第_____号《一次性告知单》《投资办照通用指南及风险提示》的相关内容，按照规定办理登记手续。

申请人：　　　　　　受理人：　　　　　　　　　　　　　　　年　月　日

您提交的文件、证件还需要进一步修改或补充，请您按照第_____号《一次性告知单》中"应提交文件、证件"部分的_____项内容准备相应文件，此外，还应提交下列文件：

申请人：　　　　　　受理人：　　　　　　　　　　　　　　　年　月　日

F5.3 指定（委托）书

指定（委托）书

兹指定（委托）＿＿＿＿＿＿（代表或代理人姓名①②）向工商行政管理机关办理＿＿＿＿＿＿＿＿＿＿＿＿＿＿（单位名称）的登记注册（备案）手续。

委托期限自＿＿＿＿＿年＿＿月＿＿日至＿＿＿＿＿＿年＿＿月＿＿日。

委托事项：（请在以下选项□内划"√"）

□报送登记文件　□领取营业执照和有关文书　□其他事项：＿＿＿＿＿

请确认代表或代理人更正下列内容的权限：（请在以下选项□内划"√"）

1.修改文件材料中的文字错误：同意□　　　不同意□

2.修改表格的填写错误：同意□　　不同意□

指定（委托）人签字或加盖公章③：＿＿＿＿＿＿＿＿＿＿＿＿＿＿＿＿

＿＿＿＿＿＿＿＿＿＿＿＿＿＿＿＿＿＿＿＿＿＿＿＿＿＿＿＿＿＿＿＿

＿＿＿＿＿＿＿＿＿＿＿＿＿＿＿＿＿＿＿＿＿＿＿＿＿＿＿＿＿＿＿＿

代表或代理人郑重承诺：本人了解办理工商登记的相关法律、政策及规定，确认本次申请中所提交申请材料真实，有关证件、签字、盖章属实，不存在协助申请人伪造或出具虚假文件、证件，提供非法或虚假住所（经营场所）等违法行为，否则将依法承担相应责任。

代表或代理人签字：＿＿＿＿＿＿

年　月　日

代表或代理人身份证复印件（正反面）粘贴处

（外国企业常驻代表机构登记注册手续的代表或代理人应粘贴本人代表证或在有效期内的雇员证复印件）

注意事项：

（1）代表或代理人是指受申请人指定（委托）到工商机关办理工商登记手续的自然人。

（2）办理外国企业常驻代表机构登记注册手续的代表或代理人应当是机构代表或雇员。

（3）"指定（委托）人签字或加盖公章"处，按以下要求填写：

① 办理内资企业（股份有限公司除外）设立登记的，由全体股东（投资人、合伙人）签字或盖章，其中自然人股东（自然人投资者、合伙人）由本人签字，法人股东（法人投资者）加盖本单位公章。

② 办理股份有限公司设立登记的，由董事会成员签字。

③ 办理外商投资企业设立的，自然人投资者由本人签字，中方法人投资者加盖单位公章，外方法人投资者由其法定代表人签字。

④ 办理外国企业常驻代表机构设立的，由首席代表签字。

⑤ 办理个体工商户开业的，由经营者或主持经营者签字。

⑥ 办理农民专业合作社设立的，由全体设立人签字或盖章。

⑦ 办理各类企业分支机构设立的，加盖所从属企业公章。

⑧ 办理变更登记、注销登记或申请备案的，可加盖本单位公章或由法定代表人（投资人、执行事务合伙人或委派代表、个体工商户经营者）亲笔签字。

（4）委托登记注册代理机构办理登记注册的，不使用本委托书，应提交代理机构专用委托书。

（5）接受投资人（合伙人）委托，现向登记机关申请名称预先核准，并郑重承诺：如实向登记机关提交有关材料，反映真实情况，并对申请材料实质内容的真实性负责。

F5.4　补充信息登记表

补充信息登记表

尊敬的申请人，请您如实填写本登记表相关内容，并对本表所填写内容的真实性负责。

企业（个体工商户）名称：

名称预核准号或营业执照注册号：

一、联系方式：

联系电话＿＿＿＿＿＿　　　　邮政编码＿＿＿＿＿＿

传真电话＿＿＿＿＿＿　　　　电子邮件地址＿＿＿＿＿＿

住所使用面积＿＿＿＿m²，提供方式＿＿＿＿，使用期限＿＿＿＿年

二、党员（预备党员）人数＿＿＿＿人

法定代表人（负责人、执行合伙事务人、投资人）是否是党员：□是 □否

（注："法定代表人"指代表企业法人行使职权的主要负责人，公司为依据章程确定的董事长（执行董事或经理）；全民、集体企业的厂长（经理）；集体所有制（股份合作）企业的董（理）事长（执行董事）；"负责人"指各类企业分支机构的负责人；"执行事务合伙人"指合伙企业的执行事务合伙人；"投资人"指个人独资企业的投资人）

是否建立党组织：□是　□否（选择"是"请继续填写下列党建情况）

党组织建制：□党委　□党总支　□党支部　□其他

党组织组建方式：□单独组建　□联合组建　□挂靠　□其他

党组织是否本年度组建：□是　□否

法定代表人（负责人、执行合伙事务人、投资人、经营者）是否担任党组织书记：□是　□否

三、是否建立团组织：□是　□否　团员人数：＿＿＿＿人

是否建立工会组织：□是　□否　工会会员人数：＿＿＿＿人

四、从业人数：＿＿＿＿人：

其中，本市人数：＿＿＿＿人　外地人数：＿＿＿＿人

安置下岗失业人数：＿＿＿＿人　女性从业人数：＿＿＿＿人

五、投资人中是否有本年度应届高校毕业生：

□否 □是（选择"是"请继续填写：该毕业生是否为北京生源：□是 □否）

六、企业是否实施股权激励：

□否 □是（选择"是"请继续填写：

股权激励方式：□科技成果入股 □科技成果折股 □股权奖励

□股权出售 □股票期权

股权激励金额：_____万元）

七、仅外商投资企业填写：

项目类型：□研发中心 □地区总部

□投资人为上一年度世界500强企业 □其他

八、外国（地区）企业在中国境内从事生产经营活动企业填写：

境外住所：_____

境外注册资本：_____万美元（折合）

境外经营范围：_____

九、投资人中是否有中央在京单位或驻京部队：□否 □是（选择"是"

请继续填写：该投资人性质：□中央企业 □中央在京事业单位

□驻京部队 □其他）

十、个体工商户填写：

城乡标志：□城镇 □农村 □其他

开业类别：□本辖区内人员 □市内其他辖区人员

□外省市人员 □其他

北京市企业登记后置许可项目目录

序号	项目	设定依据	许可机关及许可方式	备注
			农林牧渔	
1	农业机械维修，改装农业机械、动力机械安全系统	国务院决定、《北京市农业机械管理条例》	区、县农业局核发农业机械维修技术合格证书；改装农业机械、动力机械安全系统由市农业局批准	建设场房从事农业机械维修，改装农业机械、动力机械安全系统的应先取得环保部门的前置许可（参见前置许可目录第83项）
2	在本市农业系统自然保护区的实验区开展参观、旅游活动	《中华人民共和国自然保护区条例》	市农业局批准	
3	捕捉国家一级保护陆生野生动物、二级和本市重点保护野生（陆生）动物	《中华人民共和国野生动物保护法》《中华人民共和国陆生野生动物保护实施条例》	捕捉国家一级保护陆生野生动物由市园林绿化局审核后，报国家林业局审批，核发《特许猎捕证》；猎捕国家二级和本市重点保护野生（陆生）动物由市园林绿化局核发《特许猎捕证》	
4	采集国家一级、二级保护野生植物	《中华人民共和国野生植物保护条例》	采集国家一级保护野生植物由市园林绿化局审核后，报国家林业局审批，核发《采集证》；采集国家二级保护野生植物由市园林绿化局核发《采集证》	
5	出口国家重点保护陆生野生动物及其产品或进出口中国参加的国际公约所限制进出口的陆生野生动物及其产品	《中华人民共和国野生动物保护法》	市园林绿化局审核后，报国家林业局审批	

序号	项目	设定依据	许可机关及许可方式	备注
6	出口国家重点保护野生植物及其产品或者进出口中国参加的国际公约所限制进出口的林业野生植物	《中华人民共和国野生植物保护条例》	市园林绿化局审核后，报国家林业局审批	
7	军粮供应站及军粮代供点	国务院决定	市粮食局批准	
8	实验动物	《北京市实验动物管理条例》	市科委许可	应先取得环保部门的前置许可（参见前置许可目录第83项）
矿产资源及勘察测绘				
9	煤炭生产	《中华人民共和国煤炭法》	市发展改革委核发生产许可证	①煤矿投入生产前，煤矿企业应当向煤炭管理部门申请领取煤炭生产许可证，由煤炭管理部门对其实际生产条件和安全条件进行审查，发给煤炭生产许可证。未取得煤炭生产许可证的，不得从事煤炭生产；②生产应先取得环保部门的前置许可（参见前置许可目录第83项）
10	矿产资源勘查	《矿产资源勘查区块登记管理办法》	市国土资源局核发勘查许可证	
11	开办独立选（洗）矿场	《北京市矿产资源管理条例》	市国土资源局批准	应先取得环保部门的前置许可（参见前置许可目录第83项）
12	测绘活动	《中华人民共和国测绘法》	从事测绘活动的单位资质由市规划委审查	
13	工程勘察、工程设计	《中华人民共和国建筑法》、国务院决定	从事工程勘察、工程设计的单位资质由市规划委审查	涉外工程勘察、工程设计的单位资质审查除外

序号	项目	设定依据	许可机关及许可方式	备注
14	地质灾害危险性评估，地质灾害治理工程勘查、设计、施工、监理	《地质灾害防治条例》	市国土资源局资质审批	
15	地质勘查	国务院决定	市国土资源局资质认定	
16	非煤矿山建设项目安全设施设计审查、竣工验收	《中华人民共和国安全生产法》《中华人民共和国矿山安全法》	①国务院及其有关主管部门审批、核准或者备案的建设项目，由国家安全生产监督管理总局审批；市政府及其有关主管部门审批、核准或者备案的建设项目，由北京市安全生产监督管理局审批；各区县人民政府及其有关主管部门审批、核准或者备案的建设项目，由各区县安全生产监督管理部门审批；②跨两个及两个以上行政区域的建设项目，由北京市安全生产监督管理局或者国家安全生产监督管理总局审批	
市政、市容及建设				
17	取水许可	《中华人民共和国水法》《取水许可和水资源费征收管理条例》	直接从河流、湖泊或者地下取用水资源的，由市或区、县水务局进行审批，核发取水许可证	
18	城市排水	《建设部城市排水许可管理办法》《北京市排水和再生水管理办法》	市水务局核发许可证	

序号	项目	设定依据	许可机关及许可方式	备注
19	从事城市生活垃圾经营性清扫、收集、运输、处理服务	《北京市市容环境卫生条例》	市市政市容委审批	
20	设置建筑垃圾、渣土消纳场所	《北京市市容环境卫生条例》	市市政市容委许可	
21	房地产开发	《城市房地产开发经营管理条例》	由住房城乡建设部、市住房城乡建设委、区县住房城乡（市）建设委审批	具体开发行为应先取得环保部门的前置许可（参见前置许可目录第83项）
22	施工总承包、专业承包、劳务分包	《建筑法》	由住房城乡建设部、市住房城乡建设委、区县住房城乡（市）建设委审批	通信用户管线建设企业还应取得市通信管理局资质认定
23	建设工程项目管理	《建设工程质量管理条例》	由住房城乡建设部、市住房城乡建设委、区县住房城乡（市）建设委审批	建设工程项目管理包括工程勘察、设计、施工、监理、造价咨询、招标代理
24	建设工程质量检测	《建设工程质量管理条例》	由市住房城乡建设委审批	
25	物业管理服务	《物业管理条例》《物业服务企业资质管理办法》	新设立三级（暂定）企业、三级和二级企业的企业资质审批（含资质证书变更），由企业注册地所在区县住房城乡（市）建设委、房管局受理、审查，市住房城乡建设委审批。一级企业资质审批（含资质证书变更），由市住房城乡建设委受理并初审核定后，报住房城乡建设部审批	物业服务评估监理应向市住建委备案（参见备案目录第26项）
26	增值电信业务、通信信息网络系统集成	《中华人民共和国电信条例》、国务院决定	①北京地区增值电信业务经营许可证由市通信管理局审批；②通信信息网络系统集成企业应取得市通信管理局资质认定	

序号	项目	设定依据	许可机关及许可方式	备注
27	城市园林绿化施工	《城市绿化条例》	一级园林绿化施工企业资质由市园林绿化局进行初审、二级以下（含二级）园林绿化施工企业资质由市园林绿化局审批	涉及建筑工程施工的，还应取得建设部门的许可（参见后置许可目录第22项）
28	营利性治沙	《中华人民共和国防沙治沙法》	市或者区县园林绿化局许可	
交通、运输				
29	船员服务	《中华人民共和国船员条例》	市交通委员会（具体办理在市交通委员会运输管理局）审批	船员服务业务是指代理船员办理申请培训、考试、申领证书（包括外国船员证书）等有关手续，代理船员用人单位管理船员事务，提供船舶配员等船员服务业务
30	航空客（货）运销售代理业务	《民用航空运输销售代理业管理规定》	中国民航协会审批	航空客（货）运销售代理业务包括机票销售、航空咨询服务、航空服务、货运代理等
31	出租车企业治安登记	《北京市出租汽车治安管理规定》	出租汽车经营者应当持有经营许可证和营业执照等材料，到公安机关办理治安登记	
公共安全				
32	制造、修理计量器具	《中华人民共和国计量法》	市或者区、县质量技术监督局签发许可证	制造、生产应先取得环保部门的前置许可（参见前置许可目录第83项）
33	食品相关产品、食品添加剂生产	《中华人民共和国食品安全法》《中华人民共和国工业产品生产许可证管理条例》	市质量技术监督局核发许可证	①生产产品涉及产业政策的，还应提供市经信委出具的符合产业政策的确认证明；②生产属于危险化学品产品的，还应取得市安监局的批准（参见前置许可目录第37项）；③生产应取得环保部门的前置许可（参见前置许可目录第83项）；④食品及食品相关产品、食品添加剂、化妆品委托加工应向市质量技术监督局备案（参见备案项目第13项）

序号	项目	设定依据	许可机关及许可方式	备注
34	特种设备设计、制造、安装、改造、维修、检验	《特种设备安全监察条例》、国务院决定	国家、市质量技术监督局资格许可	①特种设备包括锅炉、压力容器（含气瓶）、压力管道、电梯、起重机械、客运索道、大型游乐设施和场（厂）内专用机动车辆。锅炉、压力容器、电梯、起重机械、客运索道、大型游乐设施安全附件、安全保护装置的制造、安装、改造单位；压力管道用管子、管件、阀门、法兰、补偿器、安全保护装置的制造单位须取得许可；②制造、生产应取得环保部门的前置许可（参见前置许可目录第83项）
35	设备监理	国务院决定	国家质量监督检验检疫总局核发甲、乙级资格证书；北京市质量技术监督局受国家质检总局局委托负责乙级的受理申请工作	
36	气瓶、罐车充装	《特种设备安全监察条例》	市质量技术监督局许可	①移动式压力容器、气瓶充装单位应当经省、自治区、直辖市的特种设备安全监督管理部门许可，方可从事充装活动；②应先取得环保部门的前置许可（参见前置许可目录第83项）
37	公众聚集场所投入使用、营业前消防安全检查	《中华人民共和国消防法》	公众聚集场所在投入使用、营业前，应当进行消防安全检查，取得市公安局消防机构《公众聚集场所投入使用、营业前消防安全检查合格证》	公众聚集场所包含宾馆、饭店、商场、集贸市场、客运车站候车室、客运码头候船厅、民用机场航站楼、体育场馆、会堂等
			文化、文物、体育、卫生	
38	文物拍卖	《文物拍卖管理暂行规定》	国家文物部门核发文物拍卖许可证	文物拍卖应前置取得国家文物部门的文物拍卖批准，办理工商登记后，持工商执照领取拍卖许可证。（参见前置许可目录第78、110项）
39	药品招标代理机构	《中华人民共和国招标投标法》	市药品监督管理局资格认定	
40	麻醉药品和第一类精神药品运输	《麻醉药品和精神药品管理条例》	市药品监督管理局核发运输证明	

383

序号	项目	设定依据	许可机关及许可方式	备注
41	蛋白同化制剂、肽类激素批发	《反兴奋剂条例》	市药品监督管理局设立审批	
42	清真食品生产、加工、经营场所	《北京市少数民族权益保障条例》	区、县民族事务委员会登记、审验	①清真食品生产、加工、经营场所应向区县民族事务委员会办理登记、审验仅适用于名称或经营项目中明确为清真食品的，未明确为清真食品不用办理上述登记审验；②生产食品应取得前置许可（参见前置许可目录第51项）；③生产应先取得环保部门的前置许可（参见前置许可目录第83项）
			邮政	
43	开办集邮票品集中交易市场	国务院决定、《集邮市场管理办法》	市邮政管理局许可	经营集邮票品应向市邮政管理局备案（参见备案目录第18项）
			广播电影电视	
44	生产可录光盘	国务院决定	市新闻出版局审批	生产应先取得环保部门的前置许可（参见前置许可目录第83项）
45	单位设立有线广播电视站	《广播电视管理条例》《有线电视管理暂行办法》	市广播电影电视局、区县文化委员会审批	应先取得环保部门的前置许可（参见前置许可目录第83项）
46	迁建广播电视设施	《广播电视设施保护条例》	市广播电影电视局审核	应先取得环保部门的前置许可（参见前置许可目录第83项）
47	有线电视站、共用天线设计、安装、开办视频点播业务	《广播电视管理条例》《有线电视管理暂行办法》	①有线电视站、共用天线设计、安装由区县文化委员会批准；②开办视频点播业务由市广播电影电视局批准	
48	建立城市社区有线电视系统	《广播电视管理条例》《城市社区有线电视系统管理暂行办法》	市广播电影电视局审批	

序号	项目	设定依据	许可机关及许可方式	备注
49	市内广播电视节目传送业务、电视剧制作许可证（乙种）核发	《广播电视管理条例》《广播电视节目传送业务管理办法》《广播电视节目制作经营管理规定》	市广播电影电视局审批	
			中介服务	
50	房地产估价	国务院决定	住房城乡建设部或市住房城乡建设委审批	
51	价格评估	国务院决定	丙级价格评估机构由市发展改革委审批；甲、乙级价格评估机构由国家发展改革委审批	
52	中央投资项目招标代理	《中央投资项目招标代理机构资格认定管理办法》	国家发展改革委审批	
53	工程咨询	《工程咨询单位资格认定办法》	国家发展改革委审批	工程咨询是遵循独立、公正、科学的原则，运用多学科知识和经验、现代科学技术和管理方法，为政府部门、项目业主及其他各类客户提供社会经济建设和工程项目决策与实施的智力服务，以提高经济和社会效益，实现可持续发展。工程咨询单位是指在中国境内设立的开展工程咨询业务并具有独立法人资格的企业、事业单位

序号	项目	设定依据	许可机关及许可方式	备注
54	产品质量检验、食品检验	《中华人民共和国计量法》《中华人民共和国计量法实施细则》《中华人民共和国食品安全法》	①产品质量检验由市质量技术监督局计量认证；②食品检验由北京市质量技术监督局食品检验机构资质认定	产品质量检验包含技术检测、公正计量和测量等
			银行、保险、证券、期货	
55	黄金及制品进出口	《金银管理条例》	中国人民银行审批	
56	非金融机构申请设立从事支付服务业务	《非金融机构支付服务管理办法》	中国人民银行审批，颁发《支付业务许可证》	①支付服务业务包括网络支付、预付卡的发行与受理、银行卡收单业务，其中网络支付包括货币汇兑、互联网支付、移动电话支付、固定电话支付、数字电视支付等，具体业务类型以《支付业务许可证》许可的业务类型为准。支付机构应当按照《支付业务许可证》核准的业务范围从事经营活动，不得从事核准范围之外的业务，不得将业务外包；②非金融支付机构变更、业务变更、终止支付业务须经中国人民银行批准（参见前置许可目录第62项）；③非金融支付机构分公司从事、终止支付业务向所在地中国人民银行分支机构备案（参见备案项目第15项）
57	经营、装帧流通人民币	《经营、装帧流通人民币管理办法》	中国人民银行营业管理部审批，颁发《经营流通人民币许可证》	

序号	项目	设定依据	许可机关及许可方式	备注
58	境内非金融机构经营个人本外币兑换特许业务	《个人本外币兑换特许业务试点管理办法》	向所在地外汇局提交相关材料，由北京市外汇管理局对经营机构的条件进行验收，并报国家外汇管理局批准	个人本外币兑换特许业务，是指境内非金融机构经国家外汇管理局批准，在试点区域或城市为个人办理的人民币与外币之间的货币兑换业务。其中，个人包括境内个人和境外个人；外币包括外币现钞、旅行支票等
税务				
59	指定企业印制发票、代售印花税票	《中华人民共和国印花税暂行条例》	区县地方税务局许可	
其他				
60	防雷装置检测、防雷工程专业设计、施工	《气象灾害防御条例》	中国气象局负责甲级资质认定、市气象局负责乙、丙级资质认定	涉及建筑工程施工的，还应取得建设部门的许可（参见后置许可目录第22项）
61	升放无人驾驶自由气球、系留气球	国务院决定	市气象局资质认定	①无人驾驶自由气球，是指无动力驱动、无人操纵、轻于空气、总质量大于4千克自由漂移的充气物体；②系留气球，是指系留于地面物体上、直径大于1.8米或者体积容量大于3.2立方米、轻于空气的充气物体
62	地震安全评价	《地震安全性评价单位资质认定行政许可实施细则（试行）》	中国地震局负责甲级、乙级地震安全性评价单位资质认定行政许可；省级地震局负责本行政区域内的丙级地震安全性评价单位资质认定行政许可	

注：目录中的"国务院决定"主要是指《国务院对确需保留的行政审批项目设定行政许可的决定》（国务院令第412号）。

北京市企业登记备案项目目录

序号	项目	设定依据	备案机关	备注
			交通、运输	
1	汽车租赁	《北京市汽车租赁管理办法》	市交通委运输管理局备案（由市交通委运输管理局各城近郊区管理处、远郊区县交通局负责备案材料受理）	
2	机动车公共停车场	《北京市机动车公共停车场管理办法》	区县停车管理部门备案	①办理备案手续后，经价格核准、领购专用发票后方可经营；②建立机动车公共停车场应先取得环保部门的前置许可（参见前置许可目录第83项）
3	道路货运代理	《北京市道路运输条例》	市交通委运输管理局各城近郊区管理处、远郊区县交通局备案	
4	机动车综合性能检测	《北京市道路运输条例》	市交通委运输管理局各城近郊区管理处、远郊区县交通局备案	应先取得环保部门的前置许可（参见前置许可目录第83项）
			市政及建设	
5	供热服务	《北京市供热采暖管理办法》《北京市市政市容委、北京市国家税务局、北京市质量技术监督局、北京市工商行政管理局关于本市供热单位办理税务登记有关问题的通知》	区县市政市容委备案	供热单位是指本市行政区域依靠稳定热源（包括自产或外购），通过管道系统有偿为采暖用户提供采暖用热以及相关服务的供热单位（含向社会有偿提供采暖供热服务的各类机关、部队、企事业单位的后勤服务部门）

序号	项目	设定依据	备案机关	备注
			公共安全	
6	生产管制刀具	公安部《关于切实加强管制刀具管理工作的通知》	区县公安局治安支（大）队备案	生产应先取得环保部门的前置许可（参见前置许可目录第83项）
7	民用爆炸物品生产、销售	《民用爆炸物品安全管理条例》	区县公安局治安支（大）队备案	生产经营应先取得前置许可（参见前置许可目录第40、83项）
8	保安服务公司设立分公司	《保安服务管理条例》	市或区县公安机关备案	
9	石油、天然气管道管理单位跨省运营	《非煤矿矿山企业安全生产许可证实施办法》	取得安全生产许可证后，运营途经本市的，向北京市安全生产监督管理部门登记备案	
10	剧毒化学品储存	《危险化学品安全管理条例》	区县安全生产监督管理局备案	
11	第二类、第三类易制毒化学品生产、经营	《易制毒化学品管理条例》	区县安全生产监督管理局备案	①易制毒化学品分为三类。第一类是可以用于制毒的主要原料，第二类、第三类是可以用于制毒的化学配剂。易制毒化学品的具体分类和品种，由《易制毒化学品管理条例》附表列示；②易制毒化学品的分类和品种需要调整的，由国务院公安部门会同国务院食品药品监督管理部门、安全生产监督管理部门、商务主管部门、卫生主管部门和海关总署提出方案，报国务院批准；具体按照国家和本市有关规定执行；③生产应先取得环保部门的前置许可（参见前置许可目录第83项）

（续表）

序号	项目	设定依据	备案机关	备注
12	经营娱乐场所	《娱乐场所管理条例》	市或区县公安机关备案	①娱乐经营场所包括歌舞娱乐场所、含有电子游戏机的游艺娱乐场所；②申请人取得娱乐经营许可证和有关消防、卫生、环保的批准文件后方可到工商行政管理局依法办理登记手续，领取营业执照。娱乐场所取得营业执照后，应当在15日内向所在地县级公安部门备案；③娱乐场所改建、扩建营业场所或者变更场地、主要设施设备、投资人员，或者变更娱乐经营许可证载明的事项的，应当向原发证机关申请重新核发娱乐经营许可证，并向公安部门备案
			食品卫生	
13	食品委托加工；食品相关产品、食品添加剂、化妆品委托加工	《食品生产加工企业质量安全监督管理实施细则（试行）》《中华人民共和国工业产品生产许可证管理条例实施办法》	市质量技术监督局备案	
			银行、保险、证券、期货、投资	
14	设立创业投资企业	《创业投资企业管理暂行办法》	市金融局备案	
15	非金融支付机构分公司从事、终止支付业务	《非金融机构支付服务管理办法》	所在地中国人民银行分支机构备案	非金融机构从事支付服务业务相关许可（参见后置许可目录第56项）

（续表）

序号	项目	设定依据	备案机关	备注
16	境内非金融机构本地增设营业网点办理个人本外币兑换特许业务	《个人本外币兑换特许业务试点管理办法》	经批准经营个人本外币兑换特许业务的境内非金融机构在本市增设营业网点从事个人本外币兑换特许业务由北京市外汇管理局审核备案	境内非金融机构经营个人本外币兑换特许业务（参见后置许可目录第58项）
17	境内企业法人经银行授权办理外币代兑业务	《外币代兑机构管理暂行办法》	由北京市外汇管理局区县分局审核备案	
			邮政、电信	
18	经营集邮票品业务	《集邮市场管理办法》	市邮政管理局备案	
19	邮政企业以外的经营快递业务的企业设立分支机构或者合并、分立	《中华人民共和国邮政法》	北京市邮政管理局备案	
20	基础电信业务和跨地区增值电信业务	《电信业务经营许可管理办法》	市通信管理局备案	
			环境保护	
21	再生资源回收经营	《再生资源回收管理办法》	从事再生资源回收经营活动应向注册地区（县）商务委员会备案；回收生产性废旧金属的再生资源回收企业和回收非生产性废旧金属的再生资源回收者还应向公安机关备案	①从事再生资源回收经营活动，应当在取得营业执照后30日内，按属地管理原则，向登记注册地工商行政管理部门的同级商务主管部门或者其授权机构备案。备案事项发生变更时，再生资源回收经营者应当自变更之日起30日内（属于工商登记事项的自工商登记变更之日起30日内）向商务主管部门办理变更手续；②回收生产性废旧金属的再生资源回收企业和回收非生产性废旧金属的再生资源回收者，除应当按规定向商务主管部门备案外，还应当在取得营业执照后15日内，向所在地公安机关备案；③应先取得环保部门的前置许可（参见前置许可目录第83项）

（续表）

序号	项目	设定依据	备案机关	备注
22	建设工程室内环境质量检测	《北京市建筑工程室内环境质量检测机构备案管理办法》	市住建委备案	
23	洗染	《洗染业管理办法》	注册地区（县）商务委员会备案	①取得营业执照后60日内向区县商务委办理备案；②应先取得环保部门的前置许可（参见前置许可目录第83项）
中介服务				
24	房地产经纪	《房地产经纪管理办法》《关于加强北京市房地产经纪机构备案管理的通知》	区县建委、房管局备案	
25	经纪执业人备案	《经纪人管理办法》	经纪人住所地工商行政管理机关备案	①经纪执业人员是指持有按照国家法律法规规定的或北京经纪人协会核发的经纪资格证书，在经纪人住所地工商行政管理机关备案的经纪从业人员；②纳入本市工商行政管理部门监管范围内的商业、文化、体育、房地产、技术、产权等行业的经纪人，应当在领取营业执照、聘用和解聘经纪执业人员后，自聘用和解聘之日起20日内到经纪人住所地工商行政管理机关备案；③旧机动车经纪人应在机动车分局备案
26	物业服务评估监理	《北京市物业管理办法》《北京市物业服务第三方评估监理管理办法》	市住建委备案	

（续表）

序号	项目	设定依据	备案机关	备注
27	职业健康技术服务机构登记	《作业场所职业健康监督管理暂行规定》	北京市和各区县安全生产监督管理局备案	职业健康技术服务机构是指为作业场所职业危害防治提供技术服务的职业健康技术服务机构。安全生产监督管理部门对从事职业危害防治工作的职业健康技术服务机构实行登记备案管理制度
			贸易	
28	对外贸易经营者备案登记	《中华人民共和国对外贸易法》《对外贸易经营者备案登记办法》《商务部关于外商投资企业外贸权备案登记有关问题的通知》	市商务委或区县商务委备案	《登记表》登记事项发生变更时，应在30日内办理《登记表》的变更手续，逾期未办理变更手续的，其《登记表》自动失效
29	二手车经营、二手车交易市场经营者备案	《二手车流通管理办法》	注册地区（县）商务委员会备案	①二手车是指从办理完注册登记手续到达到国家强制报废标准之前进行交易并转移所有权的汽车（包括三轮汽车、低速载货汽车，即原农用运输车）、挂车和摩托车；②取得营业执照之日起两个月内向市商务委备案；③应先取得环保部门的前置许可（参见前置许可目录第83项）
30	汽车品牌经销商	《汽车品牌销售管理实施办法》	市商务委员会备案	①建立汽车总经销商、品牌经销商备案制度。凡符合设立条件并取得营业执照的汽车总经销商，应当自取得营业执照之日起2个月内向国务院商务主管部门备案；凡符合设立条件并取得营业执照的汽车品牌经销商，应当自取得营业执照之日起2个月内向所在地省级商务主管部门备案。省级商务主管部门应当将汽车品牌经销商有关备案情况定期报送国务院商务主管部门；②新建经营场所应先取得环保部门的前置许可（参见前置许可目录第83项）

（续表）

序号	项目	设定依据	备案机关	备注
31	美容美发经营者	《美容美发业管理暂行办法》	市美容美发协会备案	
32	商业特许经营	《商业特许经营管理条例》《商业特许经营备案管理办法》《商务部关于委托省级商务主管部门开展商业特许经营备案工作的通知》	市商务委员会备案	①商业特许经营是指拥有注册商标、企业标志、专利、专有技术等经营资源的企业（以下称特许人），以合同形式将其拥有的经营资源许可其他经营者（以下称被特许人）使用，被特许人按照合同约定在统一的经营模式下开展经营，并向特许人支付特许经营费用的经营活动。企业以外的其他单位和个人不得作为特许人从事特许经营活动；②特许人的备案信息有变化的，应当自变化之日起30日内向备案机关申请变更
33	国际货运代理	《中华人民共和国国际货物运输代理业管理规定》《国际货运代理企业备案（暂行）办法》《关于国际货物运输代理企业登记和管理有关问题的通知》	市商务委员会备案	以从事国际货运代理为主要业务的，企业名称中应当体现"国际货运代理"类似字样；企业的经营范围原则上按"**国际货运代理业务"核定
			其他	
34	犬类销售、寄存、养殖、展览、开办动物诊疗机构	《北京市养犬管理规定》	区县公安机关备案	应先取得环保部门的前置许可（参见前置许可目录第83项）

（续表）

序号	项目	设定依据	备案机关	备注
35	计算机信息网络国际联网单位	《计算机信息网络国际联网安全保护管理办法》	市或区县公安机关备案	
36	重要信息系统等级保护	《信息安全等级保护管理办法》	市或区县公安机关备案	
37	旅行社设立分社、旅行社设立服务网点	《旅行社条例》《旅行社条例实施细则》	①旅行社设立分社的，应当持旅行社业务经营许可证副本向分社所在地的工商行政管理部门办理设立登记，并自设立登记之日起3个工作日内向分社所在地的旅游行政管理部门备案；②旅行社设立服务网点的，设立社向服务网点所在地工商行政管理部门办理服务网点设立登记后，应当在3个工作日内持有关文件向服务网点所在地旅游行政管理部门备案	
38	职业足球俱乐部	《中国足球协会职业联赛俱乐部准入条件和审查办法》	市足协申请注册	要求参加下一赛季职业联赛的俱乐部，应当在每年12月5日之前向市足协申请注册

不予登记注册项目

序号	项目	依据
1.	设立讨债公司（合同违约提醒通知服务；银行卡及信贷产品催告通知服务）	《公安部、国家工商行政管理局关于禁止开办"讨债公司"的通知》（公通字〔1995〕87号）
2.	设立私人侦探所	《公安部关于禁止开设"私人侦探所"性质的民间机构的通知》（1993年9月7日）
3.	生产、销售、使用仿真手枪式电击器	《公安部关于禁止生产、销售、使用仿真手枪式电击器的通知》（〔89〕公（治）字94号）
4.	人类遗传资源采集、收集、买卖、出口、出境等	《国务院办公厅转发科学技术部卫生部〈人类遗传资源管理暂行办法〉的通知》（国办发〔1998〕36号）

（续表）

序号	项 目	依 据
5.	涉外婚姻介绍	《国务院办公厅关于加强涉外婚姻介绍管理的通知》（国办发〔1994〕104号）
6.	开办砂石场	《北京市人民政府办公厅转发市国土房管局、市水利局关于关停本市范围内砂石场的实施方案的通知》（京政办发〔2001〕92号）
7.	生产、销售电子游戏设备及其零、附件	《北京市人民政府办公厅转发市文化局关于专项治理全市电子游戏经营场所行动方案的通知》（京政办发〔2000〕80号）
8.	利用废塑料生产汽油、柴油	《国家经济贸易委员会、国家工商行政管理总局、国家质量监督检验检疫总局、国家环境保护总局关于加强利用废塑料生产汽油、柴油管理有关问题的通知》（国经贸技术〔2001〕440号）
9.	生产粘土砖	《北京市人民政府办公厅关于本市禁止生产粘土砖有关工作的通知》（京政办发〔2004〕49号）
10.	高尔夫球场	《国务院办公厅关于暂停新建高尔夫球场的通知》（国办发〔2004〕1号）
11.	设立幼儿园	依据《幼儿园管理条例》第十二条"城市幼儿园的举办、停办、由所在区、不设区的市的人民政府教育行政部门登记注册"的规定，明确设立幼儿园不属于工商登记范围。
12.	销售、维修三轮摩托车；生产三轮摩托车（本市六环路以内地区）	根据市公安局会同市工商局及市残联等部门共同印发的《关于加强三轮摩托车和残疾人机动轮椅车管理的通告》。

填写说明

1. 办理商标注册申请，适用本书写格式。申请书应当打字或者印刷。申请人应当按照规定并使用国家公布的中文简化汉字填写，不得修改格式。

2. "申请人名称"栏：申请人应当填写身份证明文件上的名称。申请人是自然人的，应当在姓名后注明证明文件号码。外国申请人应当同时在英文栏内填写英文名称。共同申请的，应将指定的代表人填写在"申请人名称"栏，其他共同申请人名称应当填写在"商标注册申请书附页——其他共同申请人名称列表"栏。没有指定代表人的，以申请书中顺序排列的第一人为代表人。

3. "申请人国籍/地区"栏：申请人应当如实填写，国内申请人不填写此栏。

4. "申请人地址"栏：申请人应当按照身份证明文件中的地址填写。身份证明文件中的地址未冠有省、市、县等行政区划的，申请人应当增加相应行政区划名称。申请人为自然人的，可以填写通讯地址。符合自行办理商标申请事宜条件的外国申请人地址应当冠以省、市、县等行政区划详细填写。不符合自行办理商标申请事宜条件的外国申请人应当同时详细填写中英文地址。

5．"邮政编码""联系人""电话"栏：此栏供国内申请人和符合自行办理商标申请事宜条件的外国申请人填写其在中国的联系方式。

6．"代理机构名称"栏：申请人委托已在商标局备案的商标代理机构代为办理商标申请事宜的，此栏填写商标代理机构名称。申请人自行办理商标申请事宜的，不填写此栏。

7．"外国申请人的国内接收人""国内接收人地址""邮政编码"栏：外国申请人应当在申请书中指定国内接收人负责接收商标局、商标评审委员会后继商标业务的法律文件。国内接收人地址应当冠以省、市、县等行政区划详细填写。

8．"商标申请声明"栏：申请注册集体商标、证明商标的，以三维标志、颜色组合、声音标志申请商标注册的，两个以上申请人共同申请注册同一商标的，应当在本栏声明。申请人应当按照申请内容进行选择，并附送相关文件。

9．"要求优先权声明"栏：申请人依据《商标法》第二十五条要求优先权的，选择"基于第一次申请的优先权"，并填写"申请/展出国家/地区""申请/展出日期""申请号"栏。申请人依据《商标法》第二十六条要求优先权的，选择"基于展会的优先权"，并填写"申请/展出国家/地区""申请/展出日期"栏。申请人应当同时提交优先权证明文件（包括原件和中文译文）；优先权证明文件不能同时提交的，应当选择"优先权证明文件后补"，并自申请日起三个月内提交。未提出书面声明或者逾期未提交优先权证明文件的，视为未要求优先权。

10．"申请人章戳"栏：申请人为法人或其他组织的，应加盖公章。申请人为自然人的，应当由本人签字。所盖章戳或者签字应当完整、清晰。

11．"代理机构章戳"栏：代为办理申请事宜的商标代理机构应在此栏加盖公章，并由代理人签字。

12．"商标图样"栏：商标图样应当粘贴在图样框内。

13．"商标说明"栏：申请人应当根据实际情况填写。以三维标志、声音标志申请商标注册的，应当说明商标使用方式。以颜色组合申请商标注册的，应当提交文字说明，注明色标，并说明商标使用方式。商标为外文或者包含外文的，应当说明含义。自然人将自己的肖像作为商标图样进行注册申请应当予以说明。

申请人将他人肖像作为商标图样进行注册申请应当予以说明，附送肖像人的授权书并经公证。

14."类别""商品/服务项目"栏：申请人应按《类似商品和服务项目区分表》填写类别、商品/服务项目名称。商品/服务项目应按类别对应填写，每个类别的项目前应分别标明顺序号。类别和商品/服务项目填写不下的，可按本申请书的格式填写在附页上。全部类别和项目填写完毕后应当注明"截止"字样。

15."商标注册申请书附页——其他共同申请人名称列表"栏：此栏填写其他共同申请人名称，外国申请人应当同时填写中文名称和英文名称。并在空白处按顺序加盖申请人章戳或由申请人本人签字。

16. 收费标准：一个类别受理商标注册费800元人民币（限定本类10个商品/服务项目，本类中每超过1个另加收80元人民币）。受理集体商标注册费3000元人民币。受理证明商标注册费3000元人民币。

17. 申请事宜并请详细阅读"商标申请指南"（www.saic.gov.cn）。